KB076602

건축이 바꾼다

국립중앙도서관 출판예정도서목록(CIP)

건축이 바꾼다: 집, 도시, 일자리에 관한 모든 쟁점
박인석 지음.
서울: 마티, 2017
352p.; 152×225mm
ISBN 979-11-86000-47-2 03330: ₩20,000

건축[建築]

540-KDC6690-DDC23
CIP2017011651

건축이 바꾼다

집, 도시, 일자리에 관한 모든 쟁점

박인석

마티

머리말:
한국 사회 변화,
바뀐 것과 바꾸어야 할 것들

"건설의 시대에서 건축의 시대로"라는 말이 잦아졌다. 한때 세계 최고
수준이던 '국내총생산(GDP) 대비 건설 투자 비중'이 상당 폭 줄어들고
앞으로 더 줄어들 것이라는 전망이 확연해지면서부터다. 그러니 이 말을
"압축성장의 견인차였던 건설의 비중이 줄어들었고 이제 문화의 풍미를
담은 건축이 중요해졌다"는 의미로 이해하는 것이 보통이다. 그러나 나는 이
말에서 훨씬 많은 의미를 찾고 새겨야 한다고 생각한다. 이 말은 한국사회의
중요한 변화를 담고 있음은 물론이고 한국사회가 극복해야 할 문제와
이루어갈 지향도 함축하고 있기 때문이다.

한국사회는 1990년대부터 이미 '건축의 시대'로 바뀌어 있었다.
국민총생산 증가가 가팔라졌고 다른 경제지표들도 근본적인 변화를 보이기
시작했다. 1인당 국민소득이 1만 달러를 넘어선 때가 1994년이고, 자동차
보급이 급증하기 시작한 것도, 65세 이상 고령인구 증가율이 가팔라지기
시작한 것도 1990년대였다.

이 시기에 건축 생산량도 급격히 증가하기 시작한다. 1980년대까지
10조 원을 밑돌던 건축공사 수주액은 1990년대 중반 70조 원, 2015년
220조 원으로 커졌다. 1997년 외환위기를 경계로 건설 투자 비중이
급감했다는 사실과 함께 묶어서 본다면 이는 확실히 한국사회에 '구조적'
변화가 일어났음을 의미한다. 경제에서 건설업의 비중이 줄어든 동시에
건설업 내부에서는 토목에 비해 건축 비중이 압도적으로 커지는 '이중적

구조변동'이 일어난 것이다.

　여기서 주목해야 할 것은 건축시장 팽창의 주인공이 민간부문
건축시장이라는 사실이다. 즉, 다양한 산업들이 빠르게 성장하면서 건설업의
상대적 비중은 줄어들었지만 이들 산업활동에 필수적인 건축생산이 함께
급팽창하는 상황이 전개된 것이다. 요컨대 '건축의 시대'가 되었다는 것은
단순히 건축의 시장 규모와 산업적 비중이 커졌다는 것만을 의미하지
않는다. 한국사회가 작동하는 구조 자체가 달라졌다. 경제활동의 양적
규모와 질적 다양성이 과거와는 비교할 수 없을 정도로 커졌다. 이미 국가
주도 경제개발계획이나 건설 촉진으로 경영할 수 있는 규모도 성격도 아니다.
경제활동의 주체는 수많은 기업과 개인이다. 국가와 공공부문의 비중은
현저히 작아졌다. 한마디로 사회가 작동하는 방식, 일하는 방식이 달라졌다.
이것이 핵심이다.

　과거 국가-공공부문이 주도하던 시기의 '일하는 방식'은 '표준적
업무절차의 분업적 수행'이다. 업무 목표와 수행방식이 미리 정해지고
세부업무들이 분야별로 '분장'(分掌)된다. 분장된 업무들은 표준적인
업무처리 기준과 절차에 따라 반복적으로 수행된다. 하향식(top-down)
관료주의 행정의 전형적인 업무방식이다. 이에 비해 수많은 기업과 개인들의
'일하는 방식'은 전혀 다르다. 매번 다른 기업들, 다른 개인들과 협력,
거래, 혹은 경쟁하는 '관계' 속에서 이루어진다. 매번 '이번만의 유일한
최적해(解)'를 찾는 데 노력이 집중된다. 당연히 그때그때 일의 내용이
달라진다. 표준적인 업무절차를 반복해서는 성공적 결과가 보장되지 않는다.

　'건설의 시대에서 건축의 시대로'에서 읽어야 하는 메시지는 바로
'일하는 방식'의 변화다. '건설의 시대'를 비판하는 것은 그 일하는 방식, 즉
'중앙집권적으로 사전에 결정되는 전체계획'과 이에 따라 하달되는 '분업화된
표준적 업무절차'가 새로운 시대에는 적절치 않음을 지적하는 것이다.
'건축의 시대'로 바뀌었다는 것은 이제 일하는 방식이 '건축적인' 방식으로
바뀌어야 함을 말하는 것이다.

건축은 삶터, 즉 장소를 만드는 일이다. 매번 다른 땅 다른 자리에서 매번 다른 장소를 만드는 일이다. 매번 주변 조건이 다르고 요구되는 건축의 내용도 다르다. 건축과정에서 협력하는 상대도 갈등하는 대상도 매번 다르다. 당연히 매번 새로운 판단과 새로운 의사결정이 필요하다. 건축적 방식이 갖는 본질적 속성이다. 건설 역시 매번 다른 자리에서 작업한다. 그러나 건설은 장소를 만드는 것이 아니라 도구적 시설을 만드는 일로 수행된다. 그러니 자리에 관계없이 매번 동일한 결과물을 만들어낸다. 도로, 교량, 댐, 터널…. 건설에서는 표준적·반복적 업무처리가 문제 되지 않는다. 오히려 표준적 성능을 확보하는 일이 중요하다. 그리고 이를 위해서는 표준적·반복적 업무처리에 의한 숙련이 장려된다.

1990년대 이후 한국사회는 이미 '건설의 시대'를 벗어났다. 중앙의 통솔력과 일사불란한 행정체계가 리드하는 시대를 벗어났다. 수많은 개별적 주체의 자율적 결정과 복합적 관계망 속에서 힘이 생성되고 강화되는 그런 사회로 바뀌었다. 경제든 문화든 사회를 작동하고 운영하는 모든 활동의 힘이 '개별적 활동'에서 나오는 사회. 이미 20년 전에 한국사회는 그런 사회가 되었다.

한국사회가 맞닥뜨린 핵심적 과제는 바로 이 지점에 있다. 사회가 작동하는 방식은 이미 건축의 시대로 바뀌었는데 이 사회를 '운영하려는' 공적 시스템은 아직 건설의 시대에 머물러 있다. 모든 법률과 제도는 '중앙집권적으로 사전에 결정되는 전체계획'과 이에 따라 하달되는 '분업화된 표준적 업무절차'를 전제로 만들어진 채 그대로이고 공공부문 행정 역시 철저하게 이에 따르고 있다. 중앙정부든 지방정부든 공공기관이든 모두 마찬가지다. 더 이상 효율도 성과도 거둘 수 없는 '건설의 방식'에 머물러 있다.

되돌아보면 한국사회 공공부문이 비효율의 표상으로 비판받고 개혁 일순위로 지목되기 시작한 것이 1990년대 말이었다. 우리 사회가 건설의 시대를 벗어나기 시작한 때다. 그러나 이후 20여 년 동안 공공부문 개혁 논의는 '공기업 민영화'나 '작은 정부론'을 크게 벗어나지 않았다. 공공부문 역할을 민간부문으로 넘기라는 주장만 무성했을 뿐 일하는 방식 자체는 중요한 문제로 다루지 않았다. 그때나 지금이나 공공부문은 건설의 시대에 머무르며 사회의 작동방식과의 불일치를, 비효율을 지속하고 있는 것이다.

건축 역시 마찬가지다. 건축 역시 '건축'이 아닌 '건설'적 방식의 법률·제도·행정으로 운영되고 있다. 이로 인해 빚어지는 각종 비합리적인 일들이 건축의 진전을 가로막고 있다. 그러나 이는 비단 건축 분야에 국한된 문제로 보아서는 안 된다. 우리 사회 공적 시스템 전체가 겪고 있는 문제이기 때문이다. '건축의 시대'로의 변혁은 우리 사회 공적 시스템 전체의 변혁을 향한 전선이고 실천 과제인 것이다.

한국 사회에서 공적 시스템으로서 '건축' 정책이('건설' 정책이 아니라) 공론화되기 시작한 것은 2005년 12월 대통령 직속 자문위원회로 설치된 건설기술·건축문화 선진화위원회가 활동하면서부터였다. 김진애 위원장의 활약으로 건축도시공간연구소(2007. 6. 설립), 「건축기본법」(2007.12. 제정) 등 건축 정책의 근간이라 할 조직과 법률이 갖추어졌고 이후 「건축기본법」에 의거한 국가건축정책위원회도 발족되었다(2008. 12.). 서울시가 건축정책위원회를 설치하고(2010), 총괄건축가제도를 도입한 것(2014) 역시 이 흐름이 이어진 것으로 보아야 한다.

공무원들이나 건축 전문가들이나 이제껏 '건설 정책'에 익숙해 있던 터라 '건축 정책'이라는 생소한 영역을 둘러싸고 혼선이 계속되었다. 사업과 정책이 혼동되고 도시 정책과 건축 정책이 헷갈리기 일쑤였다. 건축 정책을 내건 이런저런 회의들과 연구모임에 참여하던 나 역시 마찬가지였다. 건축을 둘러싼 현상들 속에서 문제를 개념화하고 그 해결 과제들을 현실 정책-제도와 견주며 고민하는 일은 만만한 일이 아니었다.

내가 맨 먼저 매달렸던 일은 건축 실무에서 벌어지고 있는 비합리적인 문제들을 구체화하고 이에 대한 제도적 해결책을 찾는 일이었다. 나의 전공 분야인 공공주거 개발 정책과 제도들이 우선적 대상이었고, 새건축사협의회

소속 건축사들과 함께 고민했던 설계발주, 설계대가, 공사감리 등 건축설계 실무에 직접 연결된 제도들도 주요한 일거리였다. 각종 법률, 기준, 관련 공무원들과의 거듭된 씨름 속에서 이러한 문제들 대부분이 건설-토목 중심의 정책과 제도에 기인하는 것임이 거듭 확인되었고, 이는 단순히 건축 분야만의 문제가 아니라는 생각이 분명해져갔다. 어떤 분야든 문제와 해결책을 정리하는 방식이 '건설의 방식'인 것이 핵심 문제였다. '표준적 업무절차의 분업적·반복적 수행'을 전제로 한 문제 설정과 해결책(정책)들, 매번 달라지는 장소와 사업 여건 차이에의 대응 노력 자체가 불가능한 업무 진행 절차들, 이러한 업무를 강제하며 다시 그 패러다임을 재생산하는 제도들. 이것이 공적 시스템 전체에 만연한 채 이미 건설의 시대를 벗어나 다음 단계로 진전하려는 한국사회의 발목을 잡고 있다는 문제의식이 분명해졌다.

'건설의 방식'을 비단 건축 분야만의 문제가 아니라 한국사회 전체의 문제로 인식하는 순간 건축에 대한 문제의식이 더욱 날카로워진다. 단순히 비합리적인 건축제도나 행정의 비효율 문제가 아니다. 한국사회 공적 시스템 전체가 '건설의 방식'에 묻혀서 건축(적 방식)으로 창출되는 가치에 대해 무지하다는 것, 아예 건축으로 창출될 수 있는 가치가 있다는 것 자체를 알지 못하는 것, 건축적 방식으로 문제를 인식하고 해결책을 강구하는 것에 무지할 뿐 아니라 이를 비효율이라 여기며 부정하는 인식들이 만연해 있다는 것, 이것이 우리 사회에서 건축이 마주하고 있는 '진짜 문제'인 것이다.

한국사회 전체와 연결된 문제의식은 건축적 실천에 새로운 과제와 전략을 요청한다. 건축이 마주하는 진짜 문제는 우리 사회가 '건축의 가치, 건축적 방식의 가치를 알지 못하는 사회'라는 것이다. 그러니 건축의 가장 중요한 실천 과제는 '건축으로 만들어지는 가치들을 보여주는 일'이다. 나는 이를 '인정투쟁'이라 부른다. 한국사회에서 건축은 가치를 인정받지 못하는 '몫이 없는 자'이니 몫을 인정받기 위한 인정투쟁이 최우선적 과제라는 얘기다. 이 일은 주로 건축가들의 보석 같은 작업들로 구현된다.

최근에는 서울시 건축 정책이 중요한 실천의 장을 열고 있다. 100여 명의 공공건축가들이 어린이집, 작은도서관, 주민센터 등 작은 동네건축들로 곳곳에 보석을 심는 실천을 쌓아가고 있다. 건축가 아닌 나로서는 이러한 건축가들의 실천 영역을 확대하는 데 힘을 보태는 것이 나의 일이라 여기고 있다.

또 하나의 중요한 실천 과제는 '건축 현상을 둘러싼 거짓 담론들 깨기'다. 우리 사회에는 건축과 도시공간 현상을 둘러싸고 수많은 거짓 담론들이 횡행하고 있다. '우리나라는 땅이 좁아서 고층 개발이 불가피하다'는 운명론을 빌린 거짓말부터 '아이들의 안전을 위해 학교 담장은 필요악'이라는 현실을 끌어온 억지, '도시환경 보전을 위해 완충녹지 확대가 필요하다'는 선의를 가장한 사이비 논리까지. 퇴행적 건축 현상을 부추기는 거짓 담론들에는 우리 사회의 온갖 적폐들이 결속되어 있다. 중앙집권적 전체주의, 분업 기능주의, 그리고 집단주의와 이기주의. 이 모든 거짓을 들춰내고 여기에 기대어 퇴행적 공간 생산을 강제하는 모든 제도와 행정을 비판해야 한다. 이에 대항하여 개인 자율성, 개체들 간의 관계망, 타자와의 공생을 북돋는 실천적 담론과 건축형식을 지지해야 한다. 이 모두가 건축이 맞닥뜨리고 있는 전선들이다. 건축의 시대를 맞이한 지 이미 오래인 우리 사회가 진정으로 건축의 시대에 걸맞은 사회로 진전하기 위해 해소해야 할 과제들이다.

이 책은 이러한 생각 속에서 우리 사회에서 건축이 맞닥뜨리고 있는 과제와 전선을 정리한 것이다. 같은 선상의 첫 작업이었던 『아파트 한국사회』(2013)가 주로 아파트단지 문제를 중심으로 한 것이었다면 이 책은 건축 일반으로 전선을 넓힌 두 번째 작업인 셈이다.

1부는 우리 사회에서 건축이 산업적으로 비중이 크고 중요하다는 '사실'을 확인하는 일부터 시작한다. 특히 소규모 건축물 시장이 양적으로나 질적으로나 우리 사회에 중요한 의미를 갖고 있는 산업부문임을 밝히고자

했다. 그리고 이 중요한 산업인 건축을 건설로 '잘못' 취급하고 있는 정책-행정-제도의 문제와 관련된 쟁점들을 다루었다. 2부에서는 우리 동네의 환경이 저열한 수준을 벗어나지 못하고 있는 이유가 건축을 건설로 취급하며 성립한 관련 제도와 행정에 있다는 사실, 그리고 이는 좋은 건축을 통해 만들어지는 가치가 있다는 사실 자체를 모르는 사회 일반의 문제에 연결되어 있다는 점을 보이려 하였다. 이어 3부에서는 '건설의 시대' 행정의 대표적 속성인 '칸막이 분업 행정'으로 인해 벌어지는 문제들, 특히 도시 행정과 건축 행정의 칸막이가 빚어내는 문제를 다루었다. 중차대한 국가 정책 과제로 부각되고 있는 도시재생 정책이 지지부진한 것 역시 칸막이 행정이 근본 이유라는 사실과 이를 극복하기 위한 과제에 대해 논했다. 4부에서는 우리 사회 건축의 진전을 가로막는 핵심적 문제는 설계시장 질서가 합리적이지 못하다는 것, 이를 혁신하는 것이 중요한 현안 과제임을 강조하려 하였다. 설계 실력으로 경쟁하지 않는 설계시장, 형식적 공정성만 찾느라 설계 실력 경쟁을 훼손하는 설계공모 심사제도, 시장질서의 기초인 설계대가제도의 후진성, 공사감리제도의 퇴행적 현상 등의 문제 상황을 까발리고 혁신의 방향을 짚어보았다.

5부의 주제는 건축과 도시공간에 대해 우리 사회가 당연시하고 있는 관행과 주장을 되짚어보는 것이다. 왜곡된 고정 관념과 관행 속에서 여전히 퇴행적인 건축과 도시공간이 생산되고 있다는 사실, 이러한 관행과 관념들이 전혀 당연하지 않고 근거 없는 것임을 밝히려 하였다. 마지막으로 6부에서는 건축과 도시공간 실천이 지향하는 가치, 그것이 우리 사회에서 갖는 의미에 대해 논하였다. 건축 분야에서의 실천과 지향이 우리 사회의 혁신과 곧바로 연결되는 일이라는 생각으로 이 마지막 장을 덧붙였다. 건축에 관련된 모든 논의들을 건축 분야 내부 문제로 보는 '닫힌' 시각이야말로 건축의 혁신과 우리 사회의 혁신을 가로막는 가장 해로운 것이라는 점을 말하고 싶었다.

이 책에는 각종 통계 수치들과 법령 조항이 제법 많이 등장한다. 산업

통계량이나 법령 조항에 직접 관련된 글 내용 때문이기도 하지만 가급적
실증적인 근거 자료를 사용하려는 나의 의도가 작용한 탓이기도 하다.
추상적 개념과 수사로 채워지곤 하는 건축 분야의 말하기와 글쓰기
방식으로는 정책과 제도, 행정에 대해 문제를 제기하기에 적절치 않다고
생각한 탓이다. 그런 방식으로는 강고한 '건설의 시대' 문제를 들추고
'건축의 시대'의 당위성을 주장하는 일에 설득력을 갖추기가 쉽지 않기
때문이다. 그러다 보니 통계 수치와 법령 조항들을 뒤지고 해독하고
정리하는 데에 만만치 않은 시간이 소요되었다. 그 내용을 일일이
설명하느라 곳곳에서 글이 길어지고 읽기 피곤해진 것 같아 걱정이다.

　　그러나 이 걱정은 도서출판 마티를 만나면서 한결 덜어졌다. 책이
제기하는 문제의식에 저자인 내가 무색하리만큼 열정적인 지지와 동의를
보내며 글을 다듬고 책을 만든 정희경 사장 덕택이다. 이 책을 더 많은
독자가 쉽고 명확하게 이해할 수 있어야 한다는 정 사장의 열의에 거친
글이 한결 순해졌고 도표들의 디자인이 새로워졌다. 사진도 적지 않게
추가되었다. 감사드린다. 꽃내음 흥건한 봄날을 원고와 씨름하며 꼼꼼한
편집과 출간 작업에 애써 준 도서출판 마티의 식구들 모두에게 감사드린다.

2017년 5월
박인석

1부

건축의 시대

건축은 기간산업이다

건축계의 불평과 한탄

건축계 바깥에서는 관심조차 없겠지만 건축계 인사들 사이에서는 수십 년 전부터 한국 사회에서 건축의 위상을 두고 갈등이 계속되어왔다. 사실 갈등이라기보다는 '건축이 받고 있는 대접에 문제가 있다'는 불평 또는 한탄이라고 해야 할 것이다.

불평과 한탄은 방점을 어디에 찍느냐에 따라 두 갈래로 나뉜다. 하나는 정부 정책이 개발경제식 성장에 집중하면서 인문학과 문화예술 분야가 소외되어왔다는 것이다. 이는 비단 건축 분야뿐 아니라 인문사회계와 예술계가 공통으로 취해온 입장인데 건축계도 여기에 동조하면서 한 발 걸쳐왔다. 바깥에서 어떻게 생각하든 건축계 안의 분위기는 확실히 그렇다. 여기에는 건축이 경제적·산업적 활동보다는 문화예술 활동으로서 중요한 의미를 갖는다는 생각이 깔려 있다. 또는 시민들의 생활공간에 직결된 사회적·문화적 사안을 다루는 인문사회적 활동으로서 더욱 중요한 의미를 갖는다는 생각이 깔려 있다. 예를 들어 정부의 주택 정책은 주택 공급을 다루는 경제·산업 정책이기도 하지만 시민들의 주거문화를 다루는 인문사회 정책이며 주거공간과 도시공간의 건축 창작 활동을 다루는 문화예술 정책이기도 하다. 그럼에도 정부 정책은 이제껏, 그리고 지금도 여전히 '공급' 쪽으로 지나치게 편중되어 있다는 것이다. 바깥에서 어떻게 생각하든 건축계 안의 지배적인 견해는 확실히 그렇다.

다른 불평은 건축과 건설, 더 정확히는 건축과 토목의 관계와 위상을 둘러싼 것이다. 경제·산업에 치우친 정부 정책이 건축과 토목을 '건설'이라는 이름으로 싸잡아서 다루고 있다는 것, 관련 정책과 법제도에서도 건축과 토목을 구분하지 않고 '건설 정책'과 '건설 관련 법제도'로 운용되고 있다는 것, 그리고 이 '건설 분야'를 토목 쪽 인사들이 주도해오면서 토목산업 중심으로 짜인 정책과 법제도에 건축이 다스려지는 상황이 지속되고 있다는 것이다. 이는 당연히 인문사회, 문화예술 속성을 갖는 건축에 대해 무지한 정책과 법제도를 낳아왔다는 불평으로 이어진다. 그리고 이것이 '건축'을 침체시키는 요인이라는 한탄으로 이어진다.

이 두 갈래 불평과 한탄은 겨냥하는 대상이 조금 다르긴 하지만 도달하는 연원은 동일하다. 건설 또는 개발과 경제에 치우친 정부 정책이 근본적 원인으로 지목된다. 그런데 정작 문제는 이러한 근본적 원인에 대해 건축계가 대응하는 태도다. "건축은 문화이고 예술이며 인문학이다. 경제활동만으로 보지 말라. 건설 취급하지 말라." 이것이 건축계의 기본 태도이자 반응인데, 그러나 좀 더 들여다보면 토목 중심으로 짜인 건설 패러다임으로 건축을 다루는 행정을 향한 불만이 진짜 이유임을 알 수 있다. 건설 정책이나 제도에 대한 불만에는 늘 "건설쟁이가 건축에 대해 뭘 알겠어?"라는 자조적 야유가 따라다닌다. 여기서 건설쟁이란 토목 분야 관료나 전문가들을 가리킨다.

건축산업이 토목보다 훨씬 크다

"건축을 건설 취급하지 마라", "토목과 건축을 구분해서 다루어야 한다"는 말에는 경제적 또는 산업적으로 건축이 토목에 비해 비중이 작고 중요성이 덜하다는 생각이 깔려 있다. "경제적으로야 토목이 비중이 크겠지만 경제 효과가 다가 아니다. 건축이 갖는 문화예술로서의 가치를 무시하겠다는 것이냐", "문화예술의 가치가 경제적으로 환산되기 어려워서 그렇지 중요성이 결코 덜하지 않다" 등등. 실제로 웬만한 건축계 인사들에게 "한 해 총 공사 금액 규모로만 비교한다면 건축과 토목이 몇 대 몇쯤 될 것 같은가"라고 질문하면 십중팔구는 "토목 8, 건축 2" 아니면 "토목 7, 건축 3"이라고 답한다. 공사 금액 규모로만 본다면야 도로, 철도, 항만, 하천, 댐 따위를 다루는 토목에 비해 건축이 훨씬 작지 않겠냐는 것이다.

그런데 과연 그럴까? 건축은 토목에 비해 경제·산업적으로 비중이 작다는 게 사실일까? 작다면 얼마나 작을까?

결론부터 말하면 이런 생각은 완전히 틀렸다. 완벽한 오해다. 건축은 (문화예술적 가치는 말할 것도 없고) 경제적·산업적으로 봐도 토목보다 훨씬 비중이 큰 산업이다. 일단 문화예술 이야기는 접어두고 건축을 '산업적'으로, 통계를 통해 따져보자.

[그림 1]은 한국 건설업의 수주액-기성액 통계를 그래프로 그린 것이다. 통계청에서 운영하는 국가통계포털의 주제별 통계 > 건설·주택· 토지 > 건설 > 건설업 조사로 들어가면 다시 '산업편'과 '공사실적편'으로 구분되는데, 이 중 '공사실적편'에 공사종류별(건축, 토목, 산업설비, 조경)로 구분된 연도별 수주액(受注額)과 기성액(旣成額) 통계가 있다.[1] 수주액은 건설업체가 체결한 공사계약 금액이고, 기성액은 공사계약 이후 공사 진척에 따라서 받은 금액이다. 통상 기성은 공사 진척도에 따라 몇 번에 나누어서 받는다. 건설업이 성장세라면 수주액이 기성액보다 많다. 따라서 연도별 추이뿐 아니라 수주액과 기성액 차이 자체가 건설업의 경기 동향을

---

1 '산업편'에서 산업세분류별 매출액 통계를 이용하는 것도 생각해볼 수 있으나, 세분류 산업(건설업·종합건설업·전문직별 공사업)들을 건축과 토목으로 구분하는 것이 명확하지 않을뿐더러 업종 구분과 관계없이 건축공사와 토목공사를 수행하는 경우도 적지 않을 것이므로, 건축산업만을 따로 분석하기에는 적절치 않은 점이 있다. 이에 비해 '공사실적편'에서는 건축공사, 토목공사, 산업설비, 조경공사로 구분하여 집계하고 있으므로 이를 사용하는 것이 보다 명확하다.

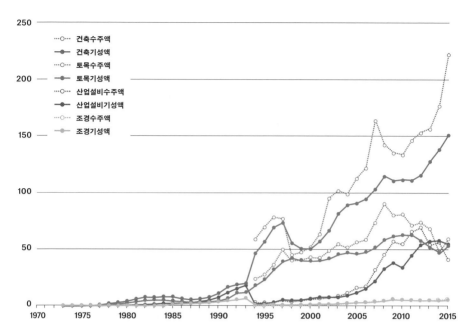

[그림 1] 건설업 공사종류별 수주액-기성액 추이(단위: 조 원)

*자료: 국가통계포털, 건설업 조사.

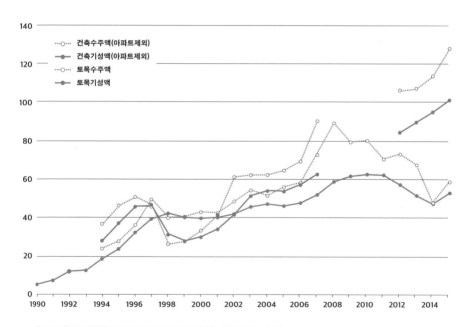

[그림 2] 건축(아파트 제외)-토목 수주액-기성액 추이(단위: 조 원)

*자료: 국가통계포털, 건설업 조사.

나타낸다고 할 수 있다.

　[그림 1]을 보면 건축의 수주액과 기성액이 단연 큰 비중을 차지하고 있는 것이 우선 눈에 띈다. 1970년대는 건설업 전체 규모가 작아서 그래프에서 구별이 어렵지만 이 당시에도 건축의 기성액 규모가 가장 컸다. 이 차이는 1990년대 중반에 들어서면서 급격하게 커진다. 건설업 전체의 규모가 급격히 커지는 가운데 건축산업의 성장세가 단연 두드러진다. 2015년 건축의 수주액과 기성액은 각각 222조 958억 원, 151조 427억 원인 데 비해 토목은 59조 3,624억 원, 53조 4,749억 원. 건축이 압도적으로 크다. 수주액은 무려 3.7배이고 기성액은 2.8배다. 건축과 토목의 격차가 커지기 시작하는 1994~2015년 평균 금액을 계산하면 수주액, 기성액 모두 1.8배다. 놀랍지 않은가? 사실이 이런데 왜 다들 건축이 토목보다 산업 규모가 훨씬 작다고 생각하는 것일까?

　이제껏 한국의 건축계는 산업 통계조차 제대로 확인하지 않고 있었던 것이다.

　'건축이 작다'는 오해에 너무 오래 익숙해진 사람들은 여전히 미심쩍어한다. "아파트 건축이 많아서 그런 거 아니야? 아파트 빼면 토목이 클 걸?" 좋다. 아파트 빼고 따져보자. 건축공사에서 아파트 공사를 통째로 빼는 것은 말이 안 되지만[2] 정 그렇다면야. 다행히도 통계청은 건축공사를 건축 유형별로 구분해서 통계를 내고 있으니 어려울 것도 없다. [그림 2]는

2　2015년 '건축 착공 면적' 통계에 따르면 총 1억 5,261만 8,000㎡ 중 주택이 6,816만 6,000㎡로 44.7%를 차지하고 있다. 또한 2015년 '주택 건설 실적' 통계에 따르면 신축 주택 76만 5,328호 중 아파트가 53만 4,931호로 69.9%다. 결국 총 건축생산량 중 30%가 아파트라는 이야기인데 이를 건축 생산에서 뺀다는 것은 말이 안 된다. 그럼에도 "아파트를 빼라" 하는 태도 뒤에는 "표준설계로 찍어내는 아파트는 건축이라기보다는 토목적 방식으로 생산된다고 봐야 하는 것 아니냐"는 생각이 깔려 있다. 한국의 아파트 건축이 처한 비극적 상황이기도 하다.

건축공사에서 아파트 공사를 빼고 집계한 결과다.³ 건축공사에서 아파트 공사를 통째로 뺐는데도 건축이 토목보다 크다. 2015년 건축 수주액과 기성액은 각각 129조 4,122억 원, 102조 3,644억 원으로 줄었지만 토목에 비해서는 여전히 1.9~2.2배 규모다. 정말 놀랍지 않은가?

　건축의 산업 규모가 만만치 않게 크다는 사실을 확인했으니 내친 김에 한 걸음 더 나가보자. 토목과 비교할 계제가 아니다. 반도체, 자동차, 철강 등 한국 경제의 대표 주자로 꼽히는 유수한 산업들과 비교하면 건축산업의 규모는 어느 정도일까? 에이, 뭘 거기까지 가냐고? 비교가 되겠냐고? 길고 짧은 것은 대봐야 아는 법이다.

　국가통계포털에서 광공업·에너지 > 광공업 > 광업·제조업 조사 > 산업편으로 들어가면 '산업분류별 주요 지표'라는 통계표를 찾을 수 있다. 이 통계표는 통계청이 고시하는 '한국 표준산업분류표'에 따른 산업 중 광업과 제조업의 중분류부터 세세분류까지 산업별로 사업체 수, 출하액, 종사자 수 등을 집계하고 있다. 광업·제조업이 건설업과 같은 위계의 대분류 산업이므로 그다음 위계인 중분류 산업들을 건축산업과 비교하였다.⁴ [그림 3]은 제조업의 총 24개 중분류 산업 중 상위 열 개 산업의 출하액을 건축산업 및 토목산업의 기성액과 함께 표시한 것이다.⁵ 이름이 생소할 수

3　건설업 조사 2008~2011년 통계에 아파트 건축 수주액 및 기성액이 누락되어 있어 해당 연도는 그래프에 표현하지 못하였다.

4　엄격히 말한다면 건설업의 중분류 산업은 '종합건설업'과 '전문직별 공사업'이고 그 아래에 건축공사, 토목공사, 조경공사 등이 섞여 있으므로 제조업의 중분류 산업 단위를 건축산업과 비교하는 것은 논란의 여지가 있다. 그러나 제조업의 중분류 산업이 통상 우리가 말하는 전자산업, 자동차산업 등과 거의 동일한 범위로 대응하므로 건축의 산업적 규모 수준을 가늠하기 위한 용도로는 별 무리가 없을 것이다.

5　통계청은 제조업 조사에서 매출액 대신에 출하액을 집계하고 있다. 출하액은 '제품출하액, 부산물·폐품판매액, 임가공(수탁제조) 수입액 및 수리수입액의

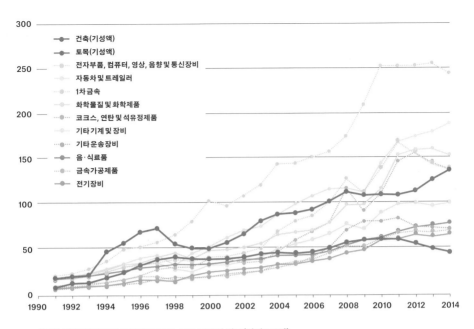

[그림 3] 10대 제조업 출하액과 건축-토목 기성액 비교(단위: 조 원)

*자료: 국가통계포털, 제조업 조사, 건설업 조사.

있으므로 우리에게 유력한 산업으로 알려져 있는 업종들이 어떤 산업에
속하는지 먼저 확인해보자. 반도체·컴퓨터·이동전화기·TV 산업은 '전자
부품·컴퓨터·영상·음향 및 통신 장비'에 속하며 제철·철강산업은 '1차
금속'에, 조선산업은 '기타 운송 장비'에 속한다. 정유산업은 '코크스, 연탄
및 석유 정제품'에 속한다.

[그림 3]을 보면 이들 세칭 유력 산업들과 비교해서도 건축산업의
비중이 결코 작지 않음을 확인할 수 있다. 단연 수위를 달리는
'전자부품·컴퓨터·영상·음향 및 통신 장비'에는 다소 못 미치지만 그다음
순위 그룹인 '자동차 및 트레일러', '화학물질 및 화학제품', '1차 금속',

합계'(통계청, 2014년 광업·제조업 조사보고서), 즉 제조업체의 모든 수입액을 합한
금액이라 할 수 있다. 따라서 제조업의 출하액과 건설업의 기성액을 비슷한 개념으로
보고 이를 비교 대상으로 삼았다.

29

'코크스, 연탄 및 석유 정제품' 등에 비해 결코 작지 않다. 건축산업은 나라 경제를 이끈다고 알려진 반도체, 자동차, 철강, 정유 산업들 못지않게 비중 있는 산업인 것이다.

기간산업(基幹産業, basic industry)이라는 말이 있다. 사전에는 '한 나라 산업의 기초가 되는 산업으로서 주로 중요 생산재를 생산하는 산업인 전력·철강·가스·석유 산업 따위를 이르는 말'이라고 나와 있다. 그러나 원래는 제1차 세계대전 당시 독일로부터 특수품을 수입할 수 없게 되어 영국이 곤경에 빠졌을 때, '한 나라 경제의 사활에 영향을 미치는 산업'이라는 의미로 사용되기 시작하였다고 한다.[6] 이런 의미로 본다면 건축은 국가 기간산업으로서 손색이 없는 산업이다.

경제 성장과 함께 커온 건축산업

앞의 그래프들과 통계 수치를 좀 더 살펴보면 여러 가지 시사를 얻을 수 있다. 우선은 성장 추세다. [그림 1]은 건축산업이 1990년대 중반 경부터 가파르게 성장했음을 보여준다. 1990년대는 한국 경제가 새로운 성장 국면에 들어선 시기다. 한국의 국민총생산(GDP) 추이를 보면([그림 4]) 1988년경부터 GDP 성장 속도가 급격히 빨라지고 있다. 한국 경제가 1988년을 전후로 과거와는 전혀 다른 국면으로 접어들었음을 말해준다. 국가 경제 규모가 커졌을 뿐 아니라 국민의 소득 수준 및 소비 성향도 달라졌다. 생각해보면, 마이카 붐이 불고, '자동차가 없어서'가 아니라 '건강을 생각해서' 버스를 타고 다닌다는 말이 자연스러워진 것이 1990년대. 한국 영화 최초로 관객 100만을 넘긴 「서편제」(1993)를

6   두산백과(http://www.doopedia.co.kr/).

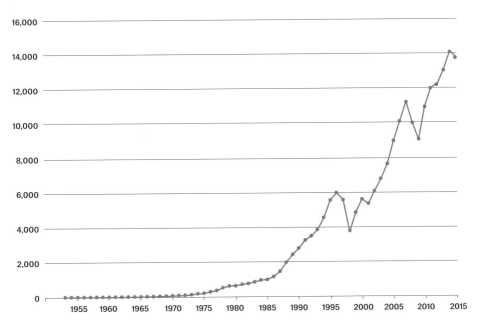

[그림 4] 한국 국민총생산 추이(단위: 억 달러)

　　*자료: 통계청.

[그림 5] 국민총생산 대비 건축 투자 비중(단위: %)

　　*자료: 통계청.

시작으로 영화 시장이 갑자기 커지기 시작한 것도 1990년대다. '우리의 것은 소중한 것이여'(1992년 우황청심환 광고), '침대는 가구가 아닙니다'(1993년 에이스 침대 광고) 같이 상품의 성능과 가격을 넘어서 개인들의 욕망에 호소해 소비를 자극하려는 광고가 주목을 끌기 시작한 것도 이때였다. 바야흐로 한국 사회의 소비시장이 다원화, 개성화 단계로 진입한 것이다.

이 시기에 건축산업의 규모 역시 급성장했다는 사실은 건축산업이 국민의 소득 수준, 소비 성향 변화와 맥을 같이하며 성장하는 '국민 산업'임을 말해준다. 건축산업은 국민들의 경제활동 규모와 더불어 성장하며 상생하는 산업인 것이다. 또한 1990년대 이후 각 산업들의 성장 추세를 비교할 수 있는 [그림 3]에서 우리는 건축산업이 제조업의 선도 산업군(전자, 자동차, 화학, 1차 금속 등)과 유사한 성장 추세를 보이고 있음을 확인할 수 있다. 이는 건축산업이 우리 사회의 경제 성장을 지탱하는 전략산업으로서의 성격과 잠재력을 갖고 있음을 말해준다.

뒤에서 자세히 언급하겠지만, 이러한 건축산업의 속성은 내수에 기초한 산업이라는 특성에서 비롯한다. 건축물은 땅에 고정된 생산물로서 이를 짓는 생산활동인 건축은 이 사회 안에서 이루어지며 이를 사용하는 소비활동 역시 마찬가지다. 사회의 경제 규모가 커지고 경제활동량이 증가할수록 건축 생산활동 역시 활발해지고, 이는 사회가 보유하는 총 건축물 재고량 증가로 이어진다. 건축물 재고량의 증가는 다시 건축물 노후화에 따른 교체 수요 증가로 이어진다. 가령 건축물의 수명을 50년이라 한다면 매년 총 재고량의 50분의 1, 즉 2%가 노후화로 수명을 다한다. 이에 대한 교체 수요로 그만큼의 건축 생산이 필요해진다는 이야기다. 따라서 건축물 재고량이 많은 나라, 즉 경제 규모가 큰 나라일수록 건축산업이 내수 경제를 지탱하는 힘이 강하고 꾸준하기 마련이다.

또 하나 주목할 사실은 1990년대부터 한국 사회에서 진행된 '이중적 구조 변동'이다. 오래 전부터 한국은 GDP 대비 건설 투자 비중이 외국에 비해 비정상적으로 크다는 비판이 끊이지 않았다. 이는 물론 1960년대

이후 줄곧 '개발경제'를 국가 성장 전략으로 삼아온 결과다. 그러나
1990년대 들어서면서 건설 투자 비중이 줄어들기 시작한다. 1991년 역대
최고점인 22.8%를 기록한 이후 감소하기 시작해 2015년에는 14.6%로
줄어들었다([그림 5] 참조). 그렇다고 건설 투자액 자체가 줄어든 것은
아니다. 오히려 건설 투자액은 54.5조 원에서 227.2조 원으로 4.2배
증가했다. 건설 투자액이 늘었는데 건설 투자 비중이 줄어든 이유는
무엇일까? 같은 기간 GDP가 238.9조 원에서 1,558.6조 원으로 6.5배나
증가했기 때문이다. 즉, 총 경제 규모가 훨씬 크게 성장했기 때문에
건설시장의 상대적 비중이 그만큼 줄어든 것이다. 그런 가운데 건설시장
내부에서는 건축이 압도적인 비중으로 커졌다. 총 경제에서 건설업의 비중이
줄어든 동시에 건설업 내부에서는 건축 비중이 훨씬 커진 '이중적 구조
변동'이 일어난 것이다.

이미 건축의 시대다

건축은 토목에 비해 개별 생산물의 규모가 작다. 도로, 항만, 철도, 하천,
댐 등과 비교한다면 건축물 하나하나의 규모는 상대가 안 될 정도로 작은
생산물이다. 물론 건축물 중에도 규모가 제법 큰 것들이 없지는 않지만 그
수는 매우 적다. 2015년 기준으로 한국 총 건축물 재고량 698만 6,913 동을
건축물 면적별로 보면 연면적 500m^2(150평) 미만인 건축물이 86.7%이고,
그중 100m^2(30평) 미만이 46.6%나 된다.[7] 1만m^2(3,000평) 이상인 건물은
5만 2,110동으로 0.7%에 지나지 않는다. 1만m^2면 얼마나 되는 규모일까.
아파트로 가늠해보자. 평형과 세대수에 따라 다르겠지만 20층짜리 아파트

7　통계청, 국가통계포털(http://kosis.kr/), 건축물 통계.

한 동이 대략 1만m²다. 2013년 기준으로 한국에 20층 이상 아파트가 2만 6,445동이니[8] 아파트를 빼면 1만m² 이상인 건물의 숫자는 0.3% 남짓이다.

그만큼 건축생산의 한 단위는 작다. 작은 건축물들이 저마다 다른 땅에 다른 사정을 살피며 건축된다. 게다가 건물을 짓는다는 것은 대부분의 건축주에게는 거의 전 재산을 걸고 하는 일이다. 땅 한 뼘을 헤아리고 벽돌 몇 장을 따져가며 짓는다. 그만큼 섬세한 일이다. 토목, 또는 건설에 비하면 말이다.

그런데 이런 작은 건축생산이 총 산업 규모에서는 토목의 세 배에 이른다. 수없이 많고 많은 건축생산 활동들이 이 땅을 빼곡히 채우고 있다는 이야기다. 수없이 많고 많은 사람이 건축에 매달려서 저마다의 세심한 고민과 결정을 하고 있다는 이야기다. 1990년대부터 건축생산이 급증하며 건설업의 중심 산업이 되었다는 것은 그때부터 이미 한국 사회는 이러한 작은 일들이, 세심한 결정이 필요하고 요청되는 일이 중심이 되는 사회로 진입했다는 이야기다.

얼마 전부터 '건설의 시대에서 건축의 시대로'라는 말이 심심치 않게 회자되고 있다. 그런데 이 말이 경제 중심의 건설에서 문화 중심의 건축을 중시하는 사회로 바뀌었음을, 또는 바뀌어야 함을 말하는 것이라고 자칫 오해하는 경향이 있다. 그런 말이 아니다. 문화든 경제든 산업이든 다르지 않다. 양적 효율을 목표로 밀어붙이는 건설이 아니라, 매번 다른 고민을 하고 매번 다른 결정을 해야 하는 건축적 방법이 중심이 되어야 하는 시대로 바뀌었다는 말이다. 문화뿐 아니라 경제와 산업 측면에서도 건축적인 일 처리방식이 아니고서는 안 된다는 말이다. 한국 사회는 이미 20여 년 전부터 그런 사회로 진입했다.

8   통계청, 국가통계포털, 아파트 주거환경 통계.

건축이 경시되어온 이유

토목직 공무원을 훨씬 더 많이 뽑는다

건축이 토목에 비해 산업 규모가 훨씬 크다는 사실을 확인했다. 그런데 왜 대부분의 사람들은 "토목이 훨씬 크지 않겠느냐"는 생각을 갖고 있을까.

이유는 간단하다. 우리 사회의 건설 관련 법제도와 행정체계가 압도적으로 토목 중심으로 짜여 있고 건축은 토목적 건설 관련법과 행정에 종속되어 있기 때문이다. 우선 건설 분야 정책을 담당하는 정부 부처의 직제 구성에서 토목직이 건축직에 비해 훨씬 많다. 중앙정부의 국토교통부 직제이든 서울시를 비롯한 지방정부의 직제이든 모두 마찬가지다. 일반인에게야 다 비슷한 공무원들로 보이고 국장, 과장, 또는 이사관, 서기관, 주무관 따위의 직급 명칭으로 구분될 뿐이겠지만 건축이나 토목 분야에 종사하는 사람들의 눈과 관심사는 다르다. 국토교통부든 서울시 도시재생본부든 담당 공무원이 행정직이냐 기술직이냐, 그리고 기술직이라면 건축직이냐 토목직이냐가 중요한 관심사 중 하나다. 국장이나 과장 등 직급이 높은 공무원이라면 더욱 그렇다. 그 공무원이 어떤 전공 분야를 공부한 사람인가에 따라 업무를 대하는 태도와 일을 처리하는 방식이 크게 달라지기 때문이다. 건축계 인사들의 한결같은 불평과 한탄. "왜 모두 행정직 아니면 토목직뿐이냐", "이래서야 건축 정책이 제대로 되겠느냐", "아무리 토목산업 비중이 크더라도(물론 이건 사실을 잘못 알고 하는 말이다) 건축 분야 정책과 제도는 건축을 아는 공무원이 담당하도록 해야 하는 것 아니냐."

중앙정부나 지방정부 공무원 직제의 토목 편중 현상은 공무원 채용 인원을 통해 확인할 수 있다. 공무원은 근무하는 기관에 따라서 국가직 공무원과 지방직 공무원으로 구분되며 신규 인원 채용도 이 둘을 구분하여 국가직 공무원은 중앙정부의 인사혁신처가, 지방직 공무원은 행정자치부가 주관한다. 국가직 공무원은 5급, 7급, 9급직을 매년 신규 채용하며, 지방직 공무원은 7급과 8·9급으로 구분하여 채용한다. 이 중 국가직 5급공무원 채용이 세칭 행정고시라 불리는 시험을 통해 이루어진다.

[표 1]은 인사혁신처와 행정자치부가 2016년 초에 공고한 2016년 공무원 신규 채용 계획에서 건축직과 토목직 채용 인원을 발췌한 것이다. 보다시피 총 채용 인원에서 토목직이 건축직의 두 배에 이른다. 특히 행정고시를 통해 채용하는 5급에서 토목 우위가 두드러져서 채용 인원이 건축의 세 배가 넘는다.

이런 경향이 언제부터 시작되었을까. [그림 6]은 기술직 5급 공무원 공개 채용시험인 기술고등고시가 시작된 1973~2016년 건축직과 토목직 5급 공무원 채용 인원을 보여준다.[9] 1970, 80년대에는 건축직과 토목직의 채용 인원에 큰 차이가 없다가 1995년부터 갑자기 토목직 채용 인원이 크게 증가한 것이 눈에 띈다. 1995년 이후 토목직 채용 인원은 건축직의 평균 2.7배를 웃돌고 있다. 1995년은 지방고등고시제도가 새로 시작된 해다. 지방고등고시는 1995년 지방자치제도 시작과 함께 지방정부에 우수한

[9] 1949년 고등고시령이 제정되면서 시작된 고등고시는 여러 형태로 바뀌다가 1973년 행정, 외무, 기술 세 개 고등고시 체제로 정비되었다. 1995년부터는 여기에 지방정부에 근무자를 선발하는 지방고등고시가 추가되었다가 2004년부터는 행정고등고시, 기술고등고시, 지방고등고시를 행정고등고시로 통합하여 직렬(職列)별로 채용하는 방식으로 지금에 이르고 있다. [그림 6]은 각 회차별로 최종합격자 명단을 공고한 관보를 이용하여 기술고등고시, 지방고등고시, 행정고등고시의 건축직, 토목직 최종합격 인원을 합산하여 작성하였다(단, 2016년 인원은 채용계획 인원이다).

구분	국가직 공무원(명)			지방직 공무원(명)		계
	5급	7급	9급	7급	8·9급	
전체	346	870	4,120	482	16,182	22,000
건축	8	20	19	8	577	632
일반토목	25	24	32	24	1,029	1,134

[표 1] 2016년 공무원 신규 채용 인원 계획
*자료: 인사혁신처, 행정자치부.

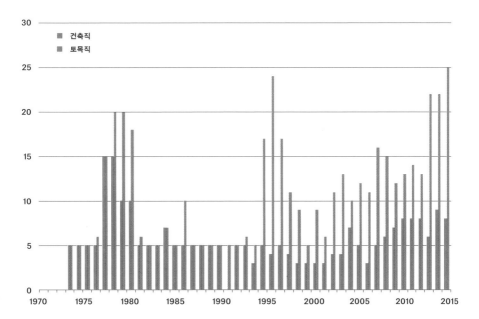

[그림 6] 건축직-토목직 5급 공무원 채용 인원 추이(단위: 명)
*자료: 관보.

공무원 인력을 배치한다는 취지로 시작된 제도다. 국가직 공무원을 뽑는
기술고등고시와는 별도로 지방정부에 근무할 5급 공무원을 채용하는
시험으로, 지방정부별로 채용 인원을 정하여 선발하고 해당 지방정부에 2년
이상 의무 복무하도록 하였다. 이 지방고등고시를 통해 토목직 채용 인원이
대폭 늘어났다.[10] 이후 지방고등고시를 통한 채용 인원이 줄어들었지만[11]
2003년경부터는 기술고등고시에서 토목직 채용 인원이 다시 증가하면서
건축직 채용 인원과의 격차가 커졌다.

고시를 통해 채용되는 5급 공무원은 중앙정부나 광역지방정부의 경우
계장급으로 시작한다. 이보다 높은 직급인 과장, 실장, 국장 등 고위공무원은
거의 다 이들 5급 공무원, 즉 고시 출신들로서 승진한 공무원들이다. 7급 이하
공무원들이 고위공무원으로 승진하는 경우는 거의 없다. 결국 중앙정부나
지방정부에서 건설행정을 결정하고 집행하는 고위 공무원들 중 토목행정
전문가 인원이 건축행정 전문가의 세 배라는 이야기다.

법률과 기준들이 토목 중심으로 입안된다

토목직이 압도적으로 많은 건설행정 직제 아래에서 건설 관련 법제도는
당연히 토목 중심으로 입안되고 운용되기 마련이다.

---

10 1995~1997년 최초 3년간 지방고등고시를 통한 토목직 5급 공무원 채용인원은
38명으로 기술고등고시를 통한 채용인원 20명의 두 배에 이르렀다. 이에 비해
지방고등고시에서 건축직 채용인원은 3년간 세 명에 그쳤다.

11 「지방고시 합격자 갈 곳이 없다」, 『동아일보』, 1998년 11월 19일. 이 기사에 따르면,
지방정부 구조조정에 따른 조직 축소 등에 따라 지방고등고시에 합격하고도 보직을
배정받지 못하고 대기하는 사람이 합격 인원의 40%를 넘는다. 보도 이후 1999년부터
지방고등고시를 통한 채용인원이 대폭 줄어들어 토목직 역시 한두 명 수준으로
줄어들었다.

건설 활동에 관련한 대표적인 법률이 「건설산업기본법」과 「건설기술진흥법」(2014년 「건설기술관리법」이 개정된 법이다)이다. 「건설산업기본법」은 건설업 등록, 공사계약 등 건설공사 활동을 관리하기 위한 법률이고, 「건설기술진흥법」은 설계, 감리 등 건설공사에 수반되는 기술용역 활동을 관리하기 위한 법률이다. 간단히 말해서 「건설산업기본법」은 주로 건설업체가 신경 쓰는 법률이고, 「건설기술진흥법」은 설계업체와 감리업체가 신경 쓰는 법률이다.

「건설산업기본법」이나 「건설기술진흥법」에서 규정하는 '건설공사'에는 토목공사와 건축공사 및 산업설비공사, 조경공사, 환경시설공사 등이 모두 포함된다. '건설기술'은 "건설공사에 관한 계획·조사·설계·시공·감리·시험…" 이다.[12] 즉, 토목공사와 건축공사 그리고 토목기술과 건축기술 모두 이 두 법에서 정한 규정과 기준에 따라야 한다.

토목 직능이 주도하는 건설행정조직이 입안한 법들이니 각종 규정과 관련 기준 역시 토목공사와 토목기술을 염두에 두고 만들어졌다. 당연히 건축공사나 건축기술에는 적절치 않은 내용이 너무 많다. 예를 들어 '감리' 관련 규정을 보자. 감리란 공사 단계에서 시공이 설계대로 이루어지는지 관리·자문하는 일이다. 「건설기술진흥법」에서는 감리 업무를 '건설사업관리'에 포함하여 건설사업관리(CM)업체에 용역으로 발주하도록 규정하고 있다.[13] 설계자가 아닌 제3자가 감리를 하도록 한 것이다. 토목공사에서는 구조 안전성, 재료 절약 등 기본적인 성능 관련 사항이 주 관심사다. 성수대교나 삼풍백화점 같은 부실공사를 방지하는 것이 중요하고 이를 위해서는 설계자가 아닌 제3자가 '감독'하도록 하는 것이 합리적이라 생각하기 때문이다. 이에 반해 건축은 성능 못지않게 건축물과 공간의 형태나

---

12 「건설기술진흥법」 제2조.

13 「건설기술진흥법」 제39조 제2항, 같은 법 시행령 제55조 제1항.

분위기가 중요하다. 재료의 질감과 색채 역시 매우 중요하다. 설계대로 시공하더라도 '설계의도'를 구현하기 위해서는 시공과정에서 미묘한 차이를 조절하는 일이 필수적이다. 이를 위해서는 당연히 설계자가 감리 업무를 맡아야 한다. 설계의도를 구현하는 일을 설계자 말고 누가 할 수 있겠는가. 외국에서는 이것이 당연한 일로 시행되고 있다. 부실공사 방지를 위해 제3자에 의한 감독이 필요하다면 감리와는 별도로 감독 기능을 두더라도 설계자가 시공과정에 참여하는 것은 상식이다.

　'설계' 관련 규정도 마찬가지다. 토목공사에서는 대부분 기본적 성능 확보를 위한 각종 기술 기준의 준수가 중요하게 여겨진다. 따라서 설계자 능력은 유사 설계 실적과 관련 기술인력 보유 등을 척도로 평가한다. 설계 실적이 많고 기술사 등 고급 기술자격을 갖춘 인력이 많은 업체에게 설계를 맡긴다는 이야기다. 당연히 「건설기술진흥법」상의 설계자 평가 기준[14]은 이에 맞추어서 규정되어 있다. 그러나 건축공사는 다르다. 기본적 성능은 물론 중요하지만 건축물이 들어설 장소와 어울리고 형태미와 공간의 질이라는 정성적 측면이 못지않게 중요하다. 따라서 '유사 설계 실적'이나 '기술자격 인력 보유량'보다는 설계를 직접 담당하는 건축가의 역량과 설계의 질이 중요한 평가 기준이 된다. 건축 설계에서 설계공모전을 통해 실적이나 경력이 별로 없는 젊은 건축가들의 작품이 혜성처럼 등장하곤 하는 이유다.

　이러한 건축을 토목적으로 관리하면 무슨 문제가 생길까. 앞에서도 말했지만 토목은 기본적으로 안전성과 경제성을 덕목으로 하는 기술이다. 우리 사회가 경제적이고 안전한 도로, 철도, 항만, 하천, 댐 등의 인프라를 양적으로 충분히 갖추도록 하는 것이 토목산업의 목표라 할 수 있다. 이에 비해 건축의 목표는 안전성과 경제성에만 그치지 않는다. 주변 장소와의 섬세한 어울림도 중요하고 그 안에 담는 기능에도 충실해야 한다. 문제는

---

[14]　「건설기술진흥법」 시행령 제52조 제1항 및 동 시행규칙 제28조 제1항.

이들 장소와 기능이 매번 다르다는 것이다. 주택이라도 모두 같지 않고 단순한 사무공간이라도 매번 다른 요구에 맞추어야 한다. 토목이 '성능이 검증된 표준해(解)'를 지향한다면 건축은 '매번 개별해일 수밖에 없는 조건에서 매번 최적 성능'을 지향한다고 할 수 있다.

이런 건축을 토목적으로 관리한다는 것은 건축을 개별해가 아닌 표준해로 다룬다는 것을 뜻한다. 이쯤 되면 아파트단지가 왜 이리 다 똑같고, 도시의 풍경이 왜 이리 다 비슷비슷한지 이해할 수 있을 것이다. 건축을 '표준적 성능을 갖춘 인프라' 취급하면서 밀어붙인 탓이다. 건축을 토목과 함께 '토건(土建)산업'으로 부르면서 개발경제의 한 축으로 다루어온 '건설행정' 탓이다.

이러한 상황은 2014년 「건축서비스산업진흥법」이 시행되면서 다소 나아졌다. 건축 설계를 '건설기술'에 포함하여 관리하고 규제하는 데에 일찌감치 반대 의견을 제기해오던 건축계의 노력으로 건축 설계를 「건설기술진흥법」에서 분리하여 별도로 관리하는 법을 만든 것이다.[15] 그러나 건축 설계만 예외적으로 건축 대접을 받게 되었을 뿐이다. 이외의 건축 관련 용역(건설사업관리, 감리)은 여전히 「건설기술진흥법」에 의해 토목공사와 동일한 규정으로 관리되고 있다. 건축산업과 행정이 토목 패러다임으로 입안되고 운용되는 상황은 크게 달라지지 않은 것이다.

---

15 건축 설계 분야의 반발로 「건설기술진흥법」(「건설기술관리법」)에서도 일찍부터 '건설기술'에서 건축 설계는 제외한다는 단서조항이 붙어 있다. 이 법 제2조에서는 '건설기술'을 "건설공사에 관한 계획·조사·설계·시공·감리·시험·평가·측량 등"으로 정의하면서 "「건축사법」 제2조 제3호에 따른 설계는 제외한다"는 단서를 붙이고 있다. 그러나 이는 사실상 선언적 의미였을 뿐 「건축서비스산업진흥법」 제정 전에는 실제 설계 업무에 수반되는 각종 규정과 기준은 여전히 「건설기술관리법」에 따르고 있었다.

건축이 만든 수요를 토목에 공급한다

그런데 도대체 왜 그럴까? 건축산업의 산업 규모가 토목산업의 세 배가 넘는데 왜 국가 정책과 행정은 건축이 아니라 토목 중심으로 펼쳐질까? 왜 공무원 채용에서 건축직보다 토목직을 더 많이 뽑는 걸까? 산업 규모가 큰 산업이 일도 훨씬 더 많을 것이고 정책 대상으로서도 훨씬 중요한 것 아닌가?

이 미스터리를 풀려면 건축과 토목의 산업 규모 통계를 좀 더 자세히 들여다보아야 한다. [그림 7]은 앞의 '건설업 공사종류별 수주액-기성액 추이'([그림 1])를 건축과 토목만 비교하는 그래프로 다시 그린 것이다. 그리고 건축, 토목 각각 공공부문 발주공사의 기성액을 따로 표시했다(따라서 총 기성액과 공공부문 기성액 간의 차이가 민간부문 발주공사의 기성액이다).

눈에 띄는 것은 공공부문 기성액만 보면 건축보다 토목이 훨씬 크다는 것이다. 2010년 이후 토목 기성액이 급격히 줄어들면서 건축과 비슷한 수준까지 작아지지만, 공공부문 기성액 통계가 시작된 1994년부터 줄곧 토목이 건축을 압도하고 있다. 1994~2015년의 평균을 계산하면 1.88배로 두 배 가까운 규모다.

[그림 7]로 의문의 일단이 풀린다. 토목공사는 대부분 중앙정부나 지방정부, 또는 공공기관들이 발주한다. 도로, 항만, 댐, 터널, 철도 따위를 민간기업이 돈을 대서 건설하는 일은 거의 없다. 따라서 토목산업의 총량 규모에서 공공부문이 차지하는 비중이 70%에 이른다. 이에 비해 건축은 공공부문의 비중이 20% 수준이다. 산업 총 규모에서는 건축이 훨씬 크지만 공공부문만 따지면 토목이 큰 것이다.

결국 토목직 공무원을 더 많이 채용하는 이유는 공공부문에서 발주하는 토목공사량이 많기 때문이라는 결론에 도달한다. 아마도 우리 정부의 공무원 직제와 공무원 채용시험제도가 자리 잡기 시작한 1950년대부터 아직 한국의 경제 규모가 작은 수준에 머물렀던

1980년대까지는 공공부문에서 발주하는 공사가 매우 중요한 정책적 과제였을 것이다. 더욱이 1960~80년대는 개발경제를 통한 성장이 국가적 목표였던 시기다. 도로, 항만, 댐, 산업공단 등 국가 인프라 건설이 중요한 비중을 차지했고 이는 모두 공공이 직접 발주하는 공사들이다. 그러니 이러한 업무를 수행할 공무원 인력이 필요했을 것이고 이것이 토목직 공무원 채용이 필요했던 이유일 것이다.

하지만 이걸로 의문은 끝나지 않는다. 앞에서 보았듯이 정작 건축직보다 토목직 채용 인원이 크게 늘어나기 시작한 것은 1995년경부터다. 그리고 건설산업, 특히 건축의 산업 규모가 급격히 커지기 시작한 시점도 바로 이 무렵부터다. 이것은 무엇을 의미할까. 한국의 경제 규모가 커지면서 건축산업을 필두로 건설산업 규모가 급격히 커졌고, 이에 따라 덩달아 커지는 건설행정인력 수요를 토목 분야에서 흡수해버렸다는 이야기다. 건설행정 인력 수요를 확대한 주인공은 건축산업인데 정작 증가한 행정인력 공급을 차지한 것은 토목산업이라는 이야기다.[16]

16 공무원 사회에서 건축직이 토목직에 비해 열세인 이유를 해석하는 또 하나 다른 관점은 도시-토목-건축의 관계구조 속에서 토목-건축 관계를 보는 것이다. 도시(계획) 분야는 토목 분야라고 할 수 없다. 도시계획에는 경제, 경영 등 토목 이외의 전문가들도 대거 참여하고, 도시 관련 부서 역시 토목직 공무원들보다는 행정직 공무원들의 자리가 훨씬 더 많기 때문이다. 그러나 도시 분야에서 기술직 공무원만 본다면 토목직이 주류이다. 이 때문에 건축-토목의 역학관계를 주 관심사로 할 때에는 도시 분야를 토목 분야라고 지칭하는 것이 보통이다. 건축이 토목에 비해 공무원 직제에서 열세인 이유를 이러한 관점에서 이해할 수도 있다. 즉, 토목은 행정직이 대거 참여하는 도시 분야에 직접 관련된 업무의 장을 갖는 데에 비해 건축은 도시 분야에서 독립적인 건축 분야를 업무의 장으로 삼아왔다는 것이다. 어차피 도시(계획) 관련 정책이 건축 정책보다 비중이 클 수밖에 없다고 한다면, 도시(계획) 분야 행정에서 건축 분야가 독립적으로 존재해온 것이 도시(계획) 분야에서 건축 참여가 적어지고 결과적으로 건축이 경시되는 요인으로 작용한다고 할 수 있다.

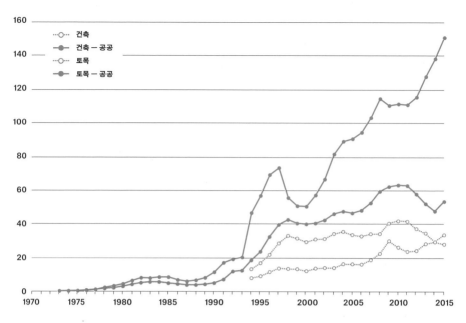

[그림 7] 건축-토목 기성액 추이(공공부문 구분, 단위: 조 원)
  *자료: 국가통계포털, 건설업 조사.

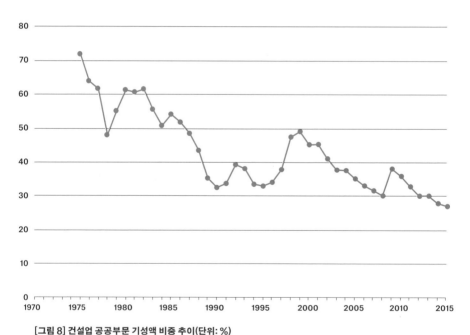

[그림 8] 건설업 공공부문 기성액 비중 추이(단위: %)
  *자료: 통계청, 건설업 조사.

거꾸로 가는 건설행정

여기에서 또 하나 눈여겨보아야 할 것은 건설산업 전체에서 공공부문이 차지하는 비중의 변화다. [그림 8]은 연도별로 전체 기성액에서 공공부문에서 수령한 기성액이 차지하는 비중의 변화 추이를 보인 것이다.[17] 공공부문의 비중은 1970년대 70% 수준에서 점차 낮아져 1990년대에는 30%대까지 낮아지고 있다. 1997년 외환위기와 2008년 금융위기 시점에서 정부의 건설투자 확대로 공공부문 비중이 잠시 높아졌지만 다시 낮아지면서 30% 이하로 내려가고 있다.

이제까지의 분석 내용들은 다음과 같이 정리된다.

국가 경제 규모가 커지면서 1995년 이후 민간부문 건설활동, 즉 민간 건축생산이 급격히 증가했다. 한국의 건설산업은 1995년을 경계로 민간부문의 건축생산이 중심을 차지하는 구조로 바뀐 것이다. 그런데 바로 그 시점부터 정부의 건설행정은 공공부문 토목산업 중심의 성격을 더욱 강화해나갔다.

결국 건설행정은 사회와 산업구조의 변화와는 반대 방향으로 나아갔고 지금도 그 방향으로 계속 가고 있는 것이다. 그 결과는 모순투성이 정책과 행정이다. 산업적 비중이 날로 커져가고 있는 건축산업을 그 규모와 비중이 훨씬 작은 토목산업용 정책과 제도로 운영하고 있다는 것 자체가 말이 안 된다. 산업 규모는 세 배인데 행정인력은 3분의 1에 지나지 않으니

---

17 건설업 수주액과 기성액에 대한 공공부문 통계가 1994년부터만 가용한 탓에 전체 시기의 공공부문 비중 변화의 일관된 수치를 확인하기는 어렵다. 그러나 유사 통계를 통해 전반적인 흐름은 파악 가능하다. [그림 8]은 1993년 까지는 '종합건설업 조사'와 '전문건설업 조사'의 기성실적 통계를, 1994년 이후는 '건설업 조사'의 기성액 통계를 사용하여 작성하였다.

건축산업은 토목산업에 비해 9분의 1의 행정력으로 운영하고 있는 셈이다.

정부조직과 행정은 정부가 직접 발주하는 공사 업무를 하라고 있는 게 아니다. 시민들의 경제활동과 삶의 질을 살피고 그 발전을 이끄는 일이 더 중요하다. 정책과 제도는 이를 위해 필요한 것이다. 건축생산의 속성을 무시한 각종 제도와 기준 탓에 망가져온 건축 분야의 문제들이 사실은 국가 행정력을 이렇듯 비합리적으로 배분해온 관행 때문이라는 사실에 분노해야 한다. 이런 시대착오적 행정의 패러다임 자체를 바꾸지 않고서는 건축산업의 미래도 한국 사회의 미래도 없을 것이기 때문이다.

서로 다른 건축 —
building, architecture

국토교통부의 건축, 문화체육관광부의 건축

한국 사회에서 건축이 경시되고 있는 상황과 직접적으로 관련된 또 하나의
쟁점이 있다. 건축은 건설활동인가 문화활동인가. 흡사 '건축은 기술인가
예술인가'를 논하던 19세기 유럽판 논쟁의 재림인 셈이다. "건축은 양쪽
측면 다 갖고 있는 종합적 활동이다" 따위의 이야기는 접어두고 현실 제도
차원에서 따져보자.

현재 건축활동을 관장하는 부처는 국토교통부다. 「건축법」,
「건축기본법」, 「녹색건축물 조성 지원법」, 「건축서비스산업진흥법」 등
건축활동을 관리하는 주요 법률들은 국토교통부 건축정책관 산하 세 개
과(건축정책과, 녹색건축과, 건축문화경관과)에서 관장한다. 물론 이밖에
건설, 국토, 도시라는 이름을 넣은 여러 부서가 담당하는 업무에도 '건축'이
포함되어 있고 이에 관한 모든 법률 역시 이들이 분담하여 관장한다.
국토교통부는 중앙정부 부처들 중 기획재정부, 산업통상자원부 등과 함께
경제부처에 속하므로 한국 정부는 건축을 건설활동으로 보고 있다고 해야
한다. 국토교통부의 원래 이름이 '건설부'였음을 기억하라.[18]

---

[18] 지금의 국토교통부는 1948년 설치한 '교통부'와 1955년 신설한 '부흥부'로 시작하였다.
      이후 부흥부를 건설부(1961), 국토건설청(1961), 건설부(1962)로 바꾸었다가
      1994년 교통부와 통합하여 건설교통부(1994)가 되었다. 이후 국토해양부(2008),

그런데 국토교통부 이외에 문화체육관광부[19]에도 건축을 관장하는 부서가 있다. 문화체육관광부는 2005년 공간문화 정책 추진을 표방하면서 문화정책국에 '공간문화과'를 신설하였다. 공간문화과의 담당 업무는 '도시와 농촌지역의 문화적 공간환경 조성에 관한 사항', '다중이용 공공시설의 문화적 개선에 관한 사항' 등 국토교통부의 건축 정책과 유사한 것들이었다.[20] 이후 공간문화과는 공간문화팀, 디자인공간문화과 등으로 명칭이 바뀌면서 공공디자인 및 건축 관련 정책을 추진해왔으나[21] 건축 관련 법률들을 모두 국토교통부가 관장하고 있는 상황에서 활동에 한계가 명백했다. 2013년 9월 미술 분야 업무가 디자인공간문화과로 이관되면서 부서 명칭이 '시각예술디자인과'로 바뀌었다. 문화체육관광부의 건축 관련 행정 비중이 축소된 것이다.

한국 사회에서 건축 관련 행정 주체는 단연 국토교통부이지만 문화체육관광부가 건축 분야에 관계해온 역사나 관련 업무들도 만만치 않다. 문화체육관광부가 관장하는 중요한 법률인 「문화예술진흥법」

국토교통부(2013)로 바뀌었다.

[19] 문화체육관광부는 1948년 신설한 '공보처'로 시작하였다. 이후 공보실(1956), 국무원 사무처 공보국(1960), 공보부(1961), 문화공보부(1968), 문화부(1989), 문화체육부(1993), 문화관광부(1998)를 거쳐 문화체육관광부(2008)로 바뀌었다.

[20] 당시 문화체육관광부가 공간문화과의 업무로 공표한 내용은 다음과 같다. '문화적 공간환경 조성을 위한 종합계획의 수립', '공간문화 정책에 관한 조사·연구', '도시와 농촌지역의 문화적 공간환경 조성에 관한 사항', '간판문화의 개선에 관한 사항', '문화도시의 공간환경 조성·지원에 관한 사항', '다중이용 공공시설의 문화적 개선에 관한 사항', '공공시설물 등의 디자인 진흥에 관한 사항', '공간문화 인식 제고 및 교육에 관한 사항', '국·공립 시설의 공간 기획 및 지원에 관한 사항'.

[21] 2005년부터 한국건축가협회와 함께 '한국공간문화대상'이라는 건축시상제도를 시작하여 2016년 현재 11회째 지속하고 있다. 또한 2006년부터 '건축문화진흥법' 제정을 추진했으나 국토교통부가 주도한 「건축기본법」(2007), 「건축서비스산업진흥법」 (2013) 등 관련법들이 제정되면서 이 법률 제정은 실현되지 못하였다.

제2조에서는 '문화예술'을 "문학, 미술, 음악, 무용, 연극, 영화, 연예, 국악, 사진, 건축, 어문, 출판 및 만화"라고 정의하고 있다. 건축을 문화예술에 포함하면서 문화체육관광부의 문화예술 진흥 정책 대상으로 삼고 있는 것이다. 건축계의 대표적 단체인 대한건축사협회의 주무관청은 국토교통부이지만, 또 하나의 유력한 건축단체인 한국건축가협회의 주무관청은 문화체육관광부다. 한국건축가협회는 1962년 창립한 한국예술문화단체 총연합회(예총)의 창립 준비 단계부터 참여한 주요 멤버이기도 하다. 대표적 국제 건축행사인 베네치아비엔날레에 한국관을 운영하고 행사 참여를 주관하는 부처도 문화체육관광부다. 또한 문화체육관광부는 도서관 정책, 박물관 정책, 체육 정책의 주관 부처로서 이에 수반하는 도서관, 박물관, 공공체육시설 등 전국적으로 양이 많고 시민생활과 직결된 건축물의 건축사업을 주관하고 있어서 이래저래 건축과 적지 않은 관련을 맺고 있다. 정리하자면 건축활동에 대한 주무부처는 국토교통부이지만, 건축활동의 일부를 문화체육관광부가 관장하고 있는 셈이다.

그런데 문제는 국토교통부가 관장하는 '건축'과 문화관광부가 관장하는 '건축'이 같지 않다는 것이다. 국토교통부가 관장하는 '건축'은 'building'이다. 가령 「건축법」은 영어로 'building code'다. 한편 「문화예술진흥법」에서 말하는 '건축'은 'architecture'다.

그런데 국토교통부가 architecture까지 관장하기 시작하면서 문제가 복잡해졌다. 국토교통부가 관장하는 건축 관련 법 중 「건축법」은 'building 법'이지만 「건축기본법」이나 「건축서비스산업진흥법」은 다분히 'architecture 기본법', 'architecture 산업 진흥법'이라 할 만한 법들이다. building에 눌려 architecture 빈곤에 시달려온 건축계가 국토교통부 품속에서라도 architecture의 싹을 키우려 노력한 성과들이다. 그런데 이들마저 토목적 건설행정이 압도하는 국토교통부 분위기에서 변변히 기를 못 펴고 있다. 이제 building과 architecture가 헷갈릴 뿐 아니라 architecture도 국토교통부와 문화체육관광부 사이에서 헷갈리는 형국이다.

건축(building)과 건축(architecture)

'building'은 건축물, 또는 건물을 말한다. 더 이상 설명 안 해도 누구나 이해할 것이다. 그런데 'architecture'로 가면 좀 어려워진다. 영영사전에서 이 단어를 찾으면 "the art of planning, designing, and constructing buildings"(건물을 계획하고 설계하고 건설하는 예술)이라고 나온다. 또 다른 설명. "The architecture of a building is the style in which it is designed and constructed"(어떤 건물의 architecture란 그 건물이 설계되고 건설된 양식을 말한다). 더 설명하려면 길어진다. 이 정도로도 두 단어의 차이를 대충 알 수 있다. building이 건물 일반을 지칭하는 개념인 데 비해 architecture는 여기에 문화예술적인 의미가 더해진 개념이라고 이해하면 크게 틀리지 않는다.

문제는 우리말에서는 이 둘을 구분하지 않는다는 것이다. 둘 다 '건축'이다. 건축(建築)이란 단어가 애초 architecture를 일본인들이 번역한 말이니 어쩌니 하며 유래를 따지는 일은 중요치 않다. 처음부터 구분하여 사용하려 했다면 'building'은 '건물', 'architecture'는 '건축'이라고 했으면 될 일이다. 「건축법」을 '건물법'이라 해서 안 될 것 없지 않은가. 그런데 그러지 않았다. '건축'을 국어사전에서 찾으면 "집이나 성, 다리 따위의 구조물을 그 목적에 따라 설계하여 흙이나 나무, 돌, 벽돌, 쇠 따위를 써서 세우거나 쌓아 만드는 일"이라 나온다. 한영사전에서 찾으면 "architecture, building, construction" 모두 나온다. 다 건축이다. 한국 건축의 비극은 여기에서 시작된다.

언어는 개념을 구속하고 개념은 사고의 범위를 제한한다. 우리가 사용하는 어휘는 우리가 사고하는 개념을 언어로 표현한 것이다. '책', '나무'라는 개념을 표현하고 전달하기 위해서 그 어휘를 만든 것이다. '사랑'이나 '철학' 같은 추상명사도 마찬가지다. 그 개념을 표현하려면 어휘가 필요하니 만든 것이다. 아마도 처음에는 누구(들)인가 몇몇에 의해서 어휘가 만들어졌을 것이다. 그런데 이것이 사회의 공통 어휘로 자리 잡아가는 과정을 생각해보자. 사람들은 그 어휘를 들으면서(또는 배우면서) 비로소 그 어휘가 나타내는 개념을 떠올리게 된다(또는 알게 된다). 다시 말하면, 우리가 어떤 개념을 생각할 수 있는 것은 이를 표현하는 어휘들이 있기에 가능한 것이라 할 수 있다. '사랑'이라는 어휘가 있으니 사랑이라는 개념을 생각할 수 있는 것이다. 우리는 태어나면서 언어를 배우며 사회 구성원으로 자란다. 우리는 언어(어휘)로 개념들을 배우고 이를 통해 사고한다. 따라서 우리가 사고하는 범위는 우리가 아는 어휘 범위로 한정된다.

　　이런 언어 구조주의, 또는 언어결정론에 대해 반론도 없지 않다.[22] 그러나 어휘를 모르면서 그 어휘가 뜻하는 개념을 사고하기는 곤란하다는 것은 분명하다. 내가 '애틋하다'라는 어휘를 모른다면 나는 애틋하다는 개념을 사고할 수도 표현할 수도 없다. 설령 애틋한 감정을 느끼더라도 그것을 '애틋함'이라고 사고하거나 표현할 수 없다는 말이다. 당연히 남들과 그 개념을 소통할 수도 없다.

　　한 사회 차원에서는 더욱 그렇다. 우리말에 building과 구분되는 architecture 개념을 표현하는 어휘가 없다면 우리 사회는 architecture를 사고할 수도 표현할 수도 소통할 수도 없다. (내가 지금 architecture를 사고하고 표현할 수 있는 것은 architecture라는 영어 어휘를 내가 알게 되었기 때문이다.) 이러니 우리 사회에서 건설활동으로서의 건축과 문화예술활동으로서의 건축이 구분되지 않고 혼돈스러운 것은 당연하다.

22　언어결정론적 입장에 반대하는 대표적인 것이 '인간은 선천적으로 보편문법의 언어능력을 갖고 있다'는 촘스키의 주장이다. 스티븐 핑커의 『언어본능』은 이러한 논리를 바탕으로 한 것 중 가장 잘 알려진 책이다. 스티븐 핑커는 '언어는 인간이 진화하는 과정에 획득한 선천적 능력'임을 주장하면서, '후천적으로 습득하는 언어에 의해 사고가 결정되는 것은 아니다'를 반증하는 사례들을 제시하고 있다. 그러나 이는 '모든 사고는 언어가 결정한다'를 반증하는 것일 뿐 '언어가 사고를 제약한다'는 것을 반증하는 주장으로 볼 수는 없다(스티븐 핑커, 『언어 본능』, 김한영 외 옮김, 동녘, 2004 참조).

그렇다고 이제 와서 building은 '건물'로 architecture는 '건축'으로 구분하자고 외쳐 봐야 헛일이다. 한 사회의 약속으로 굳어진 어휘를 바꾼다는 일은 범사회적 합의 없이는 불가능하다. 그냥 적응해야 한다. 적응하면서 우리 방식으로 문제를 해결해가는 수밖에 없다.

문제는 국토교통부에서 모든 건축 관련 법을 관장하면서 건축을 건설활동 개념으로 사고하고 취급한다는 것이다. 국토교통부는 토목이 주도권을 쥐고 있는지라 '건설활동'을 '토목활동'으로 사고하고 토목처럼 다룬다. 건축은 당연히 building이라고 간주하고 이 역시 건설에 포함되니 토목처럼 취급하는 것이다.

또 하나의 쟁점은 문화활동으로서의 건축, 즉 architecture의 입지 확대를 주장하는 건축계 일부 인사들의 태도다. 이들은 한국 사회에서 architecture가 취약한 이유를 서양 사회에서 성립하고 통용되는 architecture 개념이 한국에는 없다는 데서 찾는다. architecture는 원래 서양에서 성립하여 사회적 공통규범으로 이어온 '대단한' 개념이고 규율(discipline)인데 우리 사회에서는 그 개념과 규율에 대한 이해가 제대로 이루어지지 못하고 있는 것이 문제라는 것이다. 심지어는 architecture의 어원까지 파헤치며 architecture는 "어떤 질서(아르케)를 찾아 나타나게 하는 기술(테크네)"[23]로 추구되어온 고매한 것인데 이를 이해 못하는, 아니 영원히 이해하지 못할 것 같은 우리 사회의 천박함을 한탄한다. 어째서 우리 사회가 그네들의 architecture 개념과 규율을 그네들 방식으로 이해하고 따라야 하느냐는 당연한 질문에는 "근대 이후 세계는 그네들의 개념과 규율이 주도하는 질서가 불가피하니 아키텍처 역시 그들의 개념을 따라 생존하는 길을 궁리하는 것이 불가피하기 때문"이란다.[24]

23　이종건, 『건축 없는 국가』, 간향, 2013, 79쪽.

24　"현대적 의미의 국가를 여전히 확립시키지 못하고 있는 상황에서 … 서구가 이천년간 지속해 온 비트루비우스의 전통에 기초한 아키텍처의 문화에 우리가 제대로 참여하는

한편에는 토목적 개념에 사고가 묶인 건설행정에 숨 막힐 지경인가 하면
다른 한쪽은 원칙주의인지 식민주의인지 모를 외제 교본 추종에 정신이
혼미하다. 진퇴양난이다.

외국의 행정체계를 참고하면 어떨까

건축을 문화적 활동으로 인정치 않고 토목적 건설활동으로 한몫에
쓸어버리는 것도 문제지만, 그 문화활동이 서양의 아키텍처 규율을
따르는 것이어야 한다는 고집도 황당하다. 그네들은 그네들의 building과
architecture가 있는 것이고 우리는 우리의 건축이 있을 뿐이다. 어디든
건축을 위한 자리를 미리 마련해놓고 기다리는 나라는 없다. 그네들도
building은 building대로, architecture는 architecture대로 문제가 있을
것이고, 우리는 우리대로 건축의 문제가 있다. 각자 고민하고 풀어나가야 할
문제이다.

우리 건축의 문제는 건축을 토목적 건설활동으로 취급한다는 것이다.
그리고 이 건축을 두고 국토교통부와 문화체육관광부가 분점하고 있다.
비록 국토교통부가 일방적으로 리드하고 있긴 하지만 말이다. building과
architecture를 구분하고 있는 서양 국가들은 관련 행정을 어떤 부서에서
관장하고 있을까.

결론부터 이야기하면 서양 국가들은 중앙정부와 지방정부 공히
건물(building) 관련 기능은 건설행정 부처에서, 건축(architecture) 관련
기능은 문화행정 부처에서 각각 관장하고 있다. 예를 들어 프랑스는, 건축문화
정책은 문화통신부(Ministère de la Culture et de la Communication)에서,

것은 불가능하다. … 이길 수 없는 적의 지배에 어떻게 생존을 도모할 것인가"(이종건,
같은 책, 110쪽)를 궁리해야 한다고 한다.

건물 정책은 주택·지속가능개발부(Ministère du Logement et de l'Habitat durable)에서 관장한다. 한편 영국은, 문화예술 정책은 문화미디어·스포츠부(Department for Culture, Media&Sport)에서, 건물 정책은 지역사회·지방정부부(Department for Communities and Local Government)에서 관장하면서, 건축(architecture) 부분은 이들 두 부처로부터 재정 지원을 받는 비정부부처 공공기구(NDPBs)인 CABE(Commission for Architecture and Built Environment)가 담당토록 하고 있다. CABE는 2011년 한국에서 지식경제부에 해당하는 부처(Department for Business, Innovation and Skills) 산하의 비정부부처 공공기구였던 Design Council과 통합하여 독립한 기구다. 결론적으로 현재의 영국 건축(architecture) 정책은 이들 세 개 부처의 정책이 Design Council을 통해 통합적으로 실행된다 할 수 있다.

　미국은 주별로 독립적인 정부조직을 갖고 있는데, 뉴욕 주의 경우 건물과 문화예술을 Office of general Services가 총괄하면서, 문화예술 정책은 별도의 기구인 NYSCA(New York State Council on the Arts)를 통해 시행한다. 뉴욕 주 산하 지방정부인 뉴욕 시의 경우, 문화예술기능은 Department of Cultural Affairs가 관장하는 가운데, 건물 관련 기능은 Department of Building이 관장하지만 도시공간 및 공공건축물은 Department of Design and Construction에서 관장토록 하고 이 안에 별도로 총괄건축가(Chief Architect) 직제를 두고 있다. 결과적으로 뉴욕 시 역시 건물(building) 정책과 건축(architecture) 정책 관장 부서를 분리한 행정체제를 갖고 있다고 볼 수 있다.

　이런 상황들에 비춰보면 우리 사회에서 국가가 건축에 개입하고 관리하는 방식에 중요한 쟁점이 부각된다. 지금처럼 국토교통부에 건설활동 건축과 문화활동 건축을 집중시킬 것인가, 아니면 서양 국가들처럼 건설활동 건축은 국토교통부가, 문화활동 건축은 문화체육관광부가 관장토록 할 것인가. 국토교통부의 토목적 건설행정이 주요한 갈등의 최전선임을 감안한다면 문화활동 건축을 문화체육관광부로 일원화하도록 하는 방안을 적극 검토해볼 필요가 있다. 문화활동을 포함한 건축 일체를 국토교통부에 몰아넣고 위축을 걱정하기보다는 문화활동 건축의 주도권을 놓고 국토교통부와 문화체육광부가 경쟁하는 국면을 조성하는 것이 낫지 않을까? 그렇다면 문화체육관광부 안에서 진행되고 있는 건축(architecture) 관련 행정·정책 기능 확충 움직임에 건축계가 적극적으로 화답하며 힘을 실어줄 필요가 있지 않을까?

몇 년 전 불붙다가 사그라져버린 건축 3단체 합병 추진[25]을 다시 가동해야 한다는 주장도 재고해야 하지 않을까? 뭉치면 산다? 건축계의 허약함에 대한 자괴감에서 비롯된 생각일 뿐이다. '건설활동과 문화활동의 균형 잡힌 행정력 확보'가 당면 과제라는 관점에서 본다면 전략으로서의 설득력이 없다. 이보다는 국토교통부를 파트너 삼아 건설활동을 중심으로 협력하는 단체와, 문화체육관광부를 파트너로 삼아 문화활동을 중심으로 협력하는 단체로 양립하는 것이 더 효과적일 수 있다.

건축(architecture)을 위한 나라는 없다. 건축을 위해 애쓰는 나라들이 있을 뿐이다. '건축'이라는 것이 애당초 선험적으로 존재하는 개념이나 규율이 아니니 더욱 그렇다. 이 땅의 건축이 처한 문제를 고민컨대 서양의 규율을 따르기보다는 building과 architecture를 구분하는 그네들의 행정체계를 참고하자는 구체적인 논의가 필요하지 않을까? 이를 통해 우리 사회에서 건축이 처한 고질적 문제인 건설활동과 문화활동의 불균형을 완화하는 길을 찾는 것이 우리에게 시급한 과제가 아닐까?

---

25 2006~2009년 건축계 3대 단체인 대한건축사협회, 한국건축가협회, 새건축사협의회를 하나로 통합하자는 움직임이 있었으나 성사 직전까지 갔다가 무산되었다. 이후 통합을 다시 추진해야 한다는 주장이 계속되고 있다. 한국건축가협회는 건축이 문화예술임을 표방하며 건축사 및 건축관련 교수들을 회원으로 설립하였으며 1962년 문화체육관광부가 사단법인으로 인정한 단체다. 대한건축사협회는 건축사들의 대표 단체로서 1965년 국토교통부가 인정한 법정단체로 설립되었다. 새건축사협의회는 2002년 대한건축사협회 체제에 반발한 젊은 건축사들이 새로 설립한 건축사 단체다.

동네를, 나라를 바꾸는
소규모 건축물 시장

경제 원리로 보는 건설산업

세계화, 정보화를 앞세운 변화의 물결이 사회적·개인적 차원을 불문하고
삶의 방식과 패러다임을 송두리째 뒤흔들고 있다. 건축, 또는 건설 분야
역시 변화의 필요성, 변신이 불가피함을 외치는 소리들로 제법 떠들썩하다.
건축 담론은 세계화와 지역주의를 넘나들며 새로운 화두를 찾느라 바쁘고,
건설산업은 IT 신화에 목맨 '스마트 건설'부터 '신도시 해외수출'이라는
건설판 한류상품 개발까지 자못 분주하다. 산업이든 문화든 새롭게 대두한
시장체제에 적응하느라 소란하다. 헌데 이 소란이 골대를 향해 공을 몰고
달리는 함성이 아니라 골대를 못 찾아 우왕좌왕하는 소동이 아닌지
미심쩍다. 크게 보자. 변화의 물결이라는 신자유주의 경제의 속내와 이 물결
앞에 선 한국 건설산업의 속살을 들여다보자.

세계화와 정보화를 앞세우며 등장한 신자유주의 경제라고 해서 경제
활력과 성장을 좇는 자본주의 경제원리의 일반과 다르지 않다. 소비과정의
목표는 '상품 수요를 확대'하는 것이고 생산과정의 목표는 '생산과정을
효율화'하는 것임은 예나 지금이나 마찬가지다.

'상품 수요를 확대'하는 일의 요체는 '새로운 상품 개발'과 '새로운 시장
개척'이다. 스마트폰이나 전기자동차 등 IT 기술 기반 상품들이 고전적인
개념의 '새로운 상품 개발'에 속하는 일이라면, 꼬리를 물고 끝없이 이어지는
파생금융상품들은 신자유주의 시대에 새롭게 등장한 유력한 '새로운 상품

개발' 메뉴다. 물론 2008년 미국 서브프라임 모기지(sub prime mortgage, 비우량 주택담보대출) 상품이 보여주었듯 위험천만한 사태로 번지곤 하지만 말이다. 한편 '새로운 시장 개척'에서는 중국, 인도 등이 유력한 신흥시장으로 떠오르면서 세계 상품 수요를 든든히 받쳐왔다. 여러 나라가 아프리카에 관심을 쏟는 이유도 새로운 시장 개척 욕심 때문이고, 여기저기서 봇물 터지듯 쏟아지는 자유무역협정(FTA) 체결 역시 마찬가지다.

이런 노력들이 소비 단계에서의 전략이라면 생산 단계에서의 전략이 '생산 과정 효율화' 또는 '생산방식 혁신'이다. 물론 목표는 생산 단계에서 잉여가치를 늘리는 것이다. 흔히 생산비용 절감이나 생산성 향상을 목표로 추진된다. 중요한 것은 생산방식 혁신 없이는 새로운 상품 개발이나 시장 개척이 사실상 곤란하다는 것이다. 1980년대부터 유행한 '유연적 생산체제'가 지향한 것이 바로 이것이다. '대량생산 표준 제품'이 더 이상 먹히지 않는 시장에서 수요를 자극하기 위한 새로운 상품 생산을 위해서는 '대량생산체제'가 아닌 새로운 생산체제로의 혁신이 필요했던 것이다. 구글이 사무조직을 사원-과장-부장으로 이어지는 위계조직이 아닌 소규모 팀들이 네트워킹하는 방식으로 꾸리고, 근무 규칙을 개인의 창조적 업무 자유를 허용하는 방식으로 마련한 것도 새로운 상품 개발을 위해서는 새로운 생산방식으로의 혁신이 필요하기 때문이다.

그러나 생산방식 혁신은 말처럼 쉽지 않다. 기존 관행과 관념을 바꾼다는 것은 개인에게도 어려운 일이니 여러 사람의 행동과 생각을 바꾸는 '혁신'이 쉬울 리 없다. 비용도 많이 들고 효과도 확신할 수 없다. 그래서 많은 기업이 '손쉬운 길'의 유혹에 빠진다. '유연적 생산체제'가 어느덧 '노동시장 유연화'로 바뀌고 '사업 구조조정'은 '고용 구조조정'으로 바뀐다. 정규직을 비정규직으로 돌려서 당장 인건비를 절감하는 것이 생산방식 혁신 자리를 차지해버린 것이다. 인건비 착취이지만 생산 단계에서 잉여가치를 늘리는 일임은 분명하다. 이러한 '구조조정'은 비정규직 노동자와 잠재적 실업자군을 양산하면서 노동자 계층의 양극화를 심화한다. 그리곤 노동자들의 구매력

저하와 국내 수요 위축으로 귀결된다. '생산과정 효율화'를 위한 전략이 '상품 수요 확대'라는 다른 목표를 저해하는 모순을 낳는 것이다. 한국을 비롯한 세계 각국이 비정규직 노동자 증가로 고심하는 배경이다.

이런 천박하고 퇴행적인 생산방식 혁신, 아니 생산방식 변경으로 새로운 상품 개발이나 시장 개척 에너지가 생겨날 리 없다. 임금 착취로 얼마간의 잉여가치는 가능할지언정 상품 개발이나 시장 개척을 위한 체력은 오히려 부실해진다. 수요 감소로 줄어드는 매출과 이익에 쫓겨 인건비 절감에 급급한 나머지 구조조정으로 몰아가고, 이로 인해 열악해진 생산환경 속에서 생산의 창조력과 효율이 떨어지고, 이는 다시 상품 개발과 시장 개척 에너지 감소, 그리고 수요 감소로 이어지는 악순환에 빠지는 것이다.

한국 건축산업이 이런 악순환에 빠진 것은 아닌가. 혁신의 동력을 잃어버린 줄도 모른 채 건설산업에 싸잡혀 번드르르한 '스마트'와 '해외 진출' 소란에 한발 걸치고 있는 건 아닌가.

건설현장의 일용직 노동자는 당연한가?

'상품 수요 확대'를 위한 산업전략들 중 '새로운 상품 개발'은 주로 IT, 정보, 금융 등 신산업과 서비스산업의 몫이다. 이미 익숙한 상품 생산이 대부분인 구산업으로서는 새로운 상품 개발이 상대적으로 더 어렵다. 건설산업도 대표적인 구산업이다. IT 기술과의 접목을 외치긴 하지만 버겁다. 건축에서 세계적인 스타 건축가에 목말라하고 신도시 수출에 희망을 거는 이유다. 새로운 상품 개발보다는 해외시장 개척 쪽이 가능성이 높아 보이기 때문이다. 가능성이 높은 근거가 뭐냐고? 아무 근거 없다. 그냥 감이다. 아마도 개인 건축가 차원에서 돌출적으로 터지곤 하는 성과가 그나마 확률이 있어 보이기 때문일 것이고 옛날 중동 건설시장 특수에 대한 미련이 남아 있기 때문이 아닐까 싶다.

그렇다면 건설산업에서 '생산과정 효율화'의 가능성은 어떨까. 결론부터 말하자면 기대할 것이 없다. 혁신은커녕 인건비 절감을 위한 고용 구조조정조차 불가능한 지경이다. 왜냐고? 더 이상 절감할 것이 없기 때문이다. 당장 인터넷을 켜고 오래전부터 뉴스에 자주 등장했던 기업 구조조정과 비정규직 문제를 둘러싼 노사 갈등 관련 뉴스들을 검색해보라. 모두 자동차, 철강 산업, 또는 금융업이나 공무원 노조들 뉴스다. 건설업체들이 이 문제로 뉴스거리가 되는 일은 거의 없다. 왜냐고? 한국 건설업은 원래부터 일용 노동자들, 즉 비정규직 노동력으로 운용해온 산업이기 때문이다. 하도급에 또 하도급을 거듭하는 고질적인 다단계 하도급으로 불거진 부실공사 문제가 한국 건설업 뉴스의 단골 메뉴였음을 다들 기억할 것이다. 이 다단계 하도급 연쇄 고리 말단에 일용직 건설노동자들이 있다.

실제로 고용노동부가 매년 발표하는 '고용형태 공시 결과'를 보면 2016년 현재 건설업 종사 노동자 중 일용직 등 비정규직 노동자 비율이 76.4%에 이른다.[26] 한마디로 한국 건설업의 고용 구조는 이미 '유연화'된 상태이므로 더 이상 '노동시장 유연화'를 통해 생산비용을 절감할 여지가 없다는 이야기다.

"건설업의 고용구조는 원래 그런 건데 한국 건설업만의 문제인 것처럼 따질 일은 아니다"라는 반론이 있을법하다. 이제껏 건설업의 하청구조와

---

[26] 2016년 고용노동부가 공표한 '고용형태 공시 결과'에 의하면 건설업의 고용형태는 건설업체에 소속된 '소속근로자'가 55.5%, '소속 외 근로자'가 44.5%이며, 소속근로자 중 비정규직(기간제)이 57.4%이다. 소속 외 근로자는 대부분 일용직 및 임시직이라 할 수 있으므로 전체 근로자 중 비정규직 비율은 '76.4%'이다. 한편 이는 고용형태 공시제도에 따라 공시 의무가 있는 상시근로자 300인 이상 건설업체들이 제출한 자료(373개 업체 총 근로자 수 47만 4,000명)만 집계한 결과다. 이와 별도로 통계청에서 공표하는 '경제활동인구 조사'의 '근로형태별 부가 조사'에서는 2016년 8월 현재 건설업 총 취업자 146만 명 중 48.1%가 비정규직이라고 집계하고 있다. 또한 역시 통계청이 공표하는 '건설업 조사'의 '직종별 종사자 수 및 급여액'에서는 2014년 기준으로 임시직 비율을 53.8%라고 집계하고 있다.

일용직 노동에 워낙 익숙한 터라 '건설업이란 원래 그런 것'이라고 생각할
수도 있다. 그렇지만 이는 전혀 틀린 말이다. 일본의 경우 건설업 총
취업자 중 비정규직은 12.8% 수준에 머문다.[27] 건설업 노동자 중 87.2%가
정규직이라는 이야기다. 일본만이 아니다. 스웨덴은 92%, 독일은 90%가
정규직이다. 독일은 일용직 고용을 금지하고 있어서 나머지 10%도 기간을
정하여 계약한 기간제 비정규직이다.[28]

　　한국 건설업만 일용직 노동자들로 건설현장을 운용한다. 일제 강점기에
소수 일본인 기술자와 '오야지'가 다수 한국인 비숙련 인력 조달을 매개하는
방식으로 형성된 비공식적 일용 인력 동원체제가 현재까지 이어져 오고
있는 것이다. '오야지'가 사업주와 노동자 사이에 있는 탓에 사용-노동 관계가
불명확하게 되어 대부분의 건설노동시장이 법제도 밖에서 작동한다.[29]
어둑한 새벽에 추위에 움츠린 사람들이 모여 서성이다가 봉고차가 올
때마다 두세 명씩 뽑혀 가는 건설노동 인력시장 장면, 집 나간 대학생이
건설현장에서 서투른 일용잡부로 벽돌을 나르다가 넘어지며 "집 나가면
개고생"이라 중얼거리는 장면. 드라마나 영화에서 익숙한 이런 장면들은
한국에서만 벌어진다.

　　이토록 낙후한 생산방식 속에서 무슨 동력으로 새로운 상품을 개발하고
새로운 시장을 개척하겠다는 걸까. 건설산업의 초일류 국가 브랜드 산업화?
스마트 건설? 다단계 하청구조와 일용직 노동인력으로 버티는 산업에는
언감생심일 뿐이다.

27　독립행정법인 통계센터 e-Stat(http://www.e-stat.go.jp), 노동력조사(勞動力調査),
　　　2016년 9월. 이 통계에 따르면 일본 건설업 총 취업자는 491만 명이고, 이 중 12.8%인
　　　63만 명이 비정규직이다.

28　허재준 외,『주요국의 건설노동시장 고용관계와 복지제도』, 한국노동연구원
　　　고용보험연구센터, 1999.

29　최은희, 「건설업 노동자의 건강과 복지」, 『복지동향』 제53호, 2003년 3월.

건설산업의 극심한 양극화

한국 건설산업의 취약성은 이뿐만이 아니다. 정부가 수십 년 전부터 지속해온 아파트단지 중심 주택 공급을 위시한 대형 건설업체 중심 정책 탓에 건설산업은 말 그대로 양극화된 지 오래다. [그림 9]와 [그림 10]은 전국 6만 5,950개에 달하는 건설업체들의 매출액 규모별로 수주액 점유율과 업체 수 비율을 각각 보인 것이다.[30] 매출액 500억 원 이상 업체의 업체 수는 309개로 전체 건설업체의 0.65%에 지나지 않지만 이들의 매출액 점유율은 42.9%에 이른다. 하위 업체들 쪽을 보면 정반대다. 매출액 10억 원 이하인 업체 수가 4만 1,179개로 62.4%나 되는데 이들의 매출액 점유율은 7.3%에 지나지 않는다.[31] 토목에 비해 건축이 조금 덜한 편이지만 건축 역시 양극화 정도가 심하기는 마찬가지다.

일본과 비교해보면 한국 건설업의 양극화 정도가 더 실감난다. 일본 건설업 통계[32]에서 수주액 규모별로 수주액 점유율을, 기성액 규모별 업체 수 비율을 보여주는 [그림 11]과 [그림 12]를 보자. 업체 수가 21만 5,585개로 한국의 세 배가 넘지만 기성액 규모별 업체 수 분포 구조는 한국과 큰 차이가 없다. 그러나 수주액 점유율 분포는 확실히 다르다. 상위 업체군에서는 기성액 50억 엔(약 500억 원) 이상 업체 수가 0.7%인데 수주액 점유율은 35.3%다. 특히 하위 업체군의 점유율이 만만치 않게 높은 점이 눈에 띈다. 기성액 1억 엔(약 10억 원) 이하 업체 수는 57.9%인데 수주액 점유율은 20.7%에 이른다.[33] 양극화 정도가 확실히 덜하다.

양극화가 심하다는 것은 견실한 중견 건설업체들의 비중이 작고 영세한

---

30 통계청, 국가통계포털, 건설업 조사 2014년 자료를 활용하여 직접 작성.

31 매출액 50억 원 이하인 업체 수 비율은 92.7%, 매출액 점유율은 26.9%다.

32 독립행정법인 통계센터 e-Stat, 건설공사 수주동태 통계조사(建設工事受注動態統計調査), 건설공사 통계조사(建設工事統計調査) 2014년 자료로 직접 작성.

33 매출액 5억 엔(약 50억 원) 이하인 업체 수 비율은 90.2%, 매출액 점유율은 40.7%다.

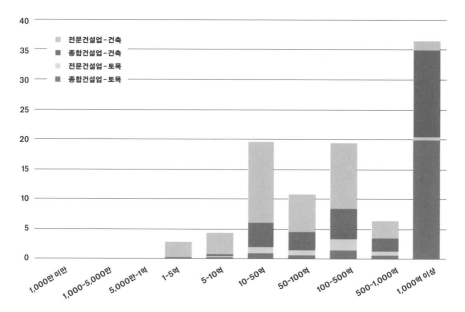

[그림 9] 한국 건설업체 매출액 규모별 수주액 점유율(단위: %, 원)

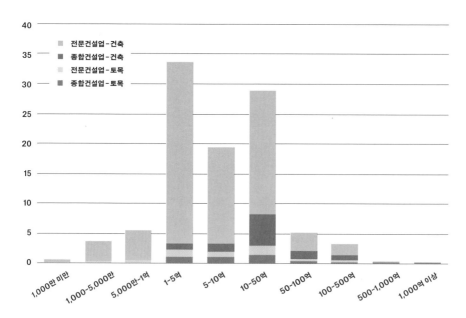

[그림 10] 한국 건설업체 매출액 규모별 업체 수 비율(단위: %, 원)

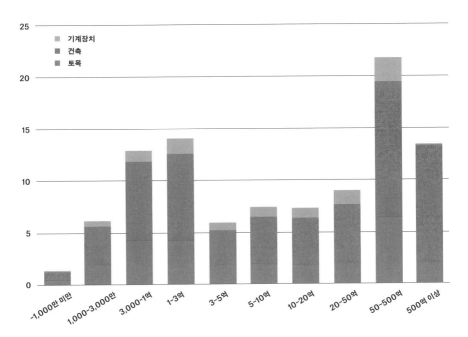

[그림 11] 일본 건설업체 수주액 규모별 수주액 점유율(단위: %, 엔)

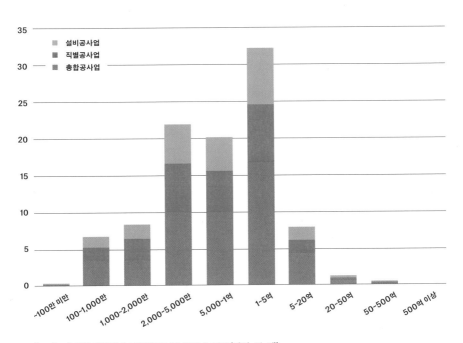

[그림 12] 일본 건설업체 기성액 규모별 업체 수 비율(단위: %, 엔)

하위 건설업체들이 많음을 가리킨다. 업체들의 영세성은 시공 부실 위험으로 이어진다. 즉, 이들 하위 업체들이 주로 담당하는 소규모 건축공사의 부실화 위험이 크다는 것이다. 우리가 주변에서 흔히 보는 다가구·다세대주택, 2~4층짜리 점포주택들, 소규모 공공건축물들 중 허술하고 부실해 보이는 건물들이 적지 않아 보이는 데에는 이런 사정이 깔려 있다. 일용직 고용이라는 낙후된 노동력 공급구조와 영세업체들로 채워진 소규모 건축물 시장. 이것은 비단 한국 건축산업 취약성을 드러내는 원인만이 아니다. 우리 동네와 도시가 외국의 그것에 비해 하나같이 남루한 모습을 벗어나지 못하는 근본적인 이유이기도 하다.

골목마다 공사 중인 작은 건물들의 잠재력

이런 산업구조에서 스마트화를 추진하고 해외 진출을 지원한다는 것은 결국 몇몇 대기업들의 시장수요 확대를 지원하겠다는 뜻이다. 열악한 고용구조 속에서 그나마 가능성이 높아 보이지도 않지만, 이런 정책으로는 건설산업 양극화가 더욱 심해지고 고질적인 고용구조의 낙후성만 지속적으로 악화될 따름이다.

한국 건설산업이 겨루어야 할 진짜 과제는 따로 있다. 생산방식을 진짜로 혁신하는 것이다. 낙후한 고용구조를 치유하고 양극화를 완화하는 것이다. 이는 수많은 소규모 건설업체가 차지하는 수주액 점유율을 높이는 것을 뜻한다. 이는 소규모 건설업체 중 견실한 업체들이 늘어나는 것을 뜻하고, 이들이 생산하는 소규모 건축물들의 질이 개선됨을 뜻한다. 동네환경과 도시공간환경의 질이 좋아지고 시민들의 삶의 질이 좋아짐을 뜻한다.

산업 효과 역시 만만치 않다. 매출액 10억 원 이하 업체들의 수주액 점유율 7.3%가 일본 수준인 20.7%로 늘어난다고 생각해보자. 이는 상위 업체들의 몫을 빼앗아 오는 제로섬 게임이 아니다. 저급한 소규모 건축물들의 질적 향상, 즉 부가가치 증대에 따른 공사비 상승으로 얻어지는 결과다. 그 변화가 일으키는 전체 건축산업의 부가가치 상승은 어느 정도일까? 간단히 계산해보자. 현재의 총 가치를 100으로 놓고 늘어나는 가치량을 x라고 한다면 '(7.3+x)/(100+x)'=20.7%이므로 'x=16.9'다. 즉, 현재 건설업이 생산하는 총 가치량의 16.9%가 늘어나는 것이다. 총 가치량이 늘어나는 양 자체도 만만치 않지만 못지않게 중요한 것은 이 증가한 가치량이 모두 수많은 소규모 건설업체들과 협력업체들에게 배분된다는 점이다. 이 과정에서 기대되는 일자리 창출 효과와 소득 분배 효과가 굉장하리라는 것은 쉽게 짐작할 수 있다.

　문제는 이 과제를 어떻게 수행하느냐이다. 건설업체들을 직접적으로 규제하거나 지원해서 될 일이 아니라는 것은 분명하다. 수만 개에 달하는, 경영 상태가 천차만별인 소규모 건설업체들 속에서 옥석을 가리는 일은 불가능할 뿐 아니라 해서도 안 될 일이다. 부정과 비리가 요동칠 게 뻔하다. 무엇을 지원해야 하는지도 불분명할뿐더러 지원한다고 해서 그것이 업체의 체질 개선으로 이어지리라는 보장도 없다. 깨진 독에 물 붓는 격이 되기 십상이다.

　규제·관리·지원 대상은 소규모 '업체'가 아니라 소규모 '건축물'이 되어야 한다. 일정 기준을 충족하는 건축물의 생산과정과 생산물에 대해 지원하는 것이 답이다. 지원 형태는 세금 경감도 있고 특혜 융자도 있을 것이다. 또 다른 것도 궁리해볼 수 있을 터이다. 요는 생산의 결과물인 건축물의 질을 직접적 정책 대상으로 삼아야 한다는 것이다. 소규모 건축물들은 시민들 매일의 삶터이자 동네와 도시공간환경의 중추다. 소규모 건축물의 질에 투자하는 정책은 도시의 질과 시민 삶의 질을 높이는 직접적 효과를 노리는 정책이다. 이와 더불어서 생산 주체인 소규모 건설업체들이 질 좋은 건축생산에 힘을 기울이도록 이끄는 정책이다. 이를 통해 소규모 건설업체들 속에서 경영 상태가 견실한 건강한 업체들이 늘어나도록 하는 정책이다. 이때 비로소 고질적인 건설업 고용구조 역시 개선의 실마리가 잡힐 것이다.

골목마다 건축현장, 얼마나 많을까?

한국 건축산업 중 소규모 건축물의 시장 규모는 얼마나 될까. 그것이 건축산업에서 차지하는 비중은 얼마나 될까. 앞에서 본 매출액 규모별 수주액 점유율은 건설산업의 구조를 보여주는 것으로 이를 통해 건축물 규모별 건축시장 규모를 알 수는 없다. 업체 매출액 규모가 그대로 건축물 규모와 일치하지 않을뿐더러 수주하는 공사 중 건축공사와 토목공사가 명확히 구분되지 않는 부분도 있기 때문이다.

건축시장 규모는 건축공사 수주액이나 기성액 규모로 명확히 알 수 있다. 그러나 현재 한국 통계에서는 이를 건축물 규모별로 집계하지 않기 때문에 전체 시장 규모는 알 수 있어도 건축물 규모별 시장은 알 수 없다. 사실 이는 건축 정책을 수립하는 입장에서는 심각한 문제다. 한국 건축시장이 어떻게 구성되어 있는지 도대체 알 수 없기 때문이다.

한국 건축시장은 어떻게 구성되어 있을까. 통계 수치가 없더라도 개념적인 구분은 가능하다. 우선은 두 가지 축에서 건축시장 구조를 파악해볼 수 있다. 하나는 규모별 구분이다. 대규모 건축물 시장과 소규모 건축물 시장을 양극에 두고 몇 가지 규모 단계로 구분해서 시장 규모를 파악해볼 수 있다. 또 하나는 질적 수준을 기준으로 고급-중급-하급 시장을 구분하는 것이다. 목적에 따라서 이 두 축을 결합하여 부분 시장(sub market)별로 시장 규모 및 속성을 파악해볼 수 있다. 그리고 이 모든 것은 건축 정책을 구상하고 수립하고 실행하는 판단 근거가 될 것이다.

그러나 현재 한국에서는 이 모든 작업이 불가능하다. 건축 관련 통계에서 건축물 규모별 통계를 내지 않기 때문이다. 건축경기나 시장 규모를 판단케 해주는 유력한 통계인 '건축허가 및 착공 통계'에서는 건축물 용도별 건축물 수와 총 연면적을 집계할 뿐 건축물 규모별 착공면적은 없다. 이런 통계가 없다는 것은 거꾸로 우리 정부가 건축물 규모별 시장에 대해 아무런 문제의식도 없고 정책 구상도 없음을 뜻한다. 수십 년 전부터 부실 건축물과 부실 건설업체 문제가 터질 때마다 이런저런 대책이 발표되었지만 모두

별다른 의지 없이 대충 한 일이라고 할 수밖에 없다. 문제가 되는 건축물들이 어디에서 얼마나 어떻게 지어지고 누가 짓는지조차 알아보지 않은 셈이니 말이다. 건설업 발전 방향을 논하기에 앞서 관련 통계 정비가 시급한 상황이다.[34]

관련 통계가 없다고 손 놓고 있을 수는 없어 다른 방법을 찾다가, 최근 이루어진 건축공사 감리 관련 연구에서 쓸 만한 데이터를 발견했다. 한국건설기술연구원에서 2015년 수행한 연구[35]보고서에 건축공사 감리 시장 규모 파악을 위해 2010년 1월~2014년 8월에 착공한 건축물 데이터를 조사한 결과가 나와 있다. 법에 따라 감리 방법을 달리해야 하는 건축물 규모별로 연도별 총 착공건수, 공사비, 설계비, 감리비를 집계하고 있어서 이를 이용하면 건축물 규모별 건축시장 규모를 금액으로 알 수 있다. 이 데이터를 이용해 2010~2013년 중 연평균값을 산출하여 그 결과를 [표 2]로 정리했다. 이 집계에 포함하지 않은 공공건축물과 20세대 이상 민간아파트 공사비는 다른 통계에서 보완하였다.[36]

---

34 일본의 사례를 참고할 만하다. 일본의 건축물 착공 통계는 착공 건축물 수, 연면적, 공사비 예정액, 부지면적 통계로 이루어지는데 이를 다음과 같이 여러 항목별로 구분하여 집계하고 있다. 행정구역별, 건축주 유형별(중앙정부, 광역정부, 기초지방정부, 민간회사, 단체, 개인), 규모(연면적)별, 층수별, 공사 기간별, 부지면적 규모별, 부지이용-율별, 회사 자본금 규모별 등등.

35 황은경 외, 『건축물 안전제도 개선연구』, 한국건설기술연구원, 2015. 이 연구는 소규모 건축물의 공사감리를 설계자가 아닌 제3자에게 맡겨야 한다는 소위 설계자-감리자 분리법안을 놓고 건축계가 갈등을 빚고 있을 때(4부 5장 참조) 법안의 근거논리 확보를 위해 국토교통부가 발주한 연구다.

36 황은경 외(2015)에서는 세움터를 통해 2010~2014년 8월 내 전체 착공건수 49만 1,069건 중 설계비, 감리비, 공사비가 모두 명시된 7만 1,690건만 공사비 등을 집계하고 있다. 따라서 이들 7만 1,690건 공사비 집계 자료를 이용하여 건축물 규모별로 1건당 평균 공사비 금액을 구한 후 이를 연평균 전체 착공건수에 곱하는 방식으로 총공사비를 산출하였다. 또한 이 연구의 집계는 공공건축물과 「주택법」 사업승인 대상인 20세대

건축물 규모			착공건수/년	총공사비/년	
			건수(건)	금액(백만 원)	비율(%)
민간부문 1*	소규모	-일반: 495m² -주거용: 661m² 이하	89,478	54,234,990	36.2
	중규모	- 5층 이하: 5,000m² 미만 - 5층 이상: 3,000m² 미만	14,236	23,923,402	16.0
	대규모 1	- 바닥면적 합계: 5,000m² 이상 - 연속된 5개 이상: 바닥면적 3,000m² 이상 - 아파트(20세대 미만)	1,374	15,203,068	10.1
	대규모 2	- 관람집회시설, 전시시설 - 바닥면적 5,000 이상인 고용청사, 문화 및 집회시설, 종교시설, 판매시설, 여객자동차터널, 종합병원, 관광숙박시설 - 16층 이상 건축물	141	5,565,312	3.7
	소계	–	105,229	98,926,771	66.1
민간부문 2**	아파트	20세대 이상	–	27,058,230	18.1
민간부문 계		–	–	125,985,002	84.2
공공부문**		–	–	23,657,969	15.8
총계		–	–	149,642,971	100.0

[표 2] 건축물 규모별 연평균 착공건수 및 총공사비(2010~2013)

* 자료: 황은경 외, 『건축물 안전제도 개선 연구』, 한국건설기술연구원, 2015, 6~8쪽.
** 자료: 국가통계포털, 건설업 조사.

추산 결과에 따르면 전체 건축시장 중에서 소규모 건축물이 공사비 기준으로 36.2%를 차지한다. 데이터 성격상 정확한 통계라고 할 수는

이상 아파트를 제외하고 있어서 이것만으로는 총시장 규모 산정이 곤란하다. 따라서 국가통계포털 건설업 조사 통계 데이터로 이를 보완하였다. 공공건축물 총공사비는 2013년 공공부문 건축공사 원도급 수주액을, 민간아파트 총공사비는 2013년 민간부문 아파트 건축공사 원도급 수주액을 이용하였다. 한편 민간아파트 중 20세대 미만 아파트는 '대규모 1' 유형에 이미 포함되어 있으므로 이들 공사비를 민간아파트 총공사비에서 제외하였다. 즉 '대규모 1' 유형 중 20세대 미만 아파트 착공건수 1,870건(2010~2014.8)을 기준으로 추산한 연평균 공사비 443만 2,450백만 원을 민간아파트 총공사비에서 제외하였다.

없지만 매우 큰 비중을 차지한다는 사실을 확인하는 데에는 별 문제가 없다. 바닥면적 661m²는 동네에서 흔히 보는 다가구·다세대주택의 법적 상한 규모다. 그야말로 모든 동네 골목에 들어 차 있는 작고 보잘것없는 건축물들이다. 이들 작은 건축물들이 우리 건축시장 전체의 36%를 차지한다는 소리다. 건축시장이 토목의 세 배 규모이니 이들 소규모 건축물 시장이 토목건설시장 전체보다 크다는 이야기다. 여기에 중규모 건축시장까지 더한다면 50%가 넘는다. 건축시장의 절반 이상을 이들이 차지하고 있다.

한참 이 원고를 쓰고 있을 즈음에 소규모 건축물 시장 규모를 가늠할 수 있는 또 하나의 길을 발견하였다. 국토교통부가 2016년 7월부터 '건축물 맞춤형 통계' 서비스를 시작한 사실을 뒤늦게 안 것이다. 사용자가 요청하는 통계를 한 달 단위로 접수, 검토하여 제공 가능한 통계를 제공하는 서비스다. 조사 항목 자체가 부실하므로 맞춤형으로 제공 가능한 통계 역시 한계가 분명할 수밖에 없지만 그래도 공식적으로 제공하는 통계보다는 좀 더 가공된 통계를 기대해볼 수 있다. [표 3]은 이 '건축물 맞춤형 통계' 서비스를 통해 내가 신청하여 제공받은 데이터를 정리한 '건축물 규모별 건축착공 현황'이다.

[표 3]을 보면 건축물 동수 기준으로 90%, 연면적 기준으로는 27.8% 정도가 소규모 건축물로 구분할 만하다. 중규모 건축물까지 더하면 연면적 기준으로 43.7%다. 앞의 추산 결과보다는 다소 작은 수치이지만 여전히 만만치 않은 비중임을 확인할 수 있다.

작은 건축물 시장이 한국의 기간산업이다

이로써 소규모 건축물 시장이 전체 건축시장에서 매우 큰 비중을 갖는다는 사실을 확인했다. 이 시장을 영세 건설업체들의 시장이라 치부한 채 단순히

[표 3] 건축물 규모별 건축허가 현황(2011~2015)

구분		건축물 규모	2011	2012	2013	2014	2015	평균	비율(%)	
동수(개)	소규모	100m²미만	84,475	85,068	85,325	89,129	99,997	88,799	44.3	89.8
		100-150m²	16,015	15,833	16,127	17,539	19,929	17,089	8.5	
		150-300m²	32,806	30,539	30,605	33,269	34,729	32,390	16.2	
		300-700m²	44,984	40,828	36,708	39,865	46,482	41,773	20.8	
	중규모	700-1,300m²	9,287	8,527	8,266	8,356	10,345	8,956	4.5	7.2
		1,300-3,000m²	5,272	5,317	5,344	5,075	6,315	5,465	2.7	
	대규모	3,000-5,000m²	1,641	1,687	1,680	1,872	2,292	1,834	0.9	3.0
		5,000-10,000m²	1,995	2,176	2,090	2,612	3,572	2,489	1.2	
		10,000m²이상	1,283	1,298	1,473	1,754	2,899	1,741	0.9	
	총계		197,758	191,273	187,618	199,471	226,560	200,536	100.0	100.0
연면적(m²)	소규모	100m²미만	4,297,577	4,356,734	4,351,749	4,730,251	5,226,470	4,592,556	3.9	27.8
		100-150m²	2,006,428	1,982,853	2,024,912	2,202,737	2,505,549	2,144,496	1.8	
		150-300m²	6,919,901	6,411,131	6,428,026	7,046,390	7,325,650	6,826,219	5.8	
		300-700m²	20,443,406	18,812,068	16,934,494	18,370,443	21,654,427	19,242,968	16.3	
	중규모	700-1,300m²	8,659,257	7,942,598	7,712,070	7,749,461	9,552,534	8,319,184	7.1	15.9
		1,300-3,000m²	9,977,740	10,087,168	10,259,960	9,795,990	12,272,529	10,478,677	8.9	
	대규모	3,000-5,000m²	6,415,061	6,625,020	6,616,220	7,393,363	9,067,407	7,223,414	6.1	56.3
		5,000-10,000m²	14,656,137	15,645,977	15,161,924	18,892,559	26,223,896	18,116,099	15.4	
		10,000m²이상	26,603,067	30,455,114	32,287,227	51,805,664	64,039,773	41,038,169	34.8	
	총계		99,978,574	102,318,662	101,776,582	127,986,858	157,848,235	117,981,782	100.0	100.0

부실시공 대책이나 세울 일이 아니다. 이 시장은 엄청난 일자리 창출 효과와
소득 분배 효과를 낼 수 있는 중요한 산업 정책 대상임을 명심해야 한다.
게다가 온 동네를 덮고 있는 이들 소규모 건축물들은 시민들 매일매일 삶의
질을 좌우하는 중요성까지 안고 있지 않은가.

소규모 건축물 시장에 속한 건축물들은 고급주택부터 부실한
다가구주택까지, 고급 소규모 사무소 건축에서 날림으로 지은 상가건물까지
그 질적 수준의 층이 여럿일 것이다. 관련 통계가 없는 상태에서
고급·중급·하급의 기준을 정하기도 어렵고 이에 따라 시장을 구분해내기는
더더욱 불가능하다. 그러나 이들 중 극히 일부를 제외하고는 대부분 하급일
거라고 짐작할 수 있다. 중규모 건축에서도 그 비율은 다소 줄어들겠지만
하급에 속한 비율이 적지 않을 것이다.

하급 건축시장의 문제는 부실시공으로 사용자 불편과 손해를 초래하는
'품질 문제'만이 아니다. 이들은 건축 생산과정에서 지극히 퇴행적인 행태를
반복함으로써 건축시장 전체 질서에 부정적인 영향을 미친다. 예를 들어
설계라 할 수 없을 정도로 극히 부실한 설계로 공사를 한다거나 설계비
무료 서비스를 내세우며 공사비에 전가한다거나 하는 일이 비일비재하다.
이러한 행태는 설계비 저가화를 부추기며 부가가치 창출에 중요한 비중을
갖는 설계 업무를 매우 부실한 것으로 만드는 요인으로 작용한다. 설계와
시공이 부실하다는 것은 설계과정이나 시공과정에 투입되는 인력의 양이
적고 질이 낮다는 것을 뜻한다. 소규모 건축물 시장의 비중을 생각해보라.
이는 건축산업 전체, 나아가 한국 사회 전체의 경제활동량과 질적 수준을
저하시키는 중차대한 문제다.

이들 중소규모 건축물 시장의 대부분을 차지할 것으로 보이는 하급
건축시장을 질적으로 한 단계 높은 중급 건축시장으로 진입하도록 견인하는
일이 건축 정책, 아니 국가 산업 정책의 중심이 되어야 한다. 도시재생 시대로
접어들면서 신도시 개발 등 대단위 개발이 급격히 줄어들고 기성 도시공간
관리형 건축 수요가 늘어나리라는 예상은 상식이다. 소규모 건축물 시장의

질적 수준에 대한 관리의 중요성이 더욱 커지고 있다는 이야기다.

사실 어느 사회에나 하급 건축시장은 존재하기 마련이다. 중요한 것은 하급 건축시장에 속하는 건설업체들의 품질 및 신용도 향상 노력을 자극하고 견인하는 정책, 그들을 중급시장으로 진입하도록 장려하는 정책을 그 사회가 펼치고 있느냐는 것이다. 하급시장의 저품질·저가격 상품이 중급시장의 질서를 잠식하는 일을 막는 것, 전체 시장에서 하급시장의 비중을 줄이고 중급시장을 늘려가는 정책이 있어야 한다.

하급 건축시장의 질적 수준을 높여야 한다는 주장에 대해 제기되곤 하는 따져볼 만한 진지한 쟁점이 있다. "하급 건축시장이 존재하는 것은 사회가 필요로 하기 때문이다. 저급한 질을 감수하면서도 투입비용을 줄이고 가격을 낮추는 것이 불가피하기 때문이다. 질 수준을 높인다면 투입비용이 커지고 가격이 높아질 텐데 우리 사회가 이를 감당할 수 있겠는가."

투입비용이 높아진다는 것은 생산과정에서 부가가치가 높아지고 생산 참여 인력이 많아짐을 뜻한다. 내수산업의 일자리와 총소득이 증가하는 효과를 일으키는 것이다. 낮은 가격 상품을 생산하는 하급 시장도 일정 부분 불가피하게 필요하다는 데에는 동의한다. 그러나 하급시장의 필요량은 정해져 있는 것이 아니다. 사회의 경제수준이 높아질수록 하급시장의 필요량은 줄어든다. 즉, 하급시장의 필요량은 우리 사회 경제활동의 양적· 질적 수준에 따라 결정된다. 그리고 건축생산 역시 중요한 경제활동의 하나다. 하급 건축시장 필요량과 건축생산과정의 투입-산출 가치량은 서로 영향을 주고받는 관계인 것이다. 이 관계가 건축생산과정에의 투입-산출 가치량을 늘리고(즉 고품질화하고), 하급 건축시장의 필요량을 줄여가는 방향으로 작동하도록 하는 것이 정책의 요체가 되어야 한다. 상품의 질 수준을 높이려는(즉 중급시장으로의 진입을 북돋는) 정책적 노력이 우선되어야 함이 마땅하다.

하급시장을 중급시장으로 편입해가는 구체적인 방법들에 대한 고민도 필요할 것이다. 앞서도 말했지만 직접적 정책 대상은 건설업체가 아니라 소규모 건축물이어야 한다. 불량품을 규제-퇴출하는 방법과 우량품을 지원-육성하는 정책 모두 필요하겠지만 후자 쪽에 방점을 둔 정책이 좀 더 유효할 것이다. 소규모 건축물 중에서도 특히 사회간접자본으로서의 중요성을 고려한다면 주택부문(단독주택, 다가구주택, 다세대주택, 도시형생활주택)에서 집중적으로 시행하는 것이 적절할 것이다.

일본에서 오래전부터 시행하고 있는 장기우량주택 인정제도,[37] 우량주택 부품 인정제도[38]를 참고할 만하다. 정부에서 정한 일정 기준을 충족하는 주택 프로젝트나 주택용 부품에 대해 세제, 저리 융자 제공 등으로 지원하고 인정증서나 마크를 부여한다. 업체들은 세제 혜택이나 저리 융자 등의 직접적 지원은 물론 인정 마크를 내세운 시장 수요 확보 효과를 노리고 인정 획득에 노력한다. 인정 마크를 소비자들이 신뢰할 수 있도록 정부가 적극 홍보하는 정책이 뒤따르는 것은 물론이다.

---

37 일본 국토교통성 홈페이지(http://www.mlit.go.jp) 참조.

38 일반재단법인 '베터 리빙'(一般財団法人ベターリビング) 홈페이지 (http://www.cbl.or.jp) 참조.

내수성장론의 주인공은 건축

매년 신축되는 건축물 20만 동

세상의 건축물들은 모두 다르다. 모든 건축물은 특정한 장소에서 특정한 생산조건과 특정한 사람들 관계 속에서 매번 '새롭게' 지어지기 때문이다. 건축물이 매번 새로운 생산조건과 새로운 사람들 관계 속에서 지어진다는 것은 다른 생산물에 비해 생산과정에 투입되는 노력의 양과 질이 매번 달라질 가능성이 높음을 말하는 것이고 이에 따라 생산물, 즉 건축물의 가치가 크게 달라질 수 있음을 뜻한다. 처음부터 끝까지 사람 손으로 직접 만드는 수제품(공예품이든 음식물이든)의 경우를 떠올려보면 이해가 갈 것이다. 그런데 건축은 그런 수제품보다 더하다. 만드는 사람이 한 명이 아닐뿐더러 매번 달라지기 때문이다.

결국 건축은 생산과정이 생산 결과물의 가치에 미치는 영향이 가장 큰 상품이라는 이야기다. 그런데 이 명제는 이보다 더 중요한 명제로 연결된다. 그 생산과정이 낳는 경제 효과 역시 막대하다는 것이다.

건축이 매번 새로운 조건에서 매번 새로운 생산과정을 거친다는 것은 그만큼 전문적인 능력을 갖춘 인력과, 동시에 그 인력의 노동집약 과정이 필요하리라는 것을 뜻한다. 뿐만 아니라 건축 생산과정은, 그러한 전문적 능력과 노동력이 매 생산현장마다 매 생산물마다 매번 다른 내용으로 투입되는, 엄청난 물량의 경제활동이 작동하는 장임을 뜻한다.

2015년 한 해 동안 우리 사회에서 건축된 건축물이 22만

5,941동이다.[39] 매 동의 건축마다 설계와 공사가 필요하며 매 설계과정과 매 공사과정마다 전문 설계 인력과 시공 기술 인력이 투입되어야 한다. 매년 자그마치 22만 5,941차례 전문적 생산의 장이 펼쳐지는 것이다. 아무리 규모가 작은 건축물이라도 설계 기간과 공사 기간을 합치면 6개월은 걸린다. 아무리 적게 잡아도 22만 5,941개의 절반인 11만 2,960개의 건축생산 현장이 1년 내내 이 땅에서 펼쳐지고 있다는 이야기다. 각각 다른 곳에서 각각 다른 사람들이 모여서 말이다. 이를 경제활동량으로 생각한다면 그 경제 효과가 엄청날 것임은 쉽게 짐작할 수 있다.

건축산업 중 설계부문을 중심으로 하는 건축서비스산업이 부가가치가 높고 일자리 창출 효과가 높다는 사실은 이미 각종 통계가 보여주고 있다. 부가가치율과 고용유발계수를 보자. 한국 전체 산업의 부가가치율이 34.5%인 데 비해 건축서비스산업의 부가가치율은 57.6%로 매우 높다. 고용유발계수는 전체 산업 4.6보다 두 배 가까이 높은 8.6이다.[40]

부가가치란 '노동·토지·자본·기업활동 등 생산과정에 투입된 요소에 대한 보수의 합계'를 말한다. 여기서 '보수'란 임금·지대·이자·이윤의 형태로 생산과정 참여 주체들에게 분배된 가치다. '부가가치율'은 산출된 부가가치를 총 투입액으로 나눈 비율이다. 쉽게 말해서 생산과정에 투입한 비용을 100으로 볼 때 생산과정이 종료된 후 노동자 임금, 토지 임대료, 금융 이자, 기업 이윤으로 분배된 금액, 즉 '누구에게든 소득으로 분배된 모든 금액'을 합산한 수치다. 따라서 부가가치율이 높은 산업은 투입비용 대비 경제활동 참여주체들의 총소득 효과가 높은 산업임을 뜻한다. 한편 고용유발계수는 10억 원의 재화를 산출할 때

39　통계청, 국가통계포털, 건축허가 및 착공 통계.

40　건축도시공간연구소,『건축서비스산업의 가치』, 건축도시공간연구소, 2015, 21, 22쪽. 2012년 기준이다. 다른 산업의 부가가치율은 제조업 23.0%, 서비스업 55.0%, 건설업 32.9%이고, 고용유발계수는 제조업 2.1, 서비스업 8.4, 건설업 6.3이다.

직·간접적으로 창출되는 고용자 수를 말한다. 어떤 산업의 총 산출액이 100조 원이고 고용유발계수가 4.6이라면 이 산업에 의해 직·간접적으로 고용된 인력은 46만 명[(100조 원/10억 원)×4.6]이라는 이야기다. 결국 건축서비스산업은 다른 산업에 비해 일자리 창출 효과가 매우 크고 생산과정에서 투입비용 대비 소득 증가 효과도 매우 큰 산업이라는 말이다.

그러나 정작 주목해야 할 것은 따로 있다. 이러한 산업 효과가 비단 설계부문인 건축서비스산업뿐 아니라 건축공사부문인 건축산업 전체에 해당된다는 점이다. 물론 건축산업이 속해 있는 건설업은 부가가치율도 고용유발계수도 별로 높지 않다. 부가가치율은 32.9%로 전체 산업 평균 수준이고 고용유발계수는 6.3으로 전체 산업 평균보다는 높지만 일용직 고용 중심이라는 점에서 빛이 바랜다. 현재의 산업분류상 건설업에서 건축산업만 따로 떼어서 보는 것이 불가능하지만 설사 따로 떼어서 보더라도 크게 다르지 않을 것이다. 그러나 이는 어디까지나 현재 상태에서 그렇다는 것이다. 일용직 중심 고용구조와 시장 양극화로 지지리도 낙후된 건설산업의 현재 상태를 고정된 것으로 볼 때 그렇다는 것이다.

산업은 생물이다. 생산과정의 혁신에 따라서 모든 것이 달라진다. 생산과정의 절차와 기준을 강화하고 투입 전문 인력을 늘리고 그 질적 수준도 높인다고 가정해보자. 무엇이 달라질까? 당연히 인건비가 늘어날 테니 투입비용이 커질 것이다. 생산과정 쇄신 노력을 '제대로만 한다면' 당연히 생산물의 가치 증가량이 투입비용 증가량보다 커질 것이다. 즉, 부가가치율이 현재보다 높아질 것이다.

생산과정에서 늘어난 투입비용은 사라지는 것이 아니다. 고스란히 생산과정에 참여한 인력들의 소득으로 배분된다. 늘어난 부가가치 역시 모두 "임금·지대·이자·이윤의 형태로 생산과정 참여 주체들에게 분배"된다. 투입 인력이 늘었으니 고용유발계수도 커질 것이다. 즉, 일자리 창출 효과가 커질 것이다. 일자리도 늘고 소득도 늘었으니 소비능력이 커지고 이는 수요 확대로 이어질 것이다. 결국 생산과정 혁신은 생산품의 질적 개선과 수요 확대라는 두 마리 토끼를 동시에 잡는 일인 것이다.

문제는 생산과정 쇄신 노력을 '제대로만 한다면'이라는 단서조항이다. 쇄신은 생산과정 혁신으로 부가가치 향상 효과가 분명한 산업을 대상으로 해야 한다. 혁신에 의한 질적 개선도 시장 수요가 감당할 만한 수준으로 설정되어야 한다. 그렇지 않다면 시장 메커니즘이 생산비용 증가를 감당하지 못할 것이고 혁신은 실패할 것이다.

건축산업, 특히 소규모 건축물 산업이 유력한 생산과정 혁신 대상인 것은 이 때문이다. 매년 건축되는 건축물이 20만 동이 넘고 그들 대부분이 중소규모 건축물이다. 20만 개 하나하나 설계와 공사가 필요하며 매 설계과정과 매 공사과정마다 전문 설계인력과 시공기술인력이 투입된다. 이 막대한 양의 생산활동이 양극화에 찌든 영세한 건설업체에 맡겨지고 있다. 부실한 설계와 일용직 노동자 중심의 저열한 인력구조로 진행되고 있다. 그럼에도 불구하고 부가가치 생산과 고용 효과에서 전체 산업 평균 수준이거나 그 이상이다. 이 모든 것이 무엇을 뜻하는가. 건축산업 생산과정 혁신으로 거둘 수 있는 산업효과가 막대하다는 이야기다. 건축산업은 우리 사회를 살찌울 잠재력을 갖춘 기간산업이라는 것이다.

부가가치율과 부가가치생산성이라는 함정

여기서 잠깐 짚고 넘어가야 할 것이 있다. 건축이 갖는 산업효과를 이야기하느라 끌어다 쓴 각종 산업지표들 이야기다. 부가가치, 부가가치율, 고용유발계수 등등. 개념도 헷갈리고 산출방법도 머리를 어지럽히지만 그래도 짚고 넘어가야 한다.

앞에서 말했지만 건축서비스산업(건축 설계 관련 산업)의 부가가치율과 고용유발계수는 매우 높다. 서비스산업 전체가 그렇다.

그런데 부가가치에 관련된 효과를 나타내는 다른 지표가 있다. '부가가치생산성'이다. 부가가치를 투입노동량(취업자 수)으로 나눈 값이다. 서비스산업의 부가가치생산성은 제조업에 비해 매우 낮다. 2014년 한국은행 산업연관표로 산출한 서비스업의 부가가치생산성은 48.8로 제조업 106.7의 절반 이하다. 부가가치 점유율과 부가가치율은 높은데 부가가치생산성은 낮다는 뜻이다. 그런가 하면 고용유발계수는 높다. 이를 어떻게 해석해야 하는가. 서비스산업은 생산성이 낮은 낙후산업인가, 부가가치율이 높고 일자리 창출 효과가 높은 유망산업인가.

실제로 산업 관련 각종 보고서나 신문기사에서도 이들 지표 값을 근거로 서로 상반된 주장이나 전망들이 난무한다. 어디에서는 서비스업이 부가가치율과 고용유발계수가 높은 산업이니 이를 적극 육성해야 한다고 하고,[41] 또 어디에서는 서비스업의 부가가치생산성이 형편없으니 서비스산업의 질적 개선을 서둘러야[42] 한단다. 도대체 어느 쪽이 맞는 말인지 혼란스럽다. 할 수 없다. 스스로 뒤져서 알아내는 수밖에.

[표 4](86~87쪽)는 2014년 산업연관표[43]를 이용하여 산업별 각종 지표 값을 계산하여 정리한 결과다. 표가 크고 '산업연관표' 같은 골치 아픈 용어를 들먹인다고 겁먹을 필요 없다. 개념만 알면 간단하다. 우선

41 조정환, 「우리나라 사업서비스업 현황과 과제」, 『주간 금융경제동향』 제3권 제41호, 우리금융경영연구소, 2013년 10월 16일. 이 글에서는 서비스업 중 사업서비스업이 부가가치율이 높은 지식기반 고부가가치 사업이므로 이를 육성해야 한다고 주장하고 있다. 그러나 사업서비스업(전문, 과학 및 기술서비스업)의 부가가치율은 56.7%로 높지만 부가가치생산성은 53.0%로 제조업의 절반 수준이다.

42 「위기의 한국경제, 돌파구를 찾아라: 인구·소비 절벽에 선 내수」, 『한겨레』, 2016년 1월 5일.

43 각 산업별로 얼마만큼의 상품을 생산했고, 그 과정에 어떤 산업의 상품이 얼마나 투입되었는가를 보여주는 통계다. 산업별 내용과 산업 간 관계의 분석도구로서 매년 한국은행이 공표한다.

각 산업이 1년간 생산한 가치량인 '산출액'이 '총 투입비용'과 일치한다는 것을 기억하라. 무슨 이야기냐고? 상식적인 용어로 말하자. 생산된 가치의 총량, 즉 산출액에서 생산비용을 빼고 남는 가치를 부가가치라 한다. 즉 '산출액=생산비용+부가가치'다. 부가가치는 임금, 이윤, 생산설비 감가상각 충당비용 등의 형태로 배분된다. 경영학에서는 이 배분 역시 생산 투입비용으로 간주한다. 즉 '총 투입비용=생산비용+부가가치'이고 이는 곧 산출액과 같은 금액이 되는 것이다.

이것만 이해하면 그 다음은 간단하다. 표에서 보듯이 '부가가치율= 부가가치÷산출액'이고 '부가가치생산성=부가가치÷취업자 수'다. 고용유발계수는 '취업자 수÷산출액(고용계수)'에 다른 산업에의 고용유발 효과까지를 포함하여 계산한다.

우선 서비스업과 제조업을 비교해보자. 부가가치율은 서비스업이 제조업의 두 배나 되는데 부가가치생산성은 2분의 1도 안 된다. 이러니 서비스산업이 고부가가치산업이라는 주장과 부가가치 생산성이 낮은 산업이라는 주장이 동시에 나오는 것이다. 각각의 지표들은 저마다 목표가 있어서 어느 한 지표로 산업을 판단하는 것은 위험하다.

이제 서비스업과 제조업의 산출액과 부가가치액을 비교해보라. 서비스업은 산출액(총투입비용)이 제조업보다 작지만 부가가치액은 두 배 규모로 크다. 서비스업의 부가가치율이 높은 이유는 산출액이 작고 부가가치액이 크기 때문이다. 부가가치생산성이 낮은 것은 부가가치액이 큰 것을 상쇄할 만큼 투입노동량(취업자 수)이 많다는 이야기다. 투입노동량이 많고 산출액이 작으니 당연히 고용유발계수가 높아진 것이다.

이상을 종합하면 서비스업의 부가가치율과 부가가치생산성이 상반된 속성을 보이는 이유가 분명해진다. 투입노동량은 많은데 총 투입비용(=산출액)은 작기 때문이다. 임금을 지불해야 할 인력은 많이 쓰는데 생산비용은 작다? 무엇을 의미하는가. 인건비 이외에는 투입비용이 별로 없고 인건비 수준도 높지 않다는 소리다. 결국 서비스업은 저임금

노동집약적인 산업인데, 총량적으로는 제조업보다 부가가치 생산이 많고 일자리가 많은(고용유발계수가 큰) 산업이라는 뜻이다.

건설업, 그리고 이에 포함된 건축산업도 상황은 비슷하다. 서비스업보다는 덜하지만 제조업에 비해 부가가치율은 높고 부가가치 생산성은 낮다. 부가가치도 큰 편이다. 제조업 중 건설업보다 부가가치가 큰 산업은 전기 및 전자기기제조업 뿐이다. 저임금 노동집약적 산업이면서 부가가치 생산이 많고 일자리가 많은 산업이다.

문제는 이러한 산업을 어떻게 보아야 하는가이다. 세계시장에서의 경쟁력을 기준으로 생각한다면 낙후산업이다. 낙후산업을 질적으로 개선하는 노력이 필요하겠지만 그보다는 경쟁력 있는 산업을 집중 지원하는 것이 효과적이므로 정책 후순위로 밀릴 것이다. 사실 이제껏 그래왔다. 그러나 내수경제를 기준으로 생각한다면 전혀 달라진다. 내수시장을 엄청나게 성장시킬 잠재력을 품은 유력산업이다.

여러 산업지표들은 참고사항일 뿐이다. 부가가치율과 부가가치생산성이 그렇듯이 용도에 따라 전혀 다른 값을 산출해내는 비교 도구일 뿐 지표 수치 자체가 산업의 중요성을 말해주는 것이 아니다. 중요한 것은 경제와 시장의 향방에 대한 철학과 안목이다. 우리 사회가 어떤 경제를, 어떤 시장을 일구어야 하는가에 대한 전략적 판단이다.

건축이 나라를 살린다

우리 사회가 생산하는 건축은 모두 우리 사회 안에서 사용한다. 아니, 소비된다. 즉 건축은 모두 내수용이고 건축산업은 철저한 내수산업이다.

2008년 금융위기로 세계경제와 함께 한국 경제가 휘청거리고 난 후, 수출 중심 경제구조의 한계와 이에 대한 대안으로 이른바 '내수성장론'이

대세를 이루고 있다.[44] 내수성장론의 요체는 '내수산업을 키워 일자리를 만들고, 새로운 일자리에서 생긴 소득이 다시 내수의 핵심인 소비 수요를 분출시키는 내수⇒생산⇒고용⇒소비의 선순환 구조를 구축하자'는 것이다.

물론 이러한 선순환은 건축뿐 아니라 모든 내수산업에 해당한다. 제조업 중에도 내수산업이 있고 서비스업에도 내수산업이 있다. 그러나 내수산업이라 해서 모두 내수 성장론의 주인공은 아니다. 내수산업 가운데서도 유망주가 따로 있다.

내수산업 중 제조업은 더 이상 성장이 어려운 한계 상황이므로 서비스업이 내수산업 성장을 주도해야 한다는 주장에는 대부분 동의하는 듯하다. 그런데 한국 서비스산업의 부가가치생산성이 제조업 절반 수준으로 극히 낮고 도소매업과 숙박·음식점업 등 부가가치 향상이 곤란한 업종에 편중해 있다는 점이 문제로 지적된다. 즉 서비스업의 질적 성장이 이루어지지 않고 있다는 것이다.[45]

일리 있는 이야기다. 하지만 질적으로 개선된다면야 어떤 산업이든 주인공이 될 수 있다. 제조업도 제품의 질적 수준을 높인다면 성장의 한계를 극복할 수 있다. 오래전부터 소비량 정체로 한계산업이라 치부하던 가전산업이 최근 가전제품의 복합화·고급화 전략으로 다시 활기를 찾고 있다는 사실이 이를 반증한다.[46] 마찬가지 논리로 도소매업이나 음식업도 서비스의 질적 수준 개선으로 부가가치를 높일 여지가 있음은 당연하다.

핵심은 어떤 산업이 질적 개선을 실현할 가능성이 크냐는 것이다. 또 그 과정에서 발휘하는 일자리 창출 효과와 소비-소득 선순환 효과가 어떤 산업이 크냐는 것이다. 가전산업은 업체의 이익률 신장에는 재미를 보는

44 「내수산업 키워 저성장 극복하자」, 『중앙일보』, 2012년 9월 24일; 「내수가 미래다」, 『이투데이』, 2014년 10월 1일.

45 「위기의 한국경제, 돌파구를 찾아라: 인구·소비 절벽에 선 내수」, 『한겨레』.

46 「가전사업이 계륵이라고?」, 『한겨레』, 2016년 10월 2일.

듯하지만 수요의 상당 부분을 여전히 내수가 아니라 해외시장에서 찾고 있다. 또한 가전제품 생산공장은 생산비용을 낮추려고 외국에 입지를 찾는 경우가 많다. 생산이나 소비가 상당 부분 외국에서 이루어지니 이로 인한 국내 일자리 창출 효과가 줄어들 것은 당연하다.

도소매업이나 숙박·음식점업은 일단 모든 생산과 소비가 이 땅에서 이루어진다는 점에서 전형적인 내수산업이다. 그러나 이들 산업은 이미 양적인 면에서는 공급과잉 상황이다. 또한 생산과 소비의 양이 아니라 질적 수준의 향상으로 얻어낼 수 있는 부가가치 증가 가능성이 얼마나 있을지 의문이다.

흔히 중점 육성 대상이 되어야 할 서비스산업으로 교육, 사회서비스, 관광산업을 꼽는 것은 이 때문이다. 일자리를 늘리면서 고부가가치를 기대할 수 있는 사업이기 때문이다.[47] 이들 산업의 공통점은 다음과 같이 정리된다. 첫째, 모든 서비스가 이 땅에서 생산되고(일자리 창출) 이 땅에서 소비된다(소비와 소득의 순환). 둘째, 모든 생산활동이 일회적이다. 이는 모든 서비스산업이 갖는 특성이기도 한데, 동일한 생산품을 반복 생산하는 제조업과는 달리 모든 생산품(?)이 매번 다르다. 예컨대 음식업에서는 비록 동일한 메뉴 몇 가지를 반복 생산하지만, 이를 매번 다른 사람의 주문에 따라 생산하고 식탁에 차려주는 '매번 다른' 서비스 과정이 수행된다. 하물며 교육서비스나 사회서비스는 말할 나위 없다. 서비스업이 제조업과 달리 생산과 소비가 외국이 아니라 이 땅에서 이루어질 수밖에 없는 이유이다.

---

[47] 일자리를 많이 만드는 업종은 교육·보건(2010년 기준 10억 원당 13.2명), 사회서비스(9.2명), 부동산(7.2명), 금융·보험(5.1명) 등이다. 모두 서비스 업종이다. 2004~2011년 사이 제조업 취업자 수는 418만 명에서 409만 명으로 줄었다. 그러나 서비스업은 영세업자의 진입·퇴출이 반복되는 속에서도 취업자 수가 759만 명에서 814만 명으로 늘었다. 한국경제연구원은 일자리를 늘리면서 동시에 고부가가치를 낼 수 있는 의료·교육 등의 서비스업 규제를 보다 적극적으로 풀 것을 제안했다(『중앙일보』, 2012년 9월 22일).

셋째, 산업의 양적 확대가 서비스의 질적 수준 향상과 직결되는 구조를 갖고 있다. 교육이나 사회서비스업이 제공하는 서비스는 이미 대부분의 국민들이 어떤 형태로든 이미 받고 있다. 양적으로는 확대할 시장이 거의 없다는 이야기다. 문제는 그 질적 수준이다. 새로운 제품을 개발하여 판매하는 제조업과는 달리 서비스산업의 성장은 기존 서비스의 질적 수준을 향상시키는 것으로 이루어진다. 예컨대 교육서비스산업이 성장 가능성이 높다는 것은 교육서비스가 없는 곳이 많아 교육서비스 생산량 증대가 필요하다는 것이 아니라 현재보다 높은 질적 수준의 교육서비스에 대한 사회적 수요가 크다는 것을 뜻한다.[48]

넷째, 이들 산업의 성장은 곧바로 국민 일반의 삶의 질 향상으로 연결된다. 교육서비스나 사회서비스의 질적 수준이 높아지면 이들 산업 분야의 일자리가 늘어나고 이 서비스를 이 땅에서 소비하는 국민의 삶의 질이 향상된다. 사실 이들 분야는 '산업 효과를 위한 육성'보다는 '국민 삶의 질 향상을 위한 공공투자 확대' 필요성이 제기되어오던 분야였다.

건축산업은 이들 서비스산업의 특성을 고스란히 갖고 있다. 우선, 건축은 땅에 고정되어 생산되는 것이므로 이 땅에서 생산되고 이 땅에서 소비될 수밖에 없다. 당연히 매번 다른 생산과정으로 다른 생산품으로 생산된다. 또한 건축생산과정의 질적 향상은 곧장 시민들의 삶의 질 향상으로 이어진다. 시민들의 삶터인 집과 시민들의 경제활동공간인 상점, 사무소 등의 질이 향상된다는 것은 곧 삶의 질이 향상된다는 것이다.

이제껏 건축산업은 물량 중심의 생산과정으로만 취급되어왔다. 이는

---

48 이런 점에서 유력한 서비스산업으로 꼽히는 관광산업은 약간 다른 점이 있다. 관광산업의 주요한 발전 전략은 이제껏 관광 대상이 아니었던 새로운 관광지를 개발하여 관광자원을 늘린다는 것과 외국 관광객을 포함하여 새로운 관광인구를 끌어들이겠다는 것이기 때문이다. 지역주민들에 대한 서비스 수준 향상보다는 지역관광자원을 활용하겠다는 것이 기본 전략이다. 관광산업이 지역주민의 삶의 질을 풍요롭게 하기보다는 교란시키는 경우가 많은 것은 이 때문일 것이다.

다른 산업의 생산에 비해 건축생산이 매우 큰 투입량을 필요로 한다는
점에 기인한다. 1960년대 이래 양적 성장에 급급하며 매진해왔던 한국
사회로서는 성장과 더불어 팽창하는 건축 수요에 양적으로 대응하는
일조차 버거웠다. 이 때문에 건축생산과정의 질적 관리는 항상 정책
순위에서 밀리곤 했다. 주택 정책이나 건설 정책 과제 목록의 말미에는 항상
'주거문화 창달'이나 '건축문화 창달'이라는 과제가 따라붙지만 늘 장식적
수사로 그쳐왔다.

하지만 이러한 상황은 역으로 건축산업에서 이 부분이 부가가치를
늘려갈 가능성이 매우 크다는 것을 말해주는 것이기도 하다.

한국 사회의 건축물 재고량과 생산량은 이미 한국의 경제 규모에
상응하는 수준으로 확대되어 있다. 연간 건축착공면적은 일본과
비교해서도 결코 작지 않다.[49] 그러나 건축물의 질적 수준은 높다고 하기
어렵다. 재건축 수명이 30~40년에 지나지 않는다. 서울시 주택 재개발사업
판정 기준 중 하나인 노후불량 건축물 기준은 이를 친절히 설명하고 있다.
"일반 건축물의 경우 건축물의 물리적 수명을 30년으로 보고 이의 3분의
2이상인 20년이 경과한 건축물을 불량 건축물로 판정하게 됩니다. 5층
이상의 철근콘크리트 건축물은 40년 이상 경과한 경우 불량 건축물로
판정하게 됩니다."[50]

---

49 한국의 건축착공면적은 8,418만 7,000m²(2005), 8,248만 4,000m²(2010), 1억
5,261만 8,000m²(2015)이고 일본은 1억 8,568만 1,000m²(2005), 1억 2,228만
3,000m²(2010), 1억 2,960만 4,000m²(2015)다. 아파트 이상 열기로 착공량이
크게 증가한 2015년을 예외로 한다면 한국이 일본의 3분의 2 규모다. 그러나
한국의 2.5배가 넘는 일본의 인구규모를 고려한다면 사실상 한국의 착공면적이
훨씬 크다고 할 수 있다. 인구 1,000명당 건축착공량은 한국이 1,790m²(2005),
1,719m²(2010), 2,988m²(2015)이다. 이에 비해 일본은 1,453m²(2005), 955m²(2010),
1,020m²(2015)다.

50 서울시 '도시 및 주거환경 정비조례' 제3조 제1항.

건축물의 생산량은 많은데 그 질적 수준이 높지 않다는 것은 질적 수준 향상을 위해 투입해야 할 노력량이 크다는 것을 말하며 이는 곧 건축산업의 성장 잠재력이 크다는 것을 뜻한다. 즉 건축산업의 성장은 생산량의 증대보다는 생산과정의 질적 수준 향상을 뜻하는 것이고, 이는 막대한 양의 전문인력 투입을 필요로 한다. 앞에서도 말했지만 한 해에 우리 사회에서 건축되는 건축물이 20만 동이 넘는다. 매 동 하나하나마다 설계와 공사가 필요하며 매 설계생산과정과 매 공사과정마다 전문인력들이 투입되어야 한다. 다시 말해 일자리, 그것도 고급 전문인력의 일자리 창출 효과가 막대하다는 것을 뜻한다.

'건축이 살아야 나라가 사는' 이유가 여기에 있다. 요컨대 건축산업은 철저한 내수산업으로서 그 어떤 산업보다도 성장 가능성이 크고 이로 인한 경제 선순환 효과가 막대한 산업이다. 한국 사회가 경제 침체의 탈출구를 내수산업에서 찾는다면 가장 중요하게 다루어야 할 전략산업인 것이다. 또한 이러한 산업적 효과가 시민 생활공간의 질, 삶의 질 향상으로 직결되는 그야말로 국가적 중요 전략산업이다. '건축이 살면 시민이 사는' 이유가 여기에 있다. 건축산업을 단순히 물량 생산 산업으로 취급하는 것은 시민 삶의 질 향상이라는 과제를 방기하는 일이다. 더 나아가 나라 살림을 방기하는 짓이다.

산업별	산출액 A (백만 원)	부가가치 B (백만 원)	취업자 수 C (명)	산출 점유율	부가가치 점유율	부가 가치율 B/A	부가가치 생산성 B/C
농림어업	57,148,729	31,560,314	1,417,938	1.6%	2.3%	55.2%	22.3
광업	4,575,546	2,520,185	14,384	0.1%	0.2%	55.1%	175.2
제조업	1,728,374,669	408,510,205	3,828,736	48.5%	30.2%	23.6%	106.7
전력, 가스	100,647,654	26,926,696	76,145	2.8%	2.0%	26.8%	353.6
수도, 폐기물	22,434,259	10,447,116	111,135	0.6%	0.8%	46.6%	94.0
건설업	194,823,737	67,266,729	1,581,951	5.5%	5.0%	34.5%	42.5
서비스업	1,456,090,906	807,624,090	16,537,702	40.9%	59.6%	55.5%	48.8
중간수요계	3,564,095,500	1,354,855,335	23,567,991	100.0%	100.0%	38.0%	57.5

[표4] 산업별 부가가치 관련 지표

산업별	산출액 A (백만 원)	부가가치 B (백만 원)	취업자 수 C (명)	산출 점유율	부가가치 점유율	부가 가치율 B/A	부가가치 생산성 B/C	고용유 발계수
농림어업	57,148,729	31,560,314	1,417,938	1.6%	2.3%	55.2%	22.3	4.5
광업	4,575,546	2,520,185	14,384	0.1%	0.2%	55.1%	175.2	5.9
음식료품 및 담배 제조업	110,642,349	18,292,739	349,421	3.1%	1.4%	16.5%	52.4	7.0
섬유 및 가죽제품 제조업	80,953,665	20,781,929	393,614	2.3%	1.5%	25.7%	52.8	7.7
목재, 종이, 인쇄 및 복제업	40,488,771	11,257,776	199,320	1.1%	0.8%	27.8%	56.5	8.3
석탄 및 석유제품 제조업	146,321,885	9,337,345	11,732	4.1%	0.7%	6.4%	795.9	1.3
화학제품 제조업	249,227,738	54,567,141	397,862	7.0%	4.0%	21.9%	137.2	4.7
비금속광물제품 제조업	38,372,260	11,166,013	102,799	1.1%	0.8%	29.1%	108.6	6.2
1차 금속제품 제조업	148,567,981	31,997,199	197,510	4.2%	2.4%	21.5%	162.0	3.8
금속제품 제조업	97,704,545	31,201,310	248,729	2.7%	2.3%	31.9%	125.4	6.1
기계 및 장비 제조업	120,754,242	35,539,971	429,719	3.4%	2.6%	29.4%	82.7	7.2
전기 및 전자기기 제조업	380,263,456	107,069,086	649,342	10.7%	7.9%	28.2%	164.9	4.3
정밀기기 제조업	25,470,289	7,474,107	96,956	0.7%	0.6%	29.3%	77.1	6.7
운송장비 제조업	265,655,899	63,495,656	580,538	7.5%	4.7%	23.9%	109.4	6.3
기타 제조업	23,951,589	6,329,933	171,194	0.7%	0.5%	26.4%	37.0	10.3
전력, 가스 및 증기업	100,647,654	26,926,696	76,145	2.8%	2.0%	26.8%	353.6	2.0
수도, 폐기물 및 재활용서비스업	22,434,259	10,447,116	111,135	0.6%	0.8%	46.6%	94.0	7.8
건설업	194,823,737	67,266,729	1,581,951	5.5%	5.0%	34.5%	42.5	10.2
도매 및 소매업	227,145,634	116,499,628	3,386,501	6.4%	8.6%	51.3%	34.4	12.7
운수업	136,099,133	50,306,831	1,475,824	3.8%	3.7%	37.0%	34.1	8.1
음식점 및 숙박업	93,605,948	35,705,535	1,657,476	2.6%	2.6%	38.1%	21.5	12.7
정보통신 및 방송업	120,347,099	52,510,847	656,640	3.4%	3.9%	43.6%	80.0	10.3
금융 및 보험업	142,207,246	75,859,831	754,585	4.0%	5.6%	53.3%	100.5	9.6
부동산 및 임대업	139,770,018	109,549,041	480,048	3.9%	8.1%	78.4%	228.2	4.4
전문, 과학 및 기술서비스업	125,802,691	71,383,872	1,346,472	3.5%	5.3%	56.7%	53.0	12.9
사업지원 서비스업	44,822,574	29,552,814	1,060,309	1.3%	2.2%	65.9%	27.9	25.4
공공행정 및 국방	137,078,077	98,333,458	1,074,732	3.8%	7.3%	71.7%	91.5	10.1
교육서비스업	103,733,997	74,007,833	1,544,246	2.9%	5.5%	71.3%	47.9	13.7
보건 및 사회복지서비스업	111,056,805	57,129,688	1,623,692	3.1%	4.2%	51.4%	35.2	16.7
문화 및 기타 서비스업	74,421,684	36,784,712	1,477,177	2.1%	2.7%	49.4%	24.9	14.0
중간수요계	3,564,095,500	1,354,855,335	23,567,991	100.0%	100.0%	38.0%	57.5	8.7

*자료: 2014 한국은행 산업연관표-공급사용표(기초가격)를 기초로 작성.

2부

설계 없는 사회

파출소 열 개요!
복사용지 취급받는 건축

동네를 남루하게 만드는 공공건축

"이 세상에 똑같은 건축은 없다." 이 말은 땅 위에, 특정한 자리에 서야만 하는 건축의 속성에서 비롯한다. "이 세상에 똑같은 장소는 없다"라는 말로 대신하면 좀 더 확실해진다. 아파트가 '획일적'이라고 비난받는 이유 중 하나가 바로 이러한 건축의 속성을 무시하기 때문이다. 1층부터 20층까지, 101동부터 109동까지, 서울에서 제주까지, 앉은 자리는 다 다른데도 생김새는 똑같다. 접하는 길이 다르고 마주 보는 경관이 다르고 집집마다 사는 사람들이 다르다. 그런데 아파트는 똑같다. 주변 도시공간과 자신을 담장으로 격리하고는, 장소성 없는 땅인데 무엇이 문제냐는 듯이 똑같은 집들을 쌓고 늘어놓는다. 덩달아 우리 동네, 우리 도시는 삭막해진다.

그러나 더 큰 문제는 아파트만 그런 게 아니라는 데 있다. 파출소, 주민센터, 우체국, 어린이집, 유치원. 어느 동네든 하나씩은 있는 공공건축물들이다(93, 95, 97, 99쪽 사진 참조). 그런데 다 똑같다. 어느 동네를 가든 다 비슷비슷하다. 물론 아주 똑같지는 않다. 조금씩은 다르다. 아파트라고 정말 완전히 똑같이 생겨서 '똑같다'고 하는 게 아니지 않은가. 획일적이라는 이야기다. 주변환경에 대한 고려가 전혀 없는 건물들이 찍어내듯 비슷하게 지어졌다는 이야기다. 건물이 들어서면서 동네환경이 풍성해지고 좋아지기는 커녕 삭막해지고 남루해지니 하는 말이다. 시민들

세금으로 건축되는 공공건축물들이 동네환경을 아름답게 하기는커녕 더 나쁘게 만들고 있다.

똑같지 않고 튀어서 문제이기도 하다. 어린이집이나 유치원은 '어린이가 사용하는 건물이므로 아기자기해야 한다'는 강박관념 탓인지 저마다 갖가지 색채와 장식들이 동원되어 형형색색이다. 아기자기하기는커녕 유치하고 번잡하다. 유치원이니 유치해야 한다고 한다면 할 말 없지만. 주변 동네환경에 아랑곳 않는 유치함과 천박함에 동네환경이 남루해진다. 획일적인 것이나 튀는 것이나 동네환경을 고려하지 않는다는 점은 마찬가지다. 둘 다 동네환경을 풍부하게 하기는커녕 삭막하고 번잡하게 만든다는 점도 매한가지다.

그들은 건물이 필요할 뿐이다

건축 전문가들은 이런 상황의 이유를 '기획 부재'에서 찾는다. 건축에 식견이 없는 공무원들이 공공건축물을 짓는 사업계획을 세우고 결재하기 때문에 부실하고 기계적이라는 것이다. 중앙정부나 지방정부의 상황을 들여다보면 이러한 지적이 설득력 있게 다가온다.

중앙정부든 지방정부든 모든 조직은 업무 종류별로 담당 부서들이 다르다. 가령 서울시의 아무 구청 홈페이지나 들어가 조직도를 살펴보자. 주민 민원 업무는 '자치행정과'가, 문화활동이나 체육 관련 업무는 '문화체육과'가 담당한다. 아동복지 업무는 '여성가족과', 노인복지 업무는 '어르신복지과'가 담당한다. 지방정부마다 부서 명칭이 조금씩 다를 뿐이다. 문제는 이들 각 부서가 관장하는 업무 분야의 건물과 시설의 건축도 이들 부서가 담당한다는 사실이다. 주민센터는 '자치행정과'가, 어린이집은 '여성가족과'가 담당한다. 어린이도서관이나 청소년회관은? 물론 '문화체육과'가 맡는다. 경로당이나 노인복지관은? 당연히 '어르신복지과'다.

동네의 공공건축 ― 어린이집.

서울의 자치구든 충청남도의 시·군이든 기초지방정부에서
어린이집이나 어린이도서관을 새로 짓는 일이 얼마나 잦을까. 아마도 몇
년에 한두 건일 것이다. 여성가족과든 문화체육과든 이런 일을 위해 건축
전문직 공무원을 따로 둘 수는 없다. 그렇지만 누군가는 신축 사업계획을
세우고 결재를 받아야 한다. 신축 사업계획이란 무엇인가. 건축할 부지를
정하고 예산을 짜고 신축할 건물의 규모를 정해야 한다. 이에 따라 설계와
공사를 발주할 계획을 세워야 한다. 이 일을 누가 맡아서 할까. 규모가
큰 건물이라면 특별한 절차에 따라서 전문가에게 사업기획 업무가 따로
주어진다.[1] 그러나 어린이집이나 어린이도서관 정도의 소규모 건축물은
그냥 담당 부서 공무원들에게 맡겨진다. 어린이집이라면 여성가족과에서
평소 관내 어린이집들의 운영 관리 업무를 담당하던 공무원이 맡는다.
건축에는 문외한이다. 게다가 공무원은 순환보직이 원칙이다. 1, 2년이
멀다 하고 바뀐다. 어린이집 신축 업무를 맡은 공무원에게 이 일은
공무원으로 근무하는 평생 한두 번 맡을까 말까 한 특별 업무다. 당연히
처음 해보는 일이다. 근무경력 20년차인 과장이라면 먼 옛날 언젠가
한번쯤 해보았던 일일 수도 있겠다.

　　자, 어떤 일이 벌어질까. 나라면 어떻게 할까. 당연히 과거에 있었던
유사한 건물의 신축 사업계획 문서를 찾을 것이다. 같은 어린이집
신축사업계획서라면 더할 나위 없고 그런 게 없다면 아쉬운 대로 비슷한
소규모 공공건축 사업계획서를 수배한다. 같은 부서 안에 없으면 다른
부서에서, 다른 부서에도 없으면 다른 구청에서. 어렵지 않게 찾아낸 유사
사업계획서. 과거에 결재를 통과하고 실제로 신축사업을 했던 계획서이니
든든하다. 새로운 사업에 맞추어 사업 명칭과 부지 위치, 건물 규모, 예산

---

[1]　예를 들어 공사비 500억 원 이상인 건축공사는 소위 '타당성 조사 전문기관'으로
　　지정된 전문기관에게 타당성 조사 용역을 발주하여 현지 조사, 수요 예측, 소요 예산
　　등을 검토해야 한다(「건설기술진흥법」 제47조).

동네의 공공건축 — 주민센터.

등 몇몇 단어와 문장을 수정하여 새로운 신축 사업계획서가 만들어진다. 건축에 대해서는 문외한이니 자세한 내용은 나도 모르고 너도 모른다. 몇 층, 몇 평 규모의 건물이 어디에 언제까지 지어질 것이라는 것만 확실하면 된다. 복사용지 구매계획서를 만드는 것과 다를 바 없다. 어쨌든 A4 용지 열 박스가 납품되면 되듯 어쨌든 2층에 200평짜리 어린이집이 납품되도록 하면 될 일이다.

어린이집이든 어린이도서관이든 마찬가지, 파출소도 마찬가지고 우체국도 마찬가지다. 이런 과정 속에서 공공건축물들의 사업계획서는 몇 가지 판본이 수십 년 동안 변하지 않은 채 판박이처럼 반복된다. 이런 상황에서 부지의 특성, 주변 공간환경에의 대응이 부실하다고 타박한다는 것 자체가 사치스럽다. 그런 건 설계 단계에서 건축가들이 해야 되는 것 아니냐고? 사업계획, 즉 기획이 설계의 시작이라는 것을 전혀 이해 못하는 무지의 소치다. 부지를 정하고 건물 층수와 규모를 정하는 것 자체가 설계의 윤곽을 결정하는 행위다. 정작 설계 단계에서는 이미 결정된 부지와 건물 규모를 벗어날 수 없다. 게다가 사업계획에는 설계용역 계약서에 첨부될 '과업지시서'가 따라붙는다. 과업지시서에는 건물 층수뿐 아니라 층별로 담아야 할 공간들까지 '지시'된다. 심지어 건물의 외관과 재료 색채까지 '지시'하는 경우도 있다. 큰 그림은 기획 단계에서 결정된다는 이야기다.

우리 사회에서 공공건축은 이러한 '기획 부재' 속에서 건축된다. 아니 기획이 없지는 않다. 어떤 공공건축도 사업계획 기안과 결재 없이 시작될 리 없으니 더 정확히 말한다면 기획이 부실하다고 해야 한다. 복사용지 구매계획 수준으로 건축을 기획하고 있는 것이다.

복사용지와는 비교할 수도 없이 비싼 건축물 사업계획을 복사용지 구매계획 수준으로 작성하는 이유는 무엇일까. 공무원들이 건축에 대한 전문성이 없어서? 그게 문제라면 기획 업무를 건축전문가들에게 용역으로 맡기면 되지 않는가. 한국 예산제도가 프로젝트 베이스라서 기획 단계에는

동네의 공공건축─파출소.

용역발주가 어렵다고?[2] 그런 제도 하나 개선하지 못한단 말인가? 문제가 수십 년간 지속되고 있는데도 바로잡지 않고 있는 이유가 될 수 없다.

진짜 이유는 따로 있다. 건축물 짓는 일을 복사용지 조달하는 일과 마찬가지로 보기 때문이다.

한국 사회는 1960~80년대를 경유하며 압축적으로 성장했다. 1962년에 「도시계획법」과 「건축법」이 제정되었으니 나름의 법체계 속에서 건축사업이 시작된 것도 이 시기부터라고 보아야 한다. 1972년에 「주택건설촉진법」이 제정되었고 1980년에 「택지개발촉진법」이 제정되었다. 말 그대로 '건설과 개발을 촉진하는' 시대였다. 압축적 경제 성장으로 경제 규모가 급팽창했고 도시인구도 급팽창, 중산층도 급팽창했다. 공간 수요 역시 마찬가지였다. 물류를 위한 도로와 항만 수요도 급팽창, 중산층 주거지 수요도 급팽창하였다. 모든 것이 팽창하는 속에 모든 정책 목표는 양적 충족에 급급한 채 흘러왔다. 아니 급급했다기보다는 즐겼다는 표현이 적당하다. 수요 팽창에 '건설 촉진'과 '개발 촉진'으로 대응하면서 이것이 다시 경제 규모를 늘리고 수요를 늘리는 '팽창 순환'을 즐기는 정책이 지속되었다. 양적 공급 효율이 최우선인 정책과 행정이 이어져온 것이다.

이런 상황에서 건축이 예외일 수 없다. 오히려 주인공이다. 동사무소 열 개, 어린이집 열 개가 부족한 것이 문제고 예산을 마련해 짓기만 하면 그뿐, 그것이 어떤 모습으로 어디에 자리 잡고 어떤 생활을 담아야 하는지는 따지지 않는다. 복사용지가 열 박스 필요하고 컴퓨터가 열 대 필요하니 예산 확보해 구매하면 되는 일이다. 복사용지는 복사용지일 뿐이고 컴퓨터는 컴퓨터일 뿐이다. 마찬가지로 건물은 건물일 뿐이다. 설계는 용역을 맡기면 어찌됐든 설계할 것이고 공사는 발주하면 어찌됐든 지어질 것 아닌가.

---

2 사업계획에는 사업 수행에 필요한 예산계획이 포함되는데, 이 사업계획이 결재를 받아야 그 예산을 집행할 수 있다는 말이다. 사업계획 수립, 즉 기획 업무는 그전에 이루어지므로 기획 업무 수행을 위한 예산은 있을 수 없다는 것이다.

동네의 공공건축—우체국.

예산을 확보할 수 있느냐 없느냐가 문제일 뿐이다.

이런 상황이 50년간 지속되었다. 무슨 일이든 30년 이상 계속되면 관행이 되고 역사가 된다. 30년이면 한 세대다. 태어나면서부터 그런 방식을 보고 자란 세대가 다시 그러한 방식으로 일을 하는 한 사이클이 완성된다. 사람들의 행동양식과 사고방식이 그 방식의 경험을 통해 형성되고 심미안과 가치관도 그 방식의 경험을 매개로 이루어진다. 건축이란 으레 그런 것이라는 관행과 관념이 사회적으로 굳어간다. 번쩍거리는 물갈기 화강석 마감을 보면서 '잘 지은 건물'이라 말하는 미감이 보편화한다.

1980년대 말 호황을 전환점으로 한국 경제 양상이 바뀌면서 상품 수요 성격도 달라졌다. 양적 효율 기조는 여전히 지속되었지만 그 속에서도 개개 상품의 고품질화가 빠르게 진전되었다. 양문형 냉장고, 저소음 세탁기, 고칼슘 우유 등이 1990년대 등장한 상품들이고 페트병에 담긴 생수가 시판되기 시작한 것도 1990년대다. 단순 기능 중심 상품에서 건강이나 기호, 편리성을 배려한 상품들로 바뀌기 시작한 것이다. 이러한 고품질화 경향이 건축에서는 '마감재 고급화'로 반영되었다. 주택에서는 실크벽지, 원목마루, 빌트인 가전이 유행처럼 번졌고, 일반건축에서는 스테인리스 난간, 화강석 마감, 커튼월 사용이 늘어났다. 그런데 그뿐이었다. 건축물 마감재료 고급화를 통한 외관 고급화(그것이 진정한 고급화인지도 의문이지만)가 있을 뿐 땅과 주변환경과의 관계에 대한 고민, 사용자와 공공성에 대한 고민과 진전은 보이지 않는다. 하긴 복사용지를 고급화하는 데 무슨 큰 고민이 필요하겠는가. 좋은 재료를 쓰는 것 말고 무슨 다른 쟁점이 있겠는가.

한마디로 한국 사회는 좋은 건축으로 인해 얻어지는, 또는 얻을 수 있는 가치가 무엇인지를, 아니 그런 것이 있다는 사실 자체를 모르는 사회다. 그것을 알 기회를 갖지 못한 사회다. 그러니 공공건축 사업계획을 복사용지 구매계획처럼 다루면서도 아무런 문제를 못 느끼는 것이다. 좋은 복사용지는 고급 복사용지이고, 좋은 컴퓨터는 고성능 컴퓨터이듯이 좋은 건축이란 비싼 재료로 마감한 고급 건물인 것이다.

건축의 최전선은 동네의 공공건축

건축의 가치를 모르는, 아니 건축으로 얻을 수 있는 가치가 있다는 사실
자체를 모르는 무지한 사회에서 건축이 해야 할 일, 건축이 맞닥뜨리는
전선은 분명하다. 우선 과제는 건축의 속성과 가치에 대한 무지함과 싸우는
일일 수밖에 없다. 이런 무지함 속에서 건축생산을 관장하는 제도가
만들어지고 법이 만들어지기 때문이다. 그리고 건축은 그 법제도 속에서
일해야 하기 때문이다.

복사용지와 건축은 다르다는 것부터 알게 해야 한다. 복사용지는 한
박스를 주문하든 열 박스를 주문하든 한 건으로 처리되지만 어린이집 열
개는 하나하나가 별개의 주문이어야 한다는 것을 알게 해야 한다. 좋은
설계와 좋은 시공을 통해서 얻게 되는 가치가 무엇인지를 알게 해야 한다.
공무원뿐 아니라 우리 사회 전체가 건축의 가치를 인식하고 인정할 수 있도록
하는 '인정투쟁'이 우리 사회 건축이 당면한 실천 과제인 것이다.

무지함과 싸우고 실천해야 할 인정투쟁의 최전선은 공공건축이다.
공공건축은 우리 사회 총 건축생산의 20%[3]로 양적으로도 만만치 않은
비중을 차지한다. 뿐만 아니라 공공건축은 건축생산 관련한 법제도와 각종
기준을 준수하며 민간부문 건축생산의 규범을 제시한다는 점에서 양적
비중과는 또 다른 중요성을 갖는 실천의 장이다.

공공건축을 통해 동네 공간환경을 개선하고 시민들 삶의 품격을
높이고자 한 정책은 이미 외국의 여러 도시들에서 이루어지고 있다. 잘
알려진 일본의 K.A.P(구마모토 아트폴리스)는 구마모토 현이 1988년부터
시작한 사업으로, 공공건축 설계를 좋은 설계자에게 맡겨 좋은 건축으로
생산해내는 것을 목표로 하는 정책이다. 지사가 위촉한 커미셔너 책임 아래
능력 있는 건축가를 추천하거나 설계경합 등을 시행하여 그 사업에 가장

---

[3]   2014년 기준으로 건축공사 총기성액 127조 8,000억 원 중 공공부문이 28조 2,000억
      원으로 21.2%를 차지한다. 총수주액에서 공공부문 비중은 17.9%이다.

적합한 설계자를 선정하는 방식이다. 2016년 현재 92개 건축사업이 이 제도를 통해 설계되어 81개가 준공되고 11개가 설계 중이거나 공사 중이다.[4]

미국 뉴욕 시의 D+CE(Design and Construction Excellence)는 DDC(Department of Design and Construction)에서 2004년부터 시행한 제도다. DDC가 공공기관들과 설계 협력 관계(design liaison)를 맺고[5] 이들의 공공건축 설계 및 공사과정을 특별히 관리한다. 설계 협력 그룹 중 하나인 '경찰소방(police and fire) 그룹'의 경우 설계 협력 기관은 뉴욕 시 경찰국과 소방국이다. DDC는 설계 능력과 질을 기준으로 50개 설계사무소를 후보 설계사 그룹으로 선정해두고, 이들만을 대상으로 하여 제안서 공모 등의 방법으로 경찰국과 소방국의 건축물 설계자를 선정한다.[6]

이들 사례에서 주목할 것은 첫째, 공공건축을 전선으로 하는 실천은 정부의(중앙정부이든 지방정부이든) 제도적 틀을 통해서 이루어진다는 점이다. 좀 더 구체적으로는 각 부서나 기관별로 건축하는 공공건축물들의 설계발주 업무를 건축전문가나 전문부서가 총괄하여 관리하도록 하는 제도를 통해서 이루어지고 있다. 둘째, 설계자를 '능력을 기준으로' 선정한다는 점이다. 일반적인 방법인 가격입찰이나 일반 공개 설계공모로는 좋은 설계자 선정에 한계가 있다는 판단 때문에 등장한 유력한 방법이다. 자칫하면 형평성 및 공정성 시비에 휘말릴 위험이 있으니 주관 기관에 대한 사회적 신뢰 없이는 시행하기 쉽지 않은 방법이다.

---

4 구마모토 현 홈페이지(http://www.pref.kumamoto.jp).

5 설계협력기관은 모두 24개 기관으로 네 개의 구조물설계 그룹(libraries and cultural institutions, health and human services, police and fire, and corrections and courthouses)과 두 개의 인프라설계 그룹(Department of Environmental Protection and the Department of Transportation projects)으로 구성된다(The City of New York, DESIGN+CONSTRUCTION EXCELLENCE, 2008).

6 NYC DDC, *Design Consultant Guide*, 2015; John Hill, *Guide to Contemporary New York City Architecture*, Norton, 2011, 160쪽 참조.

이런 점에서 몇 년 전부터 서울시가 시행하고 있는 공공건축사업을 주목할 만하다. 서울시는 2012년부터 공공건축가 77명을 위촉하면서 공공건축가 제도를 시작했다. 2016년 현재는 162명의 공공건축가가 활동 중이다.[7] 이들 공공건축가들은 각 부서에서 시행하는 공공건축 사업계획에 참여해 자문을 하거나, 소규모 공공건축물 설계공모에 지명설계자로 참여한다. 이미 이들이 설계하여 만들어낸 소규모 공공건축물이 100건을 넘어서고 있다. 2015년에는 서울시 전역의 동주민센터 74개의 내부공간을 새롭게 꾸미는 '찾아가는 동주민센터' 사업에 공공건축가 74명이 설계와 감리를 맡아 동주민센터의 면모를 일신했다. 일선 공무원들과 주민들의 호평 속에 2016년에는 이 사업이 동주민센터 200개 규모로 확대되었다.

한국 설계비 기준에서는 소규모 건축물의 설계비가 턱없이 적다. 무조건 공사비 기준으로 설계비를 책정하는 기준 탓이다. 아무리 작은 건물이라도 기본적인 노력은 비슷하다는 점이 고려되지 않는다. 이 역시 건축을 복사용지 구매와 같다고 보는 사회적 무지 때문이다. 소규모 공공건축물 설계에 참여한 공공건축가들은 낮은 설계비 때문에 일하기가 쉽지 않다고 털어놓는다. 건축의 질적 수준은 포기할 수 없고 외부의 기대수준도 높은데 설계비는 '날림 설계'를 해야 간신히 손해 보지 않는 수준이니 죽을 맛이라고들 한다. 금전적 손익만 따진다면 도저히 할 수 없는 일이라는 것이다. 서울시의 건축 정책에 호응하여 '봉사 아닌 봉사'를 하고 있는 셈이라고 해야 할까? 이들의 '봉사'로 도시 곳곳에, 동네 곳곳에 보석 같은 공공건축물들이 늘어나고 있으니 고마운 일이라 해야 할까? 아니다. 이는 '봉사'가 아니라 '투쟁'으로 읽어야 한다. 건축가들은 투쟁 중이다. 건축에 무지한 우리 사회가 건축의 가치를 인식하고 인정하도록 하기 위한 '인정투쟁' 말이다.

---

7   서울특별시, 『공공건축의 새로운 실험: 서울시 공공건축가 프로젝트 2012~2015』, 서울특별시, 2016, 9쪽.

일본 구마모토 현의 구마모토 아트폴리스 정책이 만들어낸 구마모토 역 파출소(위)와 나고미 공립 미카와 소중학교.

뉴욕 시 D+CE 프로젝트로 설계된 뉴욕 소방파출소(위)와 뉴욕 경찰청 121구역 청사.

서울시 공공건축사업의 일환으로 지어진 도담 어린이집(설계: 김선현)과 휘경동 어린이집(설계: 윤승현).

싸구려 설계를 찾아서

설계비 싸게 부르는 설계자가 최고

공공건축의 고질적 문제인 '부실기획'의 결정타는 설계발주방식이다. 공공건축 사업계획에는 건축물 설계용역과 공사의 예산 및 발주방식이 포함된다. 따라서 사업계획이 결정되었다는 것은 설계발주방식이 결정되었음을 뜻한다. 복사용지를 구매하는 입찰은 당연히 최저가낙찰로 진행될 것이다. 몇 가지 규격만 정해(예컨대 A3 80g 복사지냐 A4 75g 복사지냐)[8] 가장 싼 가격으로 납품하겠다는 판매자를 찾으면 된다.

그렇다면 건축 설계는? 건축을 복사용지 취급하는 사회에서 설계용역은 어떤 방식으로 발주할까. 당연히 가격입찰! 설계비를 싸게 부르는 설계자에게 설계를 맡긴다는 것이다. [표 5]는 공공건축 설계용역 발주 실태를 발주방식 유형별로 집계한 것이다.[9] 이 중 사업수행능력평가(Pre Qualification, PQ) 방식 역시 사업수행능력평가 점수가 일정 점수 이상인 업체들을 대상으로 가격 경쟁을 하는 것이니 결국 설계비로 설계자를 뽑는다고 보아야 한다. 건수 기준으로 본다면 공공건축 중 80% 이상이 가격입찰인 셈이다. 공공건축 열 개 중 여덟 개가 설계비를 싸게

---

8   복사용지 A4 80g에서 80g은 종이 $1m^2$의 무게(평량)를 표시한다.

9   물론 이러한 통계는 공식적인 국가통계로 집계하지 않는다. 이 통계는 2007년 설립한 건축공간도시연구소가 별도 조사를 통해 집계한 결과다.

구분	전체	설계공모	입찰			협상에 의한 계약	일괄입찰	기타
			PQ	가격입찰	소계			
건수	5,439 (100%)	960 (17.7%)	1,263 (23.2%)	3,140 (57.7%)	4,403 (80.9%)	16 (0.3%)	14 (0.3%)	46 (0.8%)
금액 (백만 원)	2,306,168 (100%)	1,277,904 (55.4%)	664,645 (28.8%)	286,634 (12.4%)	951,279 (41.2%)	15,764 (0.69%)	36,788 (1.6%)	24,433 (1.1%)
평균 설계금액 (백만 원)	424	1,331	526	91	211	985	2,627	531

[표 5] 2007~2012년 공공건축물 설계용역 발주방식별 발주량(수의계약 제외)

부르는 설계자에게 설계를 맡겨서 지어지고 있는 것이다.

[표 5]를 좀 더 자세히 보자. 건수 기준으로는 가격입찰방식이 80%가 넘는데 금액 기준으로는 41%로 절반 수준이다. 대신에 설계공모방식이 55%를 차지한다. 이것은 무엇을 뜻하는가. 규모가 큰 것은 설계공모로 설계자를 선정하지만 소규모 공공건축물들은 모조리 가격입찰로 설계자를 결정한다는 이야기다. 바로 이것이 우리 동네 파출소가, 우체국이, 어린이집이 저리도 남루하고 유치한 모습인 이유다. 동네에 들어가는 작은 것들이야 싼 게 최고지! 정부가 나서서 싸구려 설계로 골라 사고 있기 때문이다. 도대체 이런 법이 어디 있냐고?

그래도 되는 법

「국가를 당사자로 하는 계약에 관한 법률」(이하 「국가계약법」)이라는 법이 있다. 국가가 필요로 하는 물자의 조달을 위해 국민 및 외국인과 체결하는 계약에 관한 사항을 규정한 법률이다. 이와 거의 동일한 내용을 담은 「지방자치단체를 당사자로 하는 계약에 관한 법률」(이하 「지방계약법」)도 있다. 「국가계약법」은 국가 기관, 즉 특정한 지방정부에 속하지 않은 중앙정부 부처 및 공공기관이 따라야 하는 법이고, 「지방계약법」은 지방정부와 이에 속하는 공공기관들이 따라야 하는 법이다. 똑같은 내용이면 그냥 하나로 만들면 되지 왜 따로 있냐고? 「국가계약법」은 기획재정부가 관장하는 법이라서 지방정부 조직을 관장하는 행정자치부가 관장하는 「지방계약법」을 따로 만들었기 때문이다. 왜 따로 법이 필요한지 이해가 안 가는 일이지만 어쨌든 그렇게 되어 있다. 예를 들어 똑같이 아파트단지 설계용역을 발주하더라도 한국토지주택공사는 「국가계약법」을 따라야 하고 서울시 주택도시공사는 「지방계약법」을 따라야 한다.

이 「국가계약법」에서는 국가가 필요로 하는 조달 대상을 '물품', '공사', '용역'으로 구분한다. 복사용지 같은 물품들은 말 그대로 '물품 구매'로 계약하여 조달하고, 학술연구나 청소, 설계 등 사람이 직접 수행해야 하는 서비스는 '용역'으로, 건축물, 도로 등 공사를 필요로 하는 구조물은 '공사'로 계약하여 조달한다. 기성품으로 판매되지 않는 물품이 필요한 경우는 '물품 제조'로 발주한다. 인터넷을 뒤져서 물품 제조 발주의 예를 하나 찾아보자. 예컨대 국립연구기관인 기초과학연구원이 2016년 6월 21일 공고한 '물품 제조 전자입찰 공고'의 대상 품목은 'QWR 초전도가속관 튜너 시제품 제작'이다. 무슨 장비인지 잘 모르겠지만 기성품으로 구매할 수 없는 물건임에는 틀림없어 보인다. 우리가 길거리에서 흔히 보는 가로등이나 안전난간 따위의 가로 시설물들이 이러한 물품 제조 발주의 대상이다.

건축물을 설계하는 일은 이러한 법적 규정들에 따라 '용역'으로 발주된다.

청소도 용역으로 발주된다. 가령 구청 건물과 관내 외부공간 청소를 청소업체에게 맡기려면 '용역'으로 입찰하여 선정된 업체와 계약해야 한다. 청소해야 할 범위, 계약 기간 등을 조건으로 가격입찰을 통해 가장 낮은 가격을 써낸 청소업체를 선정하는 방식으로 이루어진다.

학술연구도 용역으로 발주한다. 가령 철도청이 자기부상열차 기술 검토를 위해, 또는 어떤 지방정부가 관내 건축물 경관관리 기준을 마련하기 위해 관련 연구가 필요하다고 치자. 대부분 관련 연구기관이나 전문가에게 연구비를 지불하고 연구를 의뢰하는 방식으로 해결한다. 이때의 '연구의뢰'를 법적 용어로 하면 '학술연구용역 발주'다. '용역'이긴 하지만 학술연구용역을 가격입찰에 부치고 가장 적은 연구비로 연구하겠다는 연구자에게 연구를 맡기지는 않는다. 연구계획과 연구자의 객관적 연구능력을 평가하여 연구자를 선정하기 마련이다. 그러지 않고서는 기대하는 수준의 연구결과를 얻을 수 없다는 것을 누구나 알기 때문이다.

그런데 설계용역은 그렇게 하지 않는다. 가격입찰로 가장 싼 설계비를 찾는다. 결국 한국 사회에서 건축 설계는 청소 정도의 단순노동으로 취급되고 있다는 뜻이다. 건축 설계를 가격입찰에 부치고 가장 적은 설계비로 설계하겠다는 설계자에게 맡기면서도 '기대하는 수준의 설계결과'를 얻을 수 없을 것이라 생각하지 않는다는 말이다. (만일 그걸 알면서도 그렇게 하고 있다면 더 큰일이겠지만.)

왜일까. 왜 그것을 생각하지 못할까. 아니 왜 생각하지 않을까. 이유는 분명하다. 좋은 설계를 통해, 좋은 건축을 통해 얻을 수 있는 가치가 얼마나 큰가를 모르기 때문이다. 아니 그런 가치가 있다는 사실 자체를 모르기 때문이다. 그저 좋은 건축은 얼마나 고급 재료를 사용한 고급 건축인가에 달려 있을 뿐이니, 예산이 많은가 적은가가 문제일지언정 누가 설계하느냐는 중요하지 않다고 생각하기 때문이다.

작은 건축물일수록 설계가 중요한 이유

2013년 제정된 「건축서비스산업진흥법」이 시행되면서 이런 무지막지한 상황은 조금 나아지기 시작했다. 건축계의 강력한 요청으로 공공건축물의 설계용역은 설계공모방식으로 발주하도록 의무화한 조항이[10] 작동하기

10 「건축서비스산업진흥법」 제21조 제2항을 말한다. 여기서는 "대통령령으로 정하는 용도 및 규모에 해당하는 건축물 등의 설계를 발주하는 경우에는 공모방식을 우선적으로

시작했기 때문이다. 설계비로 설계자를 선정하는 말도 안 되는 관행을
바꾸는 데에는 법률로 강제하는 것 외에는 달리 방법이 없었던 것이다.

그러나 법적 강제로 문제를 해결하는 방법에는 한계가 있을 수밖에
없다. 모든 설계를 설계공모로 발주하는 데에 따르는 행정 부담 증가를
고려하지 않을 수 없기 때문이다. 생각해보라. 설계공모를 하려면 응모하는
설계자들로부터 참가하겠다는 등록을 받아야 하고, 최소한 45일 이상의
설계 기간을 주어야 하고, 설계 기간 중에 설계지침에 대한 질의를 받아
응답도 해야 하고, 심사위원회를 구성해야 하고, 작품을 접수하여 작품
심사도 해야 한다. 가격입찰로 하면 입찰공고 후 참가업체들이 써낸
설계비만 들춰보고 가장 싸게 부른 업체를 뽑기만 하면 된다. 이에 비하면
설계공모는 행정인력 부담과 소요 기간이 엄청 늘어난다. 수백 개에
이르는 지방정부와 공공기관들의 행정인력과 업무 여건 차이를 무시한 채
무조건 의무화하고 강제하기는 곤란하다. 결국 「건축서비스산업진흥법」은
설계공모 의무화 대상을 설계비 2억 1,000만 원 이상인 설계용역으로
한정하는 내용으로 입법되었다.

결국 만만한 것은 소규모 건축물이다. [표 5]를 다시 보자.
가격입찰로 발주한 설계들은 설계비가 평균 1억 원도 안 된다. 소규모
공공건축물은 모두 설계공모 의무화 규정에 적용되지 않는다는 이야기다.
「건축서비스산업진흥법」으로 제법 야심찬 규정을 만들었음에도 우리
동네 파출소, 우체국, 어린이집은 여전히 싸구려 설계비를 찾아서 설계되고
지어진다는 이야기다.

이는 우리 사회 건축의 향방을 둘러싼 갈등과 실천의 핵심이

적용하여야 한다"라고 규정하고 있다. 같은 법 시행령 제17조에서는 해당 건축물의
규모를 "설계비 추정가격이 「국가를 당사자로 하는 계약에 관한 법률」 제4조 제1항에
따른 고시금액 이상인 건축물"로 규정하고 있다. 기획재정부장관이 고시토록 한 이
고시 금액은 2016년 현재 2억 1,000만 원이다.

소규모 공공건축물임을 다시 확인하게 해준다. 우리는 소규모 건축물이 산업적으로 가장 중요한 시장임을 확인한 바 있다. 산업적으로 중요할 뿐 아니라 시민들의 매일매일 생활에 가장 가깝게 있는 것이 이들 소규모 건축물들이다. 우리 사회에서 가장 중요한 건축물들이 가장 싸구려로, 가장 퇴행적인 방식으로 생산되고 있는 것이다.

이런 점에서 서울시의 건축 정책 사례는 다시 주목할 만하다. 서울시는 2013년부터 모든 공공건축물 설계용역에서 가격입찰방식을 금지하고 있다. 모든 설계는 설계공모방식으로 설계자를 선정하고 수의계약이 가능한 경우는 설계 능력을 기준으로 설계자를 선정토록 하였다. 이 조치에 의해서 2013년 이후 서울시는 「건축서비스산업진흥법」이 설계공모 의무화 대상으로 규정한 건축물 이외의 모든 소규모 건축물까지 설계공모방식이나 수의계약방식으로 설계자를 선정하고 있다. 여기에 앞에서 말한 공공건축가제도를 결합하여 운영하고 있는 것이다.

물론 설계공모가 모든 문제를 해결해주는 것은 아니다. 모든 설계용역을 설계공모로 한다는 것은 사회적 비용도 만만치 않고 그것이 야기하는 문제도 적지 않다. 「건축서비스산업진흥법」의 '설계공모 의무화'와 서울시의 '모든 건축물 설계공모'는 무리한 점이 있으므로 과도기적 방법에 그쳐야 한다는 의견은 수긍할 만하다. 그러나 우리 사회에서 건축이 처한 상황 역시 매우 무리하다. 건축을 복사용지 취급하는 무지한 사회인식, 설계비 싸게 부르는 설계자를 찾아 설계를 맡기는 야만적인 관행이 아직도 설쳐대고 있다. 설계공모 의무화는 이러한 사회에서 불가피하게 선택한 전략적 조치로 이해해야 한다. 그리고 건축 인정투쟁의 최전선인 공공건축 설계에서 이루어내야 할 성과의 유력한 수단으로 활용해야 한다.

설계 없는 공공공간—
삭막함과 민망함은 시민의 몫

설계와 계획은 무엇이 다를까

건축을 복사용지 구매나 단순노동쯤으로 취급하는 한국 사회의 태도는 건축물을 넘어 전체 도시공간 생산에 만연해 있다. 아예 설계 없이 일을 해치우는 경우도 허다하다. 하긴 건축의 가치와 설계의 가치를 모르는 사회라면 이 지경에 이르는 것은 당연한 수순이다.

　　모든 도시공간은 공공공간과 사적 공간으로 구분된다. 도로, 광장, 공원은 대표적인 공공공간이다. 시청, 구청, 주민센터, 우체국, 파출소, 예술의 전당, 국립현대미술관 등 공공건축물 역시 공공공간이다. 공공공간이 도시의 외부공간과 공공건축물로 이루어지는 반면 사적 공간은 대부분 건축물이다. 도시를 가득 메운 건축물들 중 공공건축물을 제외한 모든 건축물이 여기에 해당된다.

　　건축물은 건축 설계를 통해 설계되지만 건축물이 아닌 공공공간, 즉 도로, 광장, 공원은 도시계획에서 그 골격이 결정된다. 판교신도시, 화성 동탄신도시 같은 신도시 개발이든 길음동 재개발, 황학동 재개발 같은 기성도시 재개발이든 마찬가지다. 신도시는 '개발계획'이라는 이름으로 재개발은 '정비계획'이라는 이름으로 도시계획이 수립된다. 건축사업을 위해서는 건축 설계용역이 발주되듯이 신도시 개발이나 재개발 사업을 위해서는 개발계획이나 정비계획 용역이 발주된다.

　　그런데 개발계획, 정비계획은 '설계'라 하지 않고 '계획'이라고 한다.

도시계획도 결국은 도시공간을 만드는 일 아닌가. 그렇다면 도시계획과
도시설계는 무엇이 다를까. 건축계획과 건축 설계는? 국어사전에서 '계획'과
'설계'를 찾아보아도, 영영사전에서 'planning'과 'design'을 찾아보아도 별
도움 될 만한 정보가 없다. 네이버에 계획과 설계의 차이를 묻거나 구글에
difference between planning and design을 물어보면 이런저런 대답들이
잔뜩 올라온다. 두 개념의 차이를 명확히 알고 싶어 하는 사람들이 그만큼
많다는 이야기다. 그런데 대답들이 신통치 않다. 두 단어의 개념 차이가
명확하게 정의되지 않은 채 사용되고 있어서다.

　　나는 계획과 설계를 이렇게 구분한다. 계획은 '자원의 양적 배분에 관한
의사결정'이고 설계는 '형상에 관한 의사결정'이다. '인구계획'이라고 하지
'인구설계'라고 하지 않는다. 인구를 자원으로 보고 그 양에 대한 예측과
조절을 구상하고 결정하는 행위이기 때문이다. 이에 비해 설계는 구체적인
형상을 결정하는 행위다. '자동차 설계'라고 하지 '자동차 계획'이라 하지
않는다.

　　건축 설계는 건축물의 구체적인 형상을 결정하는 행위다. 공간의
크기는 물론 형상도 정하고 어떤 재료로 어떤 질감을 표현할지도 결정한다.
한편 건축계획은 얼마만한 크기의 창고가 필요한지 전시공간은 어느
정도 면적으로 어느 층에 두어야 배치해야 하는지를, 즉 공간(자원!)의
배분을 결정하는 행위다. 다른 말로 스페이스 프로그램(space program)을
결정하는 행위다. 통상 건축계획을 먼저 하고 건축 설계가 뒤따른다.
물론 건축 설계를 진행하다가 건축계획을 변경하는 피드백(feedback)이
반복되긴 하지만.

　　놓치지 말아야 하는 점은 계획 단계에서 설계적 상상력이 매우
중요하다는 것이다. 도시든 건축이든 계획행위와 설계행위가 순차적으로
진행되는 작업에서는 모두 그렇다. 계획 단계에서 최종 결과물의 모습을
상정하는 것은 불가피할 뿐 아니라 필요한 일이다. 그래야 계획이 가능하다.
추석 상차림이나 잔칫상 차림을 계획할 때를 생각해보라. 수육, 잡채,

해물찌개…. 음식 메뉴를 헤아리면서 비용을 가늠할 때, 구체적인 음식의 형상과 이것이 상에 놓일 모양새를 예상하는 것은 당연하다. 그러지 않고서는 상차림 계획 자체가 불가능하다. 그러나 계획이 끝나고 구체적인 장보기 단계에서는 다른 결정들이 개입한다. 이번 잡채는 시금치를 덜 넣고 느타리버섯을 넣어서 다르게 보이게 해봐야지. 이번 해물찌개는 냉동새우가 아니라 생새우와 꽃게로 풍미를 살려볼까…. 요리마다의 구체적 내용과 모양이 결정되고 상차림 계획도 달라진다. 심지어 조리를 하는 와중에 다른 재료가 추가되기도 한다. 이것이 설계 단계다.

요리(설계)를 전혀 모르는 사람이 상차림 계획을 한다면 어떤 일이 벌어질까. 잡채는 항상 채 썬 돼지 앞다리 고기와 시금치와 양파로만 만들어지고 해물찌개는 항상 냉동새우와 바지락과 홍당무와 쑥갓으로 만들어질 것이다. 도시계획도 마찬가지다. 도시공간과 건축물의 형상과 분위기에 대한 상상력이 없는 사람이 도시계획을 한다면 도시설계나 건축 설계 단계에서 할 수 있는 일은 크게 제약된다. 상차림 요리야 조리 중에라도 재료를 바꿀 수 있지만 도시공간은 도시계획 단계에서 정해진 내용을 설계 단계에서 되돌린다는 것은 불가능에 가깝다.

도로에도 설계가 필요하다

도시계획은 '설계'가 아니라 '계획'이다. 도시의 자원인 토지를 어느 용도로 어디에 얼마만큼 배분해야 하는가를 결정하는 행위다. 개발계획도나 정비계획도를 보면 알 수 있다. 토지의 용도별로 위치와 면적을 정해 그 경계를 구분해 놓았을 뿐이다. 도로의 폭과 위치, 차로 수(2차선 도로인지 4차선 도로인지)는 알 수 있지만 그 도로에 차로와 보도가 어떤 형상으로 나뉘는지는 알 수 없다. 어떤 가로수가 어디에 얼마만큼 심기는지도 알 수 없고 보도가 화강암 판석으로 포장되는지 시멘트벽돌로 포장되는지도 알 수 없다. 개발계획에서는 도로의 폭과 위치, 차로 수만 결정할 뿐 구체적인 형상은 정하지 않기 때문이다. 설계가 아니라 계획이기 때문이다.

문제는 여기서부터다. 도시계획 이후에 도로의 구체적인 형상을 결정하는 설계과정이 없다. 그냥 토목 실시설계로 넘어간다. 실시설계란 기본설계가 이루어진 다음에 시공을 위한 도면을 작성하는 설계다. 이 역시 형상을 결정하는 설계이긴 하지만 지극히 기술적인 과정이다. 예를 들어 보도에 화강암 판석을 깔 때 판석 밑에 모래층 두께를 몇 mm로 깔고 판석과 판석 사이의 줄눈을 몇 mm 띄울 것인가를 결정하는 설계다. 이런 세세한 기술적 사항을 결정하기에 앞서 차로와 보도의 형상과 재료를 결정하는 단계가 있어야 함은 당연하다. 보도가 어떻게 생겼는지를 알아야, 포장 재료가 화강암 판석인지 시멘트 벽돌인지 알아야 이것을 어떤 모양으로 어떻게 깔 것인가를 결정할 수 있을 테니 말이다.

예를 들어 폭 25m 도로를 만든다고 하자. 도시계획에서는 폭 25m라는 것과 차로가 4차선이라는 것 이외에는 결정하지 않는다. 도로의 구체적인 모습은 설계 단계에서 결정한다. 차로당 폭원을 3.25m로 잡아 4차선이면 차도 폭이 13m이므로 보도 폭은 12m다. 이를 덕수궁 돌담길처럼 차도가 구불구불하고 보도가 양쪽에서 넓어졌다가 좁아졌다가 하며 변화하는 가로공간으로 만들 것인지, 보도와 차도 사이에 녹지대를 둘 것인지 말 것인지, 둔다면 폭을 얼마로 하고 높이를 얼마로 할 것인지, 바닥 포장은 어떤 재료로 어떤 패턴으로 할지 등등. 고민하고 결정할 일이 한둘이 아니다. 이런 것들을 결정하는 설계과정을 실시설계와 구분하여 기본설계라고 한다. 기본설계로 형상과 재료가 결정된 이후에 이를 시공작업으로 구현하기 위한 상세하고 기술적인 설계를 하는 과정이 실시설계다.

그러나 개발계획이나 정비계획에서 결정된 도로 '계획'은 이렇다 할 기본설계 없이 곧장 실시설계로 넘어간다. 그러면 기본설계에서 결정해야 할 도로 형상과 재료는 누가 결정할까? 걱정 마시라. 토목설계에서 관행으로 사용하는 메뉴가 준비되어 있다. 개발계획에서 폭 25m 4차선 도로를 계획했다면 이것을 받아 실시설계를 수행하는 엔지니어들은 몇 가지 표준설계들을 갖고 있다. 물론 성능이나 비용 면에서 기술적으로 검증된 설계들이다. 하지만 문제는 이들이 어떤 도로에나 항상 똑같은 모습으로 적용되는 표준설계라는 점이다. 25m 도로에 4차선이라면 차도는 13m, 차도와 보도 사이에는 보행자 안전을 위한 쥐똥나무 식재대 1m, 그러면 10m가 남으니 보도는 한쪽에 5m씩…. 차도는 아스팔트 포장, 차도와 보도 사이에 15cm 높이의 화강암 연석(curb), 보도포장은 시멘트 컬러 벽돌…. 미리 정해진 표준설계대로 일사천리다.

똑같은 25m 폭 4차선도로라도 S 커브 시케인(chicane)으로, 포켓 주차공간을 갖는 도로로, 또는 한쪽 보도가 넓은 길로 만들 수 있다. 2차선도로가 25m 폭일 수도 있어야 한다. 장소에 따라서는 보도를 넓게 해서 공원 같은 길을 만들어야 할 때도 있지 않겠는가. 계획 단계에서 25m 4차선도로로 계획되었다 해도 설계 단계에서 필요하다면 보도를 늘려서 28m 도로로 만드는 일도 가능해야 한다. 그러려면 계획 단계에서부터 다양한 설계 단계의 결정 자유도를 고려해야 한다. 이는 결국 계획자에게 설계적 상상력이 필수적인 능력임을 뜻한다. 설계적 상상력이 없는 계획자가 계획한 도로와 도시는 '붕어빵'일 수밖에 없음을 뜻한다. 붕어빵 같이 찍어내는 우리의 도로설계는 바로 설계적 상상력 없는 도시계획이 빚어낸 결과임을 뜻한다.

눈살 구기는 못난이 가로시설물

가로공간에 못지않은 '설계 부재'의 희생양은 가로에 설치되는 각종 가로시설물들이다. 가로등, 안전난간, cctv, 교통신호등, 교통안내 표지판, 보행안내 표지판, 쓰레기통…. 이들 가로시설물은 물품제조구매로 조달한다. 이때 따로 디자인 용역을 발주하는 경우는 거의 없다. 그냥 물품제조구매

시각환경을 어지럽히는 가로시설물.

입찰이 진행된다. 가로시설물의 형상은 제작·납품업체에서 제시하는 A형, B형, C형 중 선택하는 경우가 대부분이다

선택은 발주 담당 공무원의 선호도에 따라 결정된다. 간혹 기관장(시장, 군수, 사장 등)이 직접 선택하는 경우도 있다. 문제는 많은 경우 이분들의 선택이 '디자인의 원리나 원칙에 대해 안목이 없다'고 할 수밖에 없는 선택이라는 점이다. 인기 품목은 가로등이다. 지방정부 상징물인 우스꽝스러운 캐릭터 그림으로 장식한 가로등이 수백 미터 줄지어 선다. 그것도 길 양쪽으로. 전통한옥이 있는 지역이라면 여지없이 청사초롱 가로등이 등장하고 바닷가 공원이나 교량이라면 십중팔구 갈매기 모양 가로등이 등장한다. 초등학교나 어린이집 주변 도로에 설치하는 안전난간도 만만치 않다. 난간 칸칸이 알록달록한 문양이나 지방정부 표지가 그려져 있다.

가로등이나 안전난간에 '상징성'을 부여하여 가로 경관의 주인공으로 삼으려는 것 자체가 어림없는 짓이다. 간판들로 가뜩이나 어지러운 가로의 시각환경을 더 어지럽힐 뿐이다. 이런 가로시설물들은 대부분의 경우 가급적 눈에 안 띄는 것이 좋다. "가로등 중에서는 고속도로 흰색 가로등이 가장 낫다"라는 말이 괜히 나오는 게 아니다.

공간환경의 질이 곧 삶의 질이다

그런데 왜 그분들, 공무원들은 그런 요란한 것을 고를까? 디자인에 대한 안목이 없어서? 자신이 안목이 없다고 생각한다면 다른 사람에게 선택을 부탁할 것이다. 건축위원회, 디자인위원회 등 주변에 전문가들이 좀 많은가. 그런데 그러지 않는다. 자신들이 선택한다. 그렇다면 이유는 하나밖에 없다. 그분들은 그것이 아름답다고 생각하고 느끼기 때문일 것이다. 이를 잘못이라 할 수 있을까? 자신이 아름답다고 느낀다는데?

사실 아름다움에 대한 태도는 극히 상대적인 것이다. 무엇을
아름답다고 느끼는가는 개인마다 사회마다 다르고 시대에 따라서도
달라진다. 우리는 전통 한옥이나 사찰을 보면서 오랜 시간이 지나 퇴락한
목재에서 미감을 느낀다. 자신을 내세우지 않고 자연의 일부가 된 듯한
초연함이랄까. 그 은은함을 한국 건축의 아름다움이라고 생각하고 또
그렇게 느낀다. 새로 지은 한옥의 깨끗한 기둥과 마루, 서까래를 볼 때
그런 미감은 느껴지지 않는다. 그런데 옛날에 한옥을 새로 짓고 사용하던
선인들은 어땠을까. 새로 지은 집이니 당연히 기둥이나 마루판 목재가
깨끗할 것이고 모르긴 해도 기름칠도 했을 것이다. 사찰이라면 단청으로
정성스럽게 단장했을 것이다. 그들 역시 이를 자연스럽지 않다고, 멋스럽지
않다고 생각했을까? 이 집이 빨리 퇴락해서 '자연스러운 아름다움'을 갖게
되기를 기다렸을까? 그들이 퇴락한 목재에서 아름다움을 느꼈다면 기둥에
기름을 칠했을 리 없고 지붕 밑을 단청으로 장식했을 리 없다.
  비슷한 예는 서양에서도 찾을 수 있다. 18세기 신고전주의자들이
'백색의 고귀한 단순함'으로 찬미해 마지않던 고대 그리스 건축이
사실은 울긋불긋 채색이 되어 있었음은 잘 알려진 사실이다. 고대
그리스인의 '아름다움'과 18세기 신고전주의자들의 '아름다움'이 전혀
달랐다는 이야기다. 우리가 전통건축에 대해 갖는 아름다움의 감정을
신고전주의자들은 백색으로 남은 고대 그리스 건축에 대해 가졌던 것이다.
결국 한국이건 유럽이건 선인의 미감과 우리의 미감이 다르다는 이야기다.
사실 이런 복잡한 이야기가 아니더라도 사회마다 시대마다 아름다움에
대한 기준이 다르다는 것을 누구나 알 수 있게 해주는 것이 '미인'에 대한
기준 차이다. 조선시대나 고대 중국의 미인은 오늘날의 미인 기준과는
다르게 눈이 가늘고 살집이 좋은 여인이었음은 흔히 듣는 이야기다.
사회마다 시대마다 미감이 다르다는 것이다. 개인들도 마찬가지다. '제 눈에
안경'이란 말이 괜히 나왔을까.
  개인이나 사회마다 아름답다고 느끼는 특질이 다른 이유, 시대에 따라

아름다움에 대한 판단 기준이 변하는 이유는 무엇일까. 알랭 드 보통은 이렇게 설명한다. "우리가 개인적으로, 또는 사회가 전반적으로 갖지 못한 특질들을 집중적인 형식 안에 포함하고 있는 것을 찾아낼 때마다 그것을 아름답다고 부르게 된다."[11]

즉 매일의 생활 속에 결핍된 특질들을 만날 때 우리는(개인 차원에서 또는 사회 차원에서) 그것을 아름답다고 느낀다는 것이다. 이에 따른다면 공무원이 장식적이고 직설적인 상징 형태를 선호하는 것은 그들의 일상을 감싸고 있는 일과 환경이 사무적이고 효율 지상적이라서(진짜 효율적인가는 별도 문제다) 잉여의 장식이나 감성을 허용치 않는 속성을 갖기 때문이다. 즉 그들은 잉여의 장식이나 감성적이고 직설적인 상징이라는 속성이 결핍된 일상을 반복하고 있고, 이 때문에 장식적이고 상징적인 디자인에서 아름다움을 느낀다 할 수 있다. 지방 도시 어귀마다 고추나 사과 상징물이 넘쳐나는 이유, 청사초롱이나 갈매기 장식 가로등이 줄지어 서는 이유, 버섯 모양 버스정류장이 세워지는 이유다. 이에 비해 전문 디자이너나 건축가의 일과 일상은 수많은 장식과 상징 속에서 이루어지므로 이들은 미니멀하고 비장식적인 속성을 선호한다고 해석할 수 있을 것이다. 물론 여기에는 근대적 디자인 훈련의 영향이 작용했겠지만 말이다. 이 때문에 전문 디자이너의 미감보다는 공무원의 미감이 일반 시민에 가깝고 시민들도 이런 디자인을 더 좋아한다는 주장조차 있다.

이야기가 조금 다른 곳으로 샜지만, 설사 사정이 그렇다고 해서 공무원이 가로시설물 디자인을 선택하는 것이 별 문제없다고 할 수는 없다. 일반 시민들의 미감이 공무원들의 미감과 가깝다고 할 근거도 없으려니와 더 중요한 점은 개별 물품의 디자인과 공간환경의 디자인은 다르다는 것이다. 건축물이나 가로시설물은 특정한 장소에 자리 잡는 사물을

---

11   알랭 드 보통, 『행복의 건축』, 정영목 옮김, 이레, 2007, 163쪽.

대상으로 하는 설계(디자인)다. 선풍기나 냉장고, 또는 자동차나 옷처럼 장소와 관계없이 존재하는 물품 설계와는 다르다. 사물이 놓이는 장소의 상황과 여건이 설계 조건으로 주어지기 때문이다. 바닷가에 짓는 집과 산속에 짓는 집이 같을 리 없고, 가회동 한옥마을에 짓는 집과 압구정동에 짓는 집이 같을 리 없음을 생각해보라. 바로 이러한 '맥락(context) 속에서 사물을 설계'하는 것이 전문 설계자의 직능이다. 더욱이 공공의 환경을 다루는 일 아닌가. 전문 설계직능은 이런 일을 하기 위해 존재하는 것이다. 우리 사회가 합의하고 인정한 전문직능을 제치고 공무원과 제조업자가 공공의 환경과 미의식을 좌지우지하는 것은 위험하다. 물론 설계 전문가 그룹의 미의식에 대한 논란은 개방되어야 하고 시민들의 미의식과 끊임없는 피드백을 유지해야 하겠지만 말이다.

가로등이나 안전난간 따위의 반복해서 늘어서는 가로시설물은 가급적 눈에 안 띄도록 디자인하는 것이 좋다. 물론 특별한 디자인의 가로등이 주변과 적절하게 어울리는 경우가 없지는 않을 것이다. 그러나 이런 경우는 극히 드물다. 길을 따라 연속해서 늘어서야 하는 이 시설물이 서로 다른 건축물과 간판, 가로수 등으로 붐비는 길에 어울리도록 디자인하는 것은 쉬운 일이 아니다. 더욱이 그것이 들어설 가로의 맥락, 그것이 들어설 주변 건물과 도로 상황을 고려치 않는 사회에서는 더욱 그렇다.

빨간 고추를 달아매고 줄지어 선 가로등이, 유치한 상징 캐릭터가 칸칸이 그려진 안전난간이 우리 도시를 번잡하게 채우고 있는 것은 바로 이 때문이다. 길의 생김새와는 무관하게 가로등 디자인을 골라 뽑기 때문이다. 오늘도 아빠들은 이런 길을 지나서 출근하고 아이들은 이런 길을 걸어서 학교에 간다. 이 모든 것이 설계 없는 사회가 만들어낸 환경이다.

창의성 죽이는 어린이놀이터

다 똑같은 어린이놀이터

설계 없는 사회가 만든, 지금도 여전히 만들어내는 중인 또 하나의
참상은 어린이놀이터다. 한국 어린이놀이터는 모두 똑같다. 미끄럼틀 몇
개를 조합한 '조합놀이대'가 중앙에 배치되고, 주변에 그네, 시소, 그리고
고만고만한 몇 개의 놀이기구. 바닥은 모래밭이거나 재생 고무매트. 어디를
가나 똑같다. 서울부터 제주까지. 달동네부터 신도시 아파트단지까지. 물론
'다르게' 생긴 놀이터가 아주 없는 것은 아니다. 하지만 아주 드물다. 운이
좋아야 마주칠 수 있고, 십중팔구 인터넷에 '색다른' 놀이터라고 소개된다.
놀이터는 다 똑같기 마련인데 '다른' 놈이 있으니 남들에게 알리고 싶은
것이다.

이상하다 못해 신기한 일이다. 어떻게 이리 다들 똑같을까. 전국에
어린이놀이터가 수만 개가 있을 테고 모두 한 업체에서 설계하고
시공하는 것도 아닐 텐데 말이다. 여기에는 분명 이유가 있다. 틀림없이
어린이놀이터는 똑같이 만들어야 한다는 법이나 기준이 있을 것이다.
그렇지 않고서야 이럴 수가 없다.

사실이다. 이 일의 연원을 살피려면 1972년 제정된 「주택건설촉진법」이
전면 개정된 1977년으로 거슬러 올라가야 한다. 당초 주택 건설 촉진을
위해 주택 건설 자금 마련과 주택건설업체들에 대한 지원을 목적으로
제정된 이 법은 건설업체의 아파트 건설이 급증하던 시기인 1977년 12월

전면 개정된다. 건설업체들의 주택건설 사업이 증가하면서 사업계획의
내용, 분양 방법, 건설 품질 등을 관리해야 할 필요성이 커졌기 때문이다.
「주택건설촉진법」 전면 개정에 뒤이어 '주택 공급에 관한 규칙'(1978년 5월
제정), '주택건설 기준에 관한 규칙'(1979년 4월 제정)이 잇달아 제정되었다.
법률 이름이 말해주듯이 전자는 주택 분양 방법을 규정한 것이다.
청약예금 1순위, 2순위 등의 용어가 생겨난 것이 이 법 때문이다.

　　한편 '주택건설 기준에 관한 규칙'은 건설업체가 짓는 주택이나
아파트단지가 날림으로 지어지지 않도록 건축 기준 및 시설 기준을
규정한 법이다. 이 법은 제정 당시에는 주로 주택 내부공간과 자재의
기준을 규정하는 법이었으나 1979년 8월 대폭 개정되면서 아파트단지가
갖추어야 할 각종 부대복리시설의 설치 기준을 규정하기 시작하였다. 바로
여기에 어린이놀이터 설치 기준이 포함된다. 어린이놀이터는 "1개소의
면적이 150m² 이상이고 폭이 9m 이상"이어야 하며, "주변에는 상록수를
식재하여 차폐가 되도록 하여야 한다"는 규정이 이때 시작되었다.

　　이러한 설치 기준과 함께 이 법에서는 어린이놀이터에 설치해야
할 놀이시설까지 상세하게 규정한다. 그네, 미끄럼대, 철봉 등의 종류와
개수는 물론 '높이 2m 이상인 3인용', '미끄럼대의 활주면 너비 0.5m
이상', '5인용 긴 의자' 등 시설별 규격까지도 상세하게 '지시'하고 있다. 이
놀이시설 기준은 1985년 대동소이한 내용으로 일부 개정된 채 지속되다가
1991년 여러 법률의 관련 규정들을 통합한 '주택건설 기준 등에 관한
규정'이 새로 제정되면서 '주택건설 기준에 관한 규칙'과 함께 폐지되었다.[12]

　　놀이시설 종류와 규격까지 세세히 규제한 설치 기준이 시행된 기간은

12　이로써 놀이시설 기준은 사라졌지만 어린이놀이터 설치 기준은 새로 제정된
　　'주택건설 기준 등에 관한 규정'에 다시 담겨서 이어져왔다. 이 조항은 2013년 6월
　　주민공동시설 총면적만 규제하고 시설 종류는 규제하지 않는 방식으로 바뀌면서
　　비로소 사라졌다. 한편 1991년 4월 폐지된 '주택건설 기준에 관한 규칙'은 같은 달

시설의 종류	설치 기준
그네	- 단지 안의 주택의 규모가 100세대 이하인 경우에는 1조(높이 2m 이상인 3인용을 말한다. 이하 같다) 이상 - 단지 안의 주택의 규모가 100세대를 초과하는 경우에는 1조에 100세대를 초과하는 200세대 이내마다 1조의 비율로 가산한 조수 이상
미끄럼대	- 단지 안의 주택의 규모가 100세대 이하인 경우에는 1대(높이2m 이상, 상계판의 넓이 2m^2 이상, 활주면의 너비 0.5m 이상, 착지판의 길이 0.6m 이상, 활주면 2개 이상의 것을 말한다. 이하 같다) 이상 - 단지안의 주택을 규모가 100세대를 초과하는 경우에는 1대에 100세대를 초과하는 200세대 이내마다 1대의 비율로 가산한 대수 이상
철봉	- 단지 안의 주택의 규모가 100세대 이하인 경우에는 1조(대 중 및 소형 철봉을 갖춘 것을 말한다. 이하 같다) 이상 - 단지 안의 주택의 규모가 100세대를 초과하는 경우에는 1조에 100세대를 초과하는 200세대마다 1조의 비율로 가산한 조수 이상
모래판	- 그네, 미끄럼대 및 철봉의 주변에는 두께 0.3m 이상
씨이소오	- 단지 안의 주택의 규모 300세대마다 1조의 비율로 산정한 조수 이상
공중변소	- 어린이놀이터로부터 100m 이내의 위치에 수세식 공중변소(대변기 1개, 소변기 2개 및 세면기 1개 이상을 갖춘 것) 1개 이상
음수기	- 1개소의 놀이터마다 음수기 1개 이상
의자	- 1개소의 놀이터마다 5인용 긴 의자 6개 이상

[표 6] '주택건설 기준에 관한 규칙'에서 규정한 놀이시설의 설치 기준(1979년 8월 22일 신설)

1979년부터 1990년까지인 셈이다. 이 기간은 아파트건설이 본격적으로 진행된 시기로서 소위 '아파트단지 설계규범'이 정착한 시기다. 1970년대만 해도 아파트단지 설계와 건설을 처음 해보는 건설업체가 대부분이었지만 이 시기를 지나면서 "아파트단지란 이렇게 설계하는 것"이라는 규범, 또는 관행이 자리 잡은 것이다. 이 시기에 어린이놀이터 역시 '설계규범'이 굳어졌고 여기에는 법이 강제한 '놀이시설 설치 기준'이 강력한 결정요인으로 작용했다.

'주택건설 기준 등에 관한 규칙'이라는 유사한 이름으로 다시 제정되었다. 이 법은 주로 주택용 건축자재를 관리하는 내용으로 바뀌었다.

이 기준이 폐지되기 전인 1980년대 말경 나를 비롯한 젊은 연구원들은 이런 경직된 기준을 강제하는 일의 불합리성을 성토하곤 했다. 이 법을 관장하는 국토교통부(당시 건설부) 공무원과 다른 회의를 하던 중에도 이 이야기가 나온 적이 있다. 당시 그의 대답은 "불가피하다"였다. 경직된 규제로 다양성을 해치는 문제가 있다는 것을 알지만 이런 규제가 없으면 그나마도 설치하지 않는 불량 업체들이 많다는 것이다. 문제가 있는 줄 알지만 더 큰 문제를 막기 위해 할 수 없다는 이야기다. 납득할 만한 딜레마였다. 빠른 속도로 성장한 우리 사회가 곳곳에서 겪는 문제가 여기서도 벌어졌던 것이다.

어쨌든 이것이 우리 사회 어린이놀이터가 하나같이 똑같은 모습을 하고 있는 이유다. 무슨 이야기냐고? 강제 규정은 1991년에 없어졌다면서 20년 넘게 지난 지금까지도 어떻게 이것이 이유가 될 수 있냐고? 어린이놀이터가 참극인 것은 바로 그래서다. '불가피하게' 강제했던 규제가 사라졌음에도 여전히 '똑같은 놀이터 만들기'가 계속되고 있기 때문이다.

놀이터에도 설계 경쟁이 필요하다

지금도 주변의 놀이터를 유심히 살펴보면 대부분 여전히 옛날 그 기준에 따르고 있음을 쉽게 알 수 있다. 미끄럼틀과 그네의 색깔이나 모양이 조금씩 바뀌었을 뿐이다. 어느 놀이터나 정해진 듯한 네댓 가지 놀이시설이 배치되어 있기는 마찬가지다. 규제도 없는데 왜 하나같이 똑같은 놀이터를 만들고 있을까?

우선 생각해볼 수 있는 이유는 놀이시설의 획일화 경향이다. 앞에서 말한 10여 년간의 놀이시설 규제는 당연히 놀이시설 제품시장에 결정적 영향을 미쳤을 것이다. 모든 아파트단지가 그네, 미끄럼틀, 철봉 등 법에서 정한 놀이시설을 법에서 정한 규격대로 설치했을 테니 놀이시설

제품시장 역시 이들 제품으로 종류가 한정되었을 것이다. 여기에 또 하나의 제약조건이 더해진다. 놀이시설 안전인증!「어린이놀이시설 안전관리법」이라는 법이 있다. 이 법에 따라 어린이놀이터의 놀이시설은 안전인증을 받은 제품만 설치할 수 있다.[13]

몇 번인가 어린이놀이터 설계가 진행되는 과정을 옆에서 지켜볼 기회가 있었다. 설계도에 구태의연한 놀이시설이 등장하는 것을 볼 때마다 "왜 이런 것밖에 없느냐", "외국에 가면 자연지형을 이용하거나 수목을 이용하는 등 참신하고 아이들의 감성을 자극할 만한 놀이시설들이 많던데 이런 건 왜 안 되느냐"는 이야기들이 나오곤 한다. 그때마다 설계 실무자들의 대답은 한결같다. "안전인증 받은 제품 이외에는 설치할 수 없다", "그런 제품이 없을 뿐 아니라 설사 있더라도 안전인증을 받지 않았다면 설치할 수 없다".

안전! 물론 중요하다. 그러나 '안전'이 놀이터의 목적은 아니다. 그것은 갖추어야 할 조건일 뿐이다. 놀이터가 필요한 이유는 성인에게 여가공간이나 생활체육공간이 필요한 이유와 같다. 놀이터는 어린이들의 여가생활을 위한 공간이다. 아이들의 발랄한 신체와 정신이 발산하는 호기심과 욕망하는 재미를 충족시켜주고, 그 과정에서 다른 아이들과의 교류를 경험토록 하는 것이다. 그러나 현실은 '안전인증'이 목적이 되어버린 채 놀이터 설계를 옴짝달싹 못 하게 만들고 있다. 본말전도에 주객전도다.

그러나 놀이시설 제품이 다양하지 못하고 안전인증이 문제를 더 어렵게 만든다는 것이 놀이터 획일화의 진짜 이유라고는 할 수 없다. 특정 놀이시설을 지정하는 법규가 사라진 지 25년이 지났는데 아직도 그 옛날의

---

13 「어린이놀이시설 안전관리법」제11조는 "어린이놀이시설을 설치하는 자(이하 "설치자"라 한다)는 「어린이제품 안전 특별법」제17조에 따라 안전인증을 받은 어린이놀이기구를 국민안전처장관이 고시하는 시설 기준 및 기술 기준에 적합하게 설치하여야 한다"고 규정하고 있다.

놀이시설들만 생산되고 있다니. 그동안 한국 경제가 천지개벽을 할 정도로 달라졌는데 유독 어린이 놀이시설 시장만 변하지 않았다는 건 뭔가 이상하다. 안전인증 문제도 마찬가지다. 안전인증 자체가 제품 다양화를 방해하지는 않는다. 자연지형을 이용하고 수목을 이용한 놀이시설을 만들어서 안전인증을 받으면 될 텐데 왜 놀이시설 시장에서는 그런 '상품경쟁'이 벌어지지 않는단 말인가.

바로 이거다. 놀이시설 시장에서는 다양한 놀이시설을 개발하여 판매 경쟁을 하는 '상품경쟁'이 벌어지지 않는다는 것, 이것이 어린이놀이터 획일화의 진짜 이유를 찾아야 할 대목이다. 다양한 제품이 나오지 않는데 무슨 재간으로 놀이터를 다양하게 설계할 수 있을까.

왜 그럴까. 왜 놀이시설 시장은 상품경쟁이 치열하지 않을까. 답은 어린이놀이터 설계다. 어린이놀이터가 설계 없이 만들어지기 때문이다. 아니 '설계가 없다'고는 할 수 없다. '설계가 없다 해도 과언이 아닐 정도의 수준이다'라고 해야 한다. 그저 미끄럼틀, 그네, 시소를 기계적으로 조합하고 놀이터 둘레에 안전난간 삼아 관목으로 차폐 식재를 하는 것이 어린이놀이터 설계다. 옛날 법규가 하라던 것을 그대로 반복 중이다. 그나마 옛날의 미끄럼틀이 조금 더 복잡해진 '조합놀이대'로 바뀌고 시소나 그네의 재료가 달라지고 만화 캐릭터로 장식된 형태로 바뀌었다는 것이 변화라면 변화겠다. 설계자가 매번 똑같은 종류의 놀이시설들만 배치하고 그것들만 주문하는데 놀이시설 제작업체들이 다양한 제품을 개발할 이유가 없다.

어린이놀이터 설계는 왜 이렇게 무성의하고 기계적으로 이루어질까. 이유는 간단하다. 어린이놀이터 설계는 설계의 질적 수준에 따른 경쟁으로 설계자가 정해지지 않기 때문이다.

어린이놀이터는 대부분 아파트 단지 안에 만들어진다. 아파트단지 설계는 건축 설계사무소에서 하지만 아파트단지 내 녹지·휴게시설·어린이 놀이터 등 조경설계는 건축 설계사무소로부터 하도급을 받은 조경설계

프랑스 니스의 자연목을 재료로 한 어린이놀이시설.
한국에는 이런 놀이시설을 설치할 수 없다. '안전인증' 제품이 없기 때문이다.

업체에서 맡는다. 신도시 개발이나 주택재개발사업 같이 여러 개의 주거단지를 포함하는 개발사업에서는 아파트단지 밖 도시 공공공간인 어린이공원14 안에도 어린이놀이터가 만들어진다. 이런 개발사업에서는 공공공간에 속하는 모든 공원·녹지에 대한 조경설계 일체를 하나로 묶어서 조경설계업체에게 맡긴다. 개발계획 용역을 수행하는 도시계획 업체가 조경설계만 따로 하도급을 주는 경우가 대부분이다.

문제는 아파트단지 설계든 신도시 개발계획이든 이 조경설계 업체가 정해질 때 어린이놀이터 설계 내용은 언급조차 되지 않는다는 것이다. 전체 조경설계 일거리 중 어린이놀이터는 비중이 작기 때문이다. 어린이놀이터 설계를 아무리 잘한다 한들 설계시장 경쟁력에 도움이 안 되는데 누가 어린이놀이터 설계에 신경을 쓰겠는가. 그냥 한 귀퉁이에 어린이놀이터 자리만 표시해놓으면 그뿐이다. 그리고는 수십 년 전부터 하던 대로 해치운다. 붕어빵 찍어내듯이. 우리 아이들이 여전히 70년대 놀이터에서 노는 이유다.

기적의 놀이터가 더 많아지려면

최근 '다른' 놀이터들이 하나둘 생겨나고 있다. 수년 전에 아파트단지 개발사업의 고급화 전략 속에 서울 강남 한 아파트단지에서 놀이터를 에버랜드 캐리비안베이풍의 물놀이장으로 만든 사례가 있으나 이 '사건'은 어린이놀이터의 새로운 시도라기보다는 보편화되기 힘든 고급 상품전략으로 읽는 것이 적당하다. 이런 고급 상품이 아닌, 공공 어린이놀이터에 등장한 주목할 만한 사례들이 있다.

14   도시공원은 규모에 따라 근린공원, 어린이공원, 소공원으로 나뉜다. 어린이공원은
      면적 1,500m² 이상으로 동네 단위로 설치되는 도시공원이다.

서울시 창의 놀이터.

전라남도 순천시 기적의 놀이터.

먼저 서울시의 창의적 어린이놀이터 만들기 사업. 서울시가 노후한 놀이터들을 리모델링해 주민 참여형 놀이터로 만들겠다는 취지로 2015년부터 시작한 사업이다. 놀이터마다 조성 단계에서부터 어린이, 마을활동가 등 이용 주체와 공공이 참여하는 어린이놀이터 운영협의체를 구성해 추진하는데, 2015년 29개소, 2016년 20개소를 완성했다.

순천시의 '기적의 놀이터'는 2016년 1호 놀이터가 완성되면서 전국적인 주목을 끌었던 사례다. 산기슭의 경사지형을 이용해 잔디 미끄럼틀과 땅 속에 묻힌 슬라이더, 펌프 물놀이 길을 만드는가 하면 괴목, 바위, 황토놀이장, 모래사장 등으로 한국 사회에서 그야말로 '기적'이라 할 만한 놀이터를 만들어냈다.

좋은 일이다. 그런데 이 사례들을 어떻게 보아야 할까? 비판이 수십 년 전부터 이어져오는 데도 꿈쩍 않던 어린이놀이터에 드디어 변화의 바람이 부는 걸까? 획일화된 놀이시설 제품시장, 안전인증이라는 제약, 거기다 설계 부재까지 이토록 척박한 여건 속에서 어떻게 이런 일이 가능했을까?

이 성과 뒤에 숨은 문제와 한계를 살펴보자. 먼저 서울시 창의 놀이터 사업은 내용 면에서도 순천 기적의 놀이터에 비해 그다지 혁신적이지 않을 뿐 아니라 사업과정에 관해서도 여러 문제가 제기되고 있다. 가령 설계 및 시공업체 선정과정에서 외국 업체의 놀이기구를 표절했다든가 몇몇 업체가 여러 개 놀이터를 중복해서 수주하는 문제 등이 지적되었다.[15] 어린이놀이터를 놓고 여태껏 해보지 않았던 설계 경쟁을 하고 새로운 설계를 고민하다 보니 불거진 문제다.

순천 기적의 놀이터는 어떨까. 이곳을 방문했을 때 가장 큰 궁금증은 "저 새로운 놀이시설들(잔디 미끄럼장, 지중 슬라이더, 팽나무 괴목, 흔들다리, 펌프 물놀이길, 너럭바위, 황토놀이장)을 어떻게 설치했을까, 안전인증

---

15   「놀이터 심의 위원이 사업 셀프 수주」, 『한겨레』, 2016년 11월 30일.

문제는 어떻게 했을까"였다. 예산이 얼마나 더 들었느냐는 질문도 뒤따랐다.
돌아온 대답은 신선하고도 충격적이었다. 대부분 놀이시설이 아니기 때문에
안전인증을 받지 않아도 되었다는 것이다. 게다가 비싼 놀이시설 구입이
별로 없어서 예산도 더 들지 않았다고 한다. 하긴 산기슭 잔디밭(미끄럼장)이
특별한 '시설물'은 아니다. 너럭바위나 황토밭, 팽나무 괴목이 시설물은
아니다. 아이들은 놀이시설 아닌 자연 속에서 더 즐겁게 노는 법이니.
한마디로 '말 되는' 이야기다.

그런데 이 사례가 쉽사리 확산될 것 같지는 않다. 개별적인 노력으로
제도의 벽을 뚫는 데는 한계가 있다. '기적'은 자주 일어나기 어렵다.
'놀이시설'이 아닌 시설들로 계속 놀이터를 만들어갈 수는 없다. 서울시의
시도가 긍정적이고 한 해 두 해 거듭하면 부작용도 줄어들겠지만 그
부작용들을 뚫고 언제까지 계속 해나갈 수 있을지도 걱정이다.

해답은 제도에서 찾아야 한다. 어린이놀이터 시장이 스스로 좋은
설계와 좋은 어린이놀이터를 향해 작동하는 제도적 여건을 만들어야 한다.
그러려면 무엇보다 어린이놀이터가 설계 경쟁 대상이 되도록 해야 한다. 설계
경쟁에서의 승자가 조경설계와 어린이놀이터 시공을 맡도록 해야 한다. 설계
경쟁은 어린이놀이터 설계에 혁신을 만들 것이고 설계 혁신은 놀이시설과
놀이공간의 혁신으로 이어질 것이다. 「어린이제품 안전 특별법」을 특별히
만들었듯이[16] 조경설계 용역 발주과정에서, 또는 어린이놀이터 시공
발주과정에서 어린이놀이터 설계에 우수한 설계자가 선정되도록 하는
'특별한' 규정을 만들어야 한다. 이것만이 지난 50년간 우리 사회 어린이들을
괴롭혀온 어린이놀이터 잔혹사를 끝낼 수 있는 길이다.

---

16   「어린이제품 안전 특별법」은 2014년 6월 제정되었다. 새로 출시하는 모든 어린이
      제품은 최소한의 안전 기준을 충족해야만 판매가 가능토록 한 법이다. 이전까지는
      어린이용 제품 중 완구, 유모차 등 사고 발생 우려가 높다고 지정된 40여 개 품목에
      대해서만 안전관리 대상을 지정해 관리해왔다.

3부

칸막이 행정

건축과 도시, 칸막이가 자른 그림

분업의 딜레마

공무원 조직이든 민간회사 조직이든 업무별로 부서를 나누기 마련이다.
중앙정부는 국토교통부, 문화체육관광부, 보건복지부 등으로 나뉘고
시청이나 도청도 도시주택국, 문화관광국, 복지여성국 등의 부서들로
나뉘어 있다. 기능별로 일하는 분야가 다르고 대하는 사람들이 다르고
처리해야 할 일이 다르니 당연한 일이다.

그러나 이 분업에는 항상 갈등이 따른다. 세상의 모든 일이 분야별로
나뉘어 벌어지지 않기 때문이다. 주택이 복지와 상관없지 않을 터이고
문화가 여성과 별개 문제일 리 없다. 가령 어린이놀이터 만드는 일은 어떤
부서가 맡아야 할까. 놀이터 설계와 시공발주를 관장해야 하니 도시주택국?
아동 보육행정을 책임지는 복지여성국? 아니면 어린이 놀이시설 안전
문제가 중요하니 안전관리본부?

개인 차원에서는 이런 분업 문제가 일어나지 않는다. 각자 자신이
맞닥뜨리는 복합적인 상황들을 종합적으로 처리하니까. 어린이놀이터
만드는 일도 마찬가지다. 그것이 한 개인의 일로 주어졌다면 맡은 사람은
이 일에 관련된 수많은 복합적 요소들을 파악해가면서 '종합적으로' 처리할
것이다. 일 처리 솜씨가 좋고 나쁨은 사람에 따라 다르겠지만 어쨌든
'처리'할 것이고 그 결과 역시 개인이 '종합적으로' 감당한다. 그러나 여러
사람이 관계하는 일은 사정이 달라진다. 정부든 기업이든 마찬가지다.

매사를 종합적으로 대응하고 처리하는 것은 불가능하다. 조직원 개개인에게 '알아서 하고 책임을 지라'고 할 수는 없는 노릇이다. 책임자급 인력이 통솔하는 팀이 있어야 하고 이 팀들을 관리하는 지휘본부도 있어야 한다. 아주 작은 규모의 회사나 기관이라면 구성원들이 서로 머리를 맞대고 협력하는 방식이 가능할 것이다. 하지만 시청쯤 되는 조직이라면 서로 다른 부서가 머리를 맞대고 협력하는 일은 굉장히 어렵고 드물다. 소규모 창업회사가 승승장구하다가 규모가 커지면 성장세가 멈추고 도태되는 일이 흔한 것은 이 때문이다.

세상의 모든 일은 복합적이고 종합적이다. 문화 따로 복지 따로 교통 따로 분리해서 처리할 수 있는 일이 아니다. 그렇다고 세상 모든 '복합적인 일'들을 매번 종합적으로 대응하고 처리할 수는 없다. 어찌해야 할까. 별 수 없다. 일 처리를 위해서는 일의 종류를 나누어서 담당하고 나누어서 처리할 수밖에. 도시주택국, 문화관광국, 복지여성국….

원래 나누어서 처리할 수 없는 일을 '별 수 없이' 나누어서 처리하고 있을 뿐이니 문제가 없을 리 없다. 눈, 코, 입이 제각각 예쁘다고 미인이 아닌 것처럼 부서별 개개 업무 목표가 합리적이고 충실하다고 해서 전체의 합리성이 확보되는 것은 아니다. 사실 정책과 행정에서 부서별 업무 실적이 목표에 미달해서 문제가 되는 경우는 많지 않다. 진짜 문제는 각각 '따로 노는' 업무 때문에 생긴다. 부서별 업무 목표는 모두 달성되었다는데 정작 주민들이 체감할 만한 효과는 별로 없는 경우가 대부분이다. 부서별로 조각 내서 맡은 업무들이 세상의 복합적인 일에 들어맞지 않기 때문이다.

각자도생할 수밖에 없는 행정 조직

건축과 도시를 다루는 정책과 행정 업무에서도 이러한 분업, 즉 부서별 업무분장 체제가 초래하는 문제가 심각하다. 기본적인 문제는 도시행정과

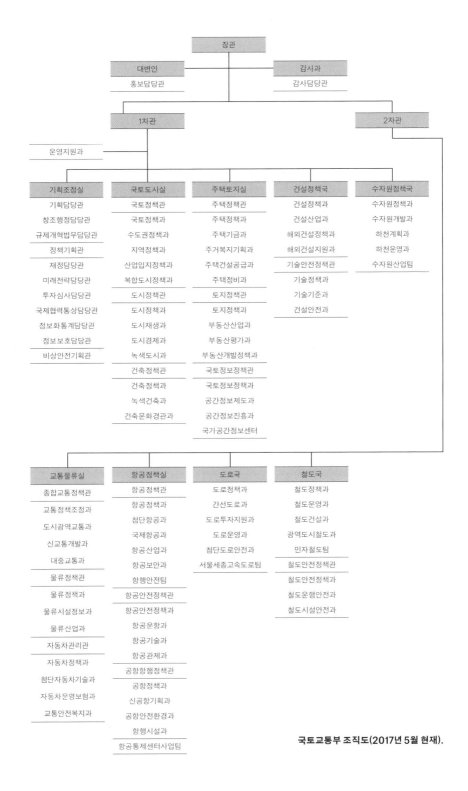

장관

대변인
홍보담당관

감사과
감사담당관

1차관

2차관

운영지원과

기획조정실
기획담당관
창조행정담당관
규제개혁법무담당관
정책기획관
재정담당관
미래전략담당관
투자심사담당관
국제협력통상담당관
정보화통계담당관
정보보호담당관
비상안전기획관

국토도시실
국토정책관
국토정책과
수도권정책과
지역정책과
산업입지정책과
복합도시정책과
도시정책관
도시정책과
도시재생과
도시경제과
녹색도시과
건축정책관
건축정책과
녹색건축과
건축문화경관과

주택토지실
주택정책관
주택정책과
주택기금과
주거복지기획과
주택건설공급과
주택정비과
토지정책관
토지정책과
부동산산업과
부동산평가과
부동산개발정책과
국토정보정책관
국토정보정책과
공간정보제도과
공간정보진흥과
국가공간정보센터

건설정책국
건설정책과
건설산업과
해외건설정책과
해외건설지원과
기술안전정책관
기술정책과
기술기준과
건설안전과

수자원정책국
수자원정책과
수자원개발과
하천계획과
하천운영과
수자원산업팀

교통물류실
종합교통정책관
교통정책조정과
도시광역교통과
신교통개발과
대중교통과
물류정책관
물류정책과
물류시설정보과
물류산업과
자동차관리관
자동차정책과
첨단자동차기술과
자동차운영보험과
교통안전복지과

항공정책실
항공정책관
항공정책과
첨단항공과
국제항공과
항공산업과
항공보안과
항행안전팀
항공안전정책관
항공안전정책과
항공운항과
항공기술과
항공관제과
공항항행정책관
공항정책과
신공항기획과
공항안전환경과
항행시설과
항공통제센터사업팀

도로국
도로정책과
간선도로과
도로투자지원과
도로운영과
첨단도로안전과
서울세종고속도로팀

철도국
철도정책과
철도운영과
철도건설과
광역도시철도과
민자철도팀
철도안전정책관
철도안전정책과
철도운행안전과
철도시설안전과

국토교통부 조직도(2017년 5월 현재).

건축행정이 분리되어 있고, 이에 따라 도시계획과 건축 설계가 분리되어 있다는 것이다. 정부 조직에서 도시계획과 건축 설계는 어느 부서가 담당하는지부터 살펴보자.

우선 중앙정부의 도시-건축 관장 부처인 국토교통부. 부처 이름에서 보듯이 조직은 우선 국토와 교통으로 나뉜다. 1차관이 국토 담당이고 2차관이 교통 담당이다. 도시계획-건축 설계는 1차관 산하 국토도시실이 관장할 것이 틀림없어 보인다(도시계획과 건축 설계가 도로와 관계없이 이루어질 리 없으니 아마도 2차관 쪽에 있는 도로국이 관계하는 부분도 일부 있을 것이다). 국토도시실 하부조직을 살펴보면 도시계획은 도시정책관이, 건축 설계는 건축정책관이 담당하도록 되어 있다. 그런데 옆에 주택토지실이 있고 그 밑에 주택정책관과 토지정책관이 있다. 이들 하부조직을 살펴보면 주택정책관-주택건설공급과가 주택건축을, 주택정책관-주택정비과가 주택정비사업을 관장하고, 신도시 등 도시개발사업은 토지정책관이 관장하는 것으로 되어 있다. 정리하면 도시계획과 건축 설계를 각각 다른 부서에서 담당하고, 그중에서도 주택과 주거지 정비사업(재개발, 재건축 등), 신도시 개발사업은 다시 다른 부서에서 담당한다. 결국 도시계획과 건축 설계 업무를 ①(일반)도시계획, ②주거지정비계획, ③신도시 개발계획, ④(일반)건축 설계, ⑤주택건축 설계로 나누어서 각각 다른 부서가 담당하고 있는 것이다.

다음은 지방정부 중 하나로 용인시를 보자. 왜 하필 용인시냐고? 특별한 이유는 없고, 그저 나의 집 주소지이기 때문이다. 용인시에서는 안전건설국이 도로 관련 업무(건설과)와 조경설계 업무 일부(공원녹지과)를 관장하고 있을 뿐 도시계획-건축 설계 관련 업무는 대부분 도시주택국이 맡는다. 도시주택국 하부 부서별 업무를 살펴보면 도시계획(도시계획과), 신도시 개발계획(도시개발과), 건축 설계(건축행정과), 주택건축 설계 및 주거지정비계획(주택과)으로 나누어 담당하고 있음을 알 수 있다. 국토교통부와 거의 동일한 업무분장 체계다. 도시계획 업무와 건축 설계

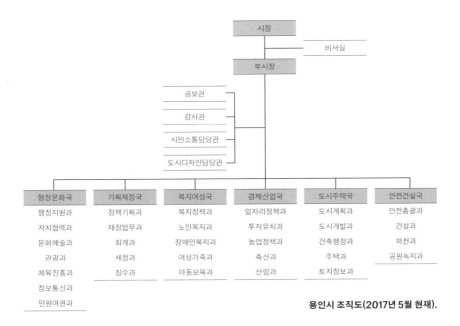

시장

비서실

부시장

공보관

감사관

시민소통담당관

도시디자인담당관

행정문화국	기획재정국	복지여성국	경제산업국	도시주택국	안전건설국
행정지원과	정책기획과	복지정책과	일자리정책과	도시계획과	안전총괄과
자치협력과	재정법무과	노인복지과	투자유치과	도시개발과	건설과
문화예술과	회계과	장애인복지과	농업정책과	건축행정과	하천과
관광과	세정과	여성가족과	축산과	주택과	공원녹지과
체육진흥과	징수과	아동보육과	산림과	토지정보과	
정보통신과					
민원여권과					

용인시 조직도(2017년 5월 현재).

업무를 다른 부서가 나누어서 담당하고 있다.

　다시 말하지만 업무 종류에 따라 담당부서를 달리 두는 것은 불가피하다. 그러나 이는 '불가피하게' 따로 하는 것임을 잊어서는 안 된다. 세상일들이란 모두 이들 부서가 맡은 일들이 한데 얽혀 있는 복합적인 일들인데 달리 방법이 없으니 몇 가지로 분리해서 처리할 뿐이다. 더욱이 도시-건축 관련 업무는 한 공간, 한 장소에 얽혀 있는 경우가 대부분이다. 따로 처리하되 서로 간의 관계를 살피는 일에 소홀해서는 안 된다. 자칫 도시와 건축이 따로 놀면서 갖가지 문제를 낳을 터이니 말이다. 문제는 우리 사회가 이들 업무가 철저히 따로 놀아왔고 지금도 따로 놀고 있다는 것이다.

　실제로 1960년대 이래 한국의 도시-건축 정책은 도시개발과 건축 생산의 철저한 분업체제로 일관해왔다. 도시는 토목 건설 대상으로 취급되고 건축은 '건물 건설'로 취급되면서 각자 달성해야 할 생산량 목표가 정해졌다. 도로 건설, 주택 건설, 산업단지 건설, 항만 건설…. 최고의 가치는 생산 효율과 속도였다. 토목 건설과 건물 건설은 다시 업무별로 담당부서가 나뉜다.

모든 업무 절차와 기준이 표준화되고 패키지화되어 반복 수행된다. 영화
「모던 타임스」에서 채플린이 컨베이어벨트에서 스패너로 나사 조이는 일을
반복하듯이.

분업의 결과는? 따로 노는 도시공간과 따로 노는 건축이다. 생산효율을
높이기 위해선 주변으로부터 방해받지 않도록 관계를 끊는 것이 상책이다.
담장 친 주거단지, 담장 친 학교, 담장 친 구청, 담장 친 공원까지. 도시공간과
관계를 끊은 건축은 자유로워진다. 어차피 도시공간과 관계를 끊었으니
장소가 다르다 해서 건축이 달라져야 할 이유가 없다. 다르게 할 필요가
없는데 괜히 다르게 하면 돈만 더 든다.

건축과 관계를 끊은 도시공간 또한 자유롭다. 주변에 무슨 건물이
들어설지 걱정할 필요가 없다. 모든 도로는 표준설계로 똑같이 건설하는
것이 설계시간도 단축하고 설계비도 아끼는 길이다. 공원은 공원대로 하천은
하천대로 표준설계가 준비된다. 그야말로 각개 약진이다.

문제는 1960년대에 시작한 이러한 각개 약진이 지금도 여전하다는
것이다. 지금도 아파트단지는 단지대로, 학교는 학교대로, 도로는 도로대로,
공원은 공원대로 설계하고 시공한다. 주변에 무엇이 있는지는 관계없다.

도시계획과 건축 설계의 각개 약진은 계획과 설계 절차에 고스란히
반영되어 있다. 신도시 경우를 보자. 개발계획, 즉 도시계획이 가장 먼저
확정된다. 도시계획은 계획인구, 주택 호수 등 수량화된 계획지표 아래
용도별 토지면적 배분과 교통계획이 주 내용이다. 2차원 도면에 도로, 공원,
아파트용지(블록), 연립주택 및 단독주택용지, 상업용지, 학교용지 등의
면적과 경계가 결정된다. 도시계획에 이어서 토목실시설계가 진행된다. 산도
있고 언덕도 있으니 땅마다 높이 차이가 있게 마련이다. 도로의 땅 높이가
정해지고 이에 맞추어서 각각의 용지들의 땅 높이가 정해진다. 도로, 공원은
일찌감치 설계가 끝나고 시공에 들어간다. 아파트용지, 학교용지 등 건축용
대지들은 아직 비어 있다. 언제 어떤 설계로 어떤 건축이 들어설지 모르는
상태에서 도로와 공원이 설계되고 시공되는 것이다.

이러니 따로 놀 수밖에 없다. 도로 옆 땅에 어떤 건물이 들어설지도 모르는 상태에서 도로를 설계하고 시공한다. 건축은 건축법규를 따를 뿐 도시계획에 대해서는 신경 쓸 일이 없다. 신경 쓸 일은 기껏해야 허용 용도와 밀도뿐이다. 애당초 도시계획에서 도시공간의 형상에 대해 아무런 결정을 안 했으니 건축 설계가 유의해야 할 내용 또한 아무것도 없다. 결론은 도시공간 따로 건축 따로 각자 도생이다. 이러다 보니 건축과 도시의 불협화음이 이곳저곳에서 벌어진다. 학교 주변에 깎아지른 10m 법면이 예사이고 보행전용도로와 학교 사이에 3~5m 옹벽이 예사다.

계획과 설계의 절차는 법률로 제도화되고 이 제도는 도시계획과 건축 설계를 각개 약진하도록 강제한다. 신도시 개발 절차를 규정한 「택지개발촉진법」, 「도시개발법」은 물론이고 재개발사업 절차와 기준을 규정한 「도시 및 주거환경정비법」도 마찬가지다. 도시계획과 이에 따른 도시개발 절차는 건축 설계와 아무런 관계없이 규정되어 있다. 이 법에 따르려면 도시계획과 건축 설계가 따로 노는 것이 가장 편하고 가장 일을 쉽게 처리하는 길이니 달리 무슨 재간이 있겠는가.

서구사회의 경우

원래 도시와 건축은 하나였다. 서구에서는 18세기까지 도시를 설계하고 건설한다는 것은 곧 건축을 한다는 것을 의미했다. 도시라는 것은 변화하지 않는 고정된 것으로 간주되었고, 광장, 지구 또는 전체 도시를 설계하는 것은 영원하고도 명확한 건축적 형태를 부여하는 일이었다.[1] 그러나 도시가 공업생산과 유통의 기지로 급성장하고 도시 토지의 경제적 가치 역시

---

[1]   Leonardo Benevolo, *The origins of modern town planning*, The MIT Press, 1971, 12쪽.

급등하면서 도시를 설계하는 일은 건축의 손을 떠나기 시작하였다. 오스망의 파리 대개조 공사(1853~69), 빈 링슈트라세 건설(1857~) 등은 모두 계획가나 관료들에 의해 입안되었다. 여기에서 정치적 동기와 함께 도시공간구조 결정요인으로 작동한 것은 건축보다는 부동산 개발 논리였다. 건축은 이제 도시공간 표면을 장식하는 단순한 경관 제어 수단일 뿐이었다.

도시 토지를 둘러싼 경제활동이 격렬해지면서 개별 자본의 갖가지 건축활동을 허용하면서도 도시기능을 유지할 수 있는 도시공간구조를 만드는 일이 필요해졌다. 도시계획이 국가의 제도로서 법제화되고 도시계획 전문가가 출현하기 시작했다.[2]

20세기 들어 근대건축가들이 '공원 속의 고층건축'(Tower in the Park)을 무기로 오픈스페이스와 녹지가 풍부한 새로운 도시계획을 외쳤지만 그것은 이미 도시를 잃어버린 건축에 대한 만가(輓歌)에 지나지 않았다. 그들의 건축은 도시와 건축이 따로 노는 '행복한 별거'를 보장해주는 수단이었을 뿐이다. 비록 그들의 취지가 과밀과 비위생으로 위기상황이었던 당시 도시환경의 혁파를 갈망하며 나온 정당하고도 선량한 것이었다 해도 그네들의 성공과 출세는 그네들의 무기인 '공원 속의 고층건축'이 경제적 합리성을 추구하던 근대 도시경제의 욕구와의 합치에서 비롯된 것임은 부인할 수 없다.

이리하여 근대 도시계획과 근대건축은 사이좋게 공존하며 세계도시들을

---

2 1909년 영국 리버풀대학에 최초로 도시디자인(civic design) 강좌가 개설되었으며 1914년 런던대학에 도시계획 강좌가 신설되었다. 같은 해인 1914년에 도시계획학회가 설립되었으며 1959년에 칙허장을 받아 왕립 도시계획학회(Royal Town Planning Institute)가 되었다. 미국에서는 1909년에 하버드대학에 처음으로 도시계획 강좌가 개설되고 1929년에 도시계획학과가 설치되었다. 1917년에 미국 도시계획학회(American City Planning Institute)가 설립되어 1938년에 미국 계획가협회(the American Institute of Planners)로 개편하였다(日端康雄, 『都市計劃の世界史』, 講談社, 2008, 307쪽).

점령해나갔다. 도시는 건축에 개의치 않고 제 갈 길을 갔고 건축은 도시를 잃어버린 줄도 모르고 자신만의 세계에 매몰되었다.

그러나 제2차 세계대전 이후 세계경제가 호황을 지속하면서 선진 자본주의 국가들의 도시환경은 근대건축의 당초 명분이 원인무효화 하는 상황으로 진전하였다. 물리적 도시환경이 급속히 향상되면서 이제 그네들에게 햇빛이나 위생, 공원녹지나 오픈스페이스가 당연해졌다. 이러한 것들이 더 이상 도시계획이나 건축 설계의 절대적 기준이 될 수 없는 상황이 되어버린 것이다.

그러다 1970년대 도래한 불황이 모든 것을 바꾸어버렸다. 호황 지속기에 만연했던 직선적 발전에 대한 믿음이 무너지고 경제체제는 대량생산-대량소비 체제에서 개성적 소비를 권유하는 섬세한 상품생산 체제로 바뀌었다. 새로운 경제 패러다임의 필요를 설파한 에른슈트 슈마허의 『작은 것이 아름답다』(*Small Is Beautiful: Economics as if People Mattered*, 1973)의 부제가 그렇듯이 도시환경에 대한 그네들의 관심사는 개인적이고 친밀한 환경, 활력이 배어나는 도시가로환경으로 돌려졌다. 도시와 건축의 화두는 사람들의 기억과 전통적 생활조직에 대한 존중, 그리고 역사의 흔적과 유형에 대한 관심과 기존 도시맥락에 대한 존중이 되었다. 이는 곧 도시공간과 건축이 일체화된 공간환경에 대한 관심으로 이어졌다. 도시 토지를 둘러싼 경제적 현실 역시 다시 건축의 손을 잡았다. 개인적 소비 촉발을 지향하는 상품생산 체제에 필요한 것은 개인적이고 섬세한 도시환경이었고 여기에는 개별 건축의 다채로움과 활력이 제격이었다.

동기가 무엇이든 세계는 다시 도시-건축의 통합을 지향하기 시작했다. 일찍이 1950년대 말 도시계획과 건축의 연계를 위한 제도적 수단으로 '도시설계'(urban design)가 등장한 것도 그랬고, 1980년대 탈근대 건축 조류들이 '도시적 사실'(urban facts)을 건축의 새로운 기준으로 부각시킨 것도 그랬다. 2000년대 각국 도시 정책의 근간으로 부상한 '도시재생'(urban

regeneration)이 기존 도시공간과 건축의 긴밀한 연계를 필수적 요건으로
요청하고 있는 것 역시 그렇다.

도시와 건축은 하나다

그러나 한국 사회의 상황은 그렇지 못하다. 1960년대에 시작한 도시-건축의
지독한 분업체제가 60년 가까이 계속되고 있다. 아니 더 완강해지고 있다.
세계의 패러다임이 도시-건축 통합으로 바뀐 지 수십 년이 지났음에도
말이다.

각개 약진한 건축과 도시는 각자도생이 불가피하다. 서로 관계를
끊었으니 도시공간은 도시공간대로 건축은 건축대로 스스로 알아서 질과
매력을 갖추어야 한다. 그러나 각자도생에는 한계가 있다. 길 옆 건축이
없이도 자체만으로 매력 있는 길? 길과 주변 건축물들 없이도 자체만으로
매력 있는 건축물? 꼽을 만한 것이 몇 개나 있는가. 반면에 조금 수준이
떨어져도 도시공간과 건축이 함께 해서 좋은 길이 되고 좋은 건축이 되는
예는 아주 많다. 항상 사람들로 북적대는 인사동길과 명동길, 홍대앞 길을
떠올려보라. 이 많은 사람들을 이곳으로 이끄는 매력은 어디에서 올까.
건축은 도시공간과, 도시공간은 건축과 상생할 때 비로소 좋은 도시공간,
좋은 건축이 가능해지는 것이다.

결국 우리 도시와 우리 건축이, 우리네 아파트단지와 학교가 삭막하고
획일적이라면 그 이유는 이들이 하나같이 각개 약진으로 생산되어
각자도생하고 있기 때문이다. 이런 도시와 이런 건축은 양적 부족이 우선적
문제였을 시대, 공간과 시설 자체가 절실했던 시대에나 견딜 만한 일이었다.
아무리 삭막한 도로라도, 아무리 획일적인 학교라도 그 자체가 절실했던
시대 말이다. 그러나 이제 이런 도시와 이런 건축으로 얻어내야 할 가치는
없다. 필요한 것은 우리 도시의 장소성이고 이를 위해서는 도시와 건축을

통합하는 상상력이 필요하다.

건축과 도시의 통합을 내걸은 세계적 동향과 달리 유독 우리 사회에서 도시와 건축의 분리가 고질화된 채 고쳐지지 않는 이유는 분명하다. 도시계획과 건축 설계의 퇴행적 절차를 강제하는 법규, 도시와 건축을 분리하며 고착한 공무원 직제와 부서별 생존논리, 별 수 없이 이 구조에 동조하여 생태계를 형성한 계획-설계 전문 직능들. 이 모든 것이 문제다. 지난 60년간 한국 사회를 먹여 살려온 효율적 제도와 관행이 이제 진전과 더 높은 가치 생산을 방해하는 부메랑이 되어 한국 사회의 발목을 잡고 있는 것이다.

도시설계 ―
경쟁하는 시장이 필요하다

1980년에 도시설계제도를 도입했지만

도시와 건축의 분리는 우리 사회만의 문제는 아니다. 서구에서도 19세기부터 본격적으로 진행되었고, 그것이 야기하는 문제에 대책을 강구하면서 등장한 개념이 '도시설계'(urban design)이다.

20세기 초 전문직능으로 등장한 도시계획은 경제활동과 자동차 중심의 도시공간구조 만들기에 치우쳤고, 건축가들은 오픈스페이스와 고층건축을 강조하는 설계를 지속했다. 다양한 상점들과 매력 있는 집들, 작은 공방들을 끼고 있는 작은 길들이 사라지기 시작했다. 휴먼스케일의 가로 대신에 원활한 차량 흐름을 위한 큰 길들이 늘어나고 넓은 전면 공지를 낀 고층건물이 여기저기 들어섰다. 가로공간과 주변 건축물들의 관계가 소원해지면서 보행생활공간으로서의 가로 기능이 취약해졌다. 이후 이 현상에 대한 비판이 제기되면서 도시계획(urban planning)을 도시설계(urban design)로 접근하려는 움직임이 늘어났다. 계획(planning)은 '자원 배분에 관한 의사결정'이고 설계(design)는 '형상에 관한 의사결정'이다. 도시설계(urban design)의 출현은 도시공간을 '경제활동 공간 배분'이 아니라 '공간의 형상과 풍경' 차원에서 접근하는 직능이 출현했음을 뜻하는 것이다.

1959년에 미국 하버드 대학에서 도시설계 교육프로그램이 처음 개설되었고, 1967년에는 뉴욕 시가 도시설계팀(urban design team)을 공식 직제로 구성했다. 뉴욕 시는 1969년 특별용도지구(special zoning districts)를 도입하면서 도시공간 관리제도로서 도시설계를 본격적으로 시작했다. 뉴욕 시가 도시설계제도를 통해 1971년 맨해튼 5번가 일대를 특별구역(Special Fifth Avenue District)으로 지정해 은행, 항공사, 여행사 등의 입점을 제한하는 등의 규제를 한 일화는 유명하다. 높은 임대료에 소매상점들이 퇴출당하고 친보행적이지 못한 업종들이 늘어나면서 5번가가 보행공간으로서의 활력을 잃어가는 문제를 해결하기 위해 도시설계를 동원했던 것이다.[3]

　　미국 이외에 여러 다른 나라에서도 도시설계는 도시공간을 관리하는 국가제도로 빠르게 자리를 잡았다. 나라마다 명칭은 다르지만 독일의 B-plan(1960), 프랑스의 POS(1967), 영국의 Local plan(1968), 일본의 지구계획(1980) 등이 모두 도시설계제도이다.

　　한국도 1980년에 도시설계제도를 도입했다. 벌써 30년도 훨씬 전이다. 뭔가 이상하다. 이토록 오래전에 도시설계를 도입했는데 왜 도시-건축 분리 문제가 여전하다는 걸까?

　　설계를 헌신짝으로 여기는 사회에서 도시설계라고 설계 대접을 제대로 받을 리 없다. 우리 사회에서 도시설계가 겪어온 슬픈 역사를 더듬어보자.

3　1971년 3월 26일, 5번가의 38번길부터 58번길에 걸친 구간의 좌우 200피트 너비로 5번가 특별구역이 지정되었다. 이 구역에서는 광장과 노외주차장 설치를 금하고 간판 크기를 상점 개구부 3분의 1 이하로 제한하였으며, 야간에 거리가 활력 있도록 복합 용도를 장려하고자 상부층에 주거용도를 허용하였다. 또한 은행과 여행사 용도를 제한하였다. 즉 은행과 여행사 용도는 가로 길이 방향으로는 대지 전면 길이의 15% 이내, 또는 50피트 이하로, 면적은 가로에서 50피트 범위에 있는 대지면적의 10% 이하로 제한하였다("Fifth Avenue," The City review, http://www.thecityreview.com).

도시설계가 결국 토목 분야로 넘어가다

한국에서는 도시설계를 지구단위계획이라 부른다. 지구단위계획의 역사는 1980년 「건축법」에 '도시설계' 수립 근거 규정이 신설되면서 시작되었다. 당시에는 주로 도심 간선도로변 상업지역 등에 대한 환경 정비 수단으로 적용되었으나 점차 그 적용 범위가 확대되어갔다.

한편, 1980년에 일본도 도시설계제도를 도입한다. 한국이 도시설계를 「건축법」 속에서 제도화한 데 반해 일본은 이를 도시계획과 연계한 '지구계획'으로 제도화한다. 독일의 F-plan과 B-plan 체계를 참조한 것이다. 한국에서도 건축-도시설계를 도시계획 체계와 연결시키는 방식에 대한 논란이 이어졌다. 한쪽에서는 독일과 일본처럼 도시설계를 도시계획과 연계한 지구상세계획제도로 전환해야 한다는 주장이 제기되었고, 다른 한쪽에서는 기존 「건축법」상의 도시설계 체제를 유지하고 「도시계획법」에서 도시설계지구를 지정하도록 하자는 방안이 제기됐다. 그런데 이 논란이 엉뚱한 방향으로 전개된다.

1991년 5월 「도시계획법」 시행령에 새로운 용도지구로서 도시설계지구가 신설되었고 「건축법」 전면개정으로 도시설계 관련 규정이 대폭 강화되었다. 후자의 주장이 반영된 것이다. 그러나 같은 해 12월에는 「도시계획법」에 '상세계획구역'을 신설하면서 상세계획이라는 새로운 법정계획이 등장하였다. 이것은 전자의 주장이 반영된 것이다. 도시설계지구를 매개로 「도시계획법」과 「건축법」을 연계하는 제도로 체계화하자는 주장과 「도시계획법」 테두리 안에서 지구상세계획 형태로 정리하자는 주장이 양립하면서 둘 다 반영되는 상황이 빚어진 것이다. 이로써 사실상 동일한 내용인 도시설계와 상세계획이 양립하는 상황이 한동안 지속되었다. 이 상황은 도시설계 근거 규정이 건축 분야 법률인 「건축법」에 마련된 것[4]에

---

4   이는 「건축법」을 관장하는 국토교통부(당시 건설부) 건축부서의 법률 개정 작업을 통해 이루어진 것이므로 결국 건축 분야에서 도시설계를 자신들이 관장할 업무로서

대한 도시계획 분야(즉 토목 분야)의 대응이라고도 할 수 있다. 소위 '밥그릇
다툼'의 결과인 것이다.

'다툼'의 결과는 뻔했다. 「도시계획법」은 도시 분야, 즉 토목 분야가
관장하는 법률이기 때문이다. 당시 「도시계획법」은 도시설계지구를
"도시의 기능 및 미관의 증진을 위하여 필요할 때" 지정하도록 한 반면,
상세계획구역은 "도시의 미관·기능 및 환경을 효율적으로 유지·관리할
필요가 있을 때"뿐 아니라 택지개발예정지구, 공업단지, 재개발구역,
토지구획정리사업지구 등에서는 의무적으로 지정하도록 규정하였다. 당연히
도시설계지구 지정보다는 상세계획구역 지정이 많아졌으며, 관련 업무 역시
점차 도시계획 분야에서 담당하는 경우가 늘어나는 방향으로 진행되었다.

그러다가 2000년 1월 「도시계획법」 전면 개정으로 도시설계와
상세계획이 지구단위계획으로 통합되면서 도시설계지구와 상세계획구역
역시 폐지되었다. 드디어 도시설계제도가 「도시계획법」 중심의 법체계로
정리된 것이다. 이것이 현재 한국 도시설계제도인 지구단위계획이 성립된
과정이다.

지구단위계획은 도시계획과 마찬가지로 공공이 수립하는 것이므로
지방정부, 또는 개발사업 주체인 공공기관에 의해 발주된다. 지구단위계획은
기성 도시공간을 대상으로 수립되는 경우보다는 신규 개발사업이나
재개발사업에서 수립되는 경우가 훨씬 많다.[5] 따라서 지구단위계획은 대부분
개발계획 용역과 묶여서 발주된다. 당연히 개발계획 용역 수행 주체인
도시계획 엔지니어링업체들이 지구단위계획 용역까지 담당하기 마련이다.
건축 설계사무소는 간혹 부분적인 업무를 담당하며 도시계획 업체와

제도화한 것이라고 볼 수 있다.

[5] 기성 도시에 대한 지구단위계획이 많지 않은 것은 지방정부가 계획 수립 용역 비용을
부담해야 하기 때문이다. 신도시 개발사업이나 재개발사업인 경우는 개발사업 주체가
지구단위계획 용역 비용을 부담한다.

공동으로 참여하는 경우만 있을 뿐이다. 이런 상황에서 지구단위계획 업무에 익숙한 건축 전문가들이 점점 줄어드는 것은 자연스러운 일이다. 과거라면 도시설계지구로 지정해 도시설계를 작성했을 기성 시가지 지구단위계획마저 건축 전문가들이 담당하는 경우는 거의 사라졌다. 한국의 법적 도시설계인 지구단위계획 수립 업무가 도시계획 분야, 즉 토목 분야의 주요 업무로 굳어진 것이다.

대한민국에 도시설계는 없다

서울 인사동길에 방문객이 몰리기 시작한 것은 1997년 '차 없는 거리'[6]가 만들어지고 나서부터였다. 방문객이 몰리면 당연히 발생하는 현상들이 있다. 커진 소비시장을 노리고 단란주점, 게임방, 술집 등 인사동의 분위기와는 어울리지 않는 업종들이 들어서기 시작한 것이다. 전통적 분위기의 상점들 매력 때문에 늘어난 방문객들이 소비시장을 키우고, 커진 시장과 높아진 임대료가 인사동길의 매력을 훼손하는 업종 입점을 유인하는 악순환이다. 이것을 막은 것이 '인사동 지구단위계획'이다. 2002년 수립된 '인사동 지구단위계획'[7]은 인사동 지역의 가로별로 건축물의 층수·형태·재료는 물론 용도까지 규제하고 있다. '1층 지정용도', '전층 불허용도' 등을 일일이 적시하여 인사동길 분위기를 저해하는 용도가 들어서지 못하도록 한 것이다.

서울 북촌은 한옥보전지구다. 서촌도 비슷하다. 대부분 단층 한옥이나 2, 3층 이하 소규모 건축물들로 채워져 있고 간혹 3~4층 다세대 주택이나

6　인사동 '차 없는 거리'는 1997년 4월 일요일에만 시행하는 것으로 시작되었다가 2003년부터 토·일요일, 2011년 11월부터는 평일(10~22시)로 확대되었다.

7　인사동 제1종 지구단위계획(2002, 서울시). 2009년 재정비계획을 통해 다시 수립되었다.

근생건물들이 분위기를 해치면서 들어서 있다. 이곳에 더 이상 이런 건축물을 짓는 일은 불가능하다. 지구단위계획으로 2층 이하 건축물만 허용하기 때문이다. 심지어 어떤 구역은 다세대주택 건축 자체가 금지되어 있다.[8]

　　뉴욕 맨해튼이나 서울 인사동, 북촌에서 보듯이 도시설계(지구단위 계획)의 기능은 강력하다. 하려고 든다면 지붕의 형상이나 외벽재료의 색까지도 규제할 수 있다. 앞 장에서 거론했던 문제들도 사실 모두 지구단위계획으로 해결할 수 있는 문제들이다. 학교와 보행자전용도로 높이 차이? 보행자전용도로 높이가 먼저 정해질 터이니 해당 학교 대지에 대해서 높이를 맞추도록 지시하는 지구단위계획을 수립하면 된다. 경찰서 부지를 평탄하게 만드느라 경사진 가로변에 옹벽을 쳐서 보행가로를 옹벽길로 만드는 일도 없앨 수 있다. 대지와 주변도로의 높이 차이가 발생하지 않도록 대지 높이를 조성하라고 지구단위계획으로 정하면 된다. 그런데 왜 안 하냐고? 안 하고 있기 때문이다. 지구단위계획 수립자들이 그런 '설계'를 안 하고 있기 때문이다.

　　지구단위계획 용역은 개발계획 용역에 묶여서 '덤으로' 발주된다. 그리고 '덤답게' 매우 소홀하고 허술하게 설계된다. 인사동, 북촌, 서촌 등은 극히 예외적 사례다. 역사도심 등 세간의 관심과 정치적 홍보 효과가 연루되는 요충 지역에서 각별한 과정과 노력으로 지구단위계획 용역이 '별도로' 발주되어 신중하게 작성된 몇 안 되는 사례들이다. 하지만 그뿐이다. 신도시, 재개발 등 무수한 개발지역에서는 사정이 다르다.

　　이러한 지역들에서 이루어진 지구단위계획 중 '도시설계'다운 사례가 거의 없다는 것은 누구나 아는 사실이다. 기껏해야 도로 소음을 걱정한 주거동 직각배치 구간 지정, 차량 출입 불허 구간 지정, 의례적인 3m 내외

8　북촌 제1종 지구단위계획(2010, 서울시); 경복궁 서측 제1종 지구단위계획(2010, 서울시).

건축한계선 지정 등 상투적인 계획 내용 몇 가지가 반복되고 있을 뿐이다. 약간 과장된 감이 없지 않지만 "어떤 지구단위계획이든 2~3일이면 할 수 있다"라는 말이 크게 틀린 말은 아니다.[9]

장소별로 다른 형상을 설계해야 하는 도시설계를 같은 메뉴 몇 개를 판박이처럼 반복하는 방식으로 처리한다면 어떤 문제가 생길까. 도시설계 본연의 '도시공간 형상 만들기', '도시공간과 건축 설계의 조율' 기능은 바라지도 않는다. 아무것도 안 한다면 차라리 낫다. 맥락 없이 섣부른 규제들을 반복하는 바람에 일부 진지한 건축 설계를 방해하는 일이 비일비재하다.

9   도시설계가 지구단위계획제도로 바뀌기 전부터 도시-건축 분리 문제를 해소하기
     위해서 도시계획 절차를 바꾸려는 시도가 있었다. 도시계획 절차를 건축
     설계에 대한 고려를 포함하는 과정으로 바꾸자는 것이 그 요지였는데, 이는
     '총괄건축가(Master Architect, MA) 방식'이라는 새로운 도시계획 절차로 구체화
     되었다. 2000년 주택공사에서 적용하기 시작한 MA 방식의 핵심은 MA 총괄 아래
     도시계획(택지개발계획) 단계에서 개발지구 전체에 대해 건축기본계획(단지기본계획)
     수준의 계획을 수립하고 이를 토대로 도시계획과 지구단위계획을 수립하는
     계획절차이다. 도시계획 단계에서 건축기본계획까지를 진행함으로써 도시계획을
     건축 설계의 기본방향을 설정하면서 그와 일관된 방향으로 수립할 뿐 아니라
     건축기본계획을 바탕으로 지구단위계획을 작성함으로써 지구단위계획이 도시공간과
     건축 설계의 조율이라는 도시설계 본연의 기능을 발휘하도록 한다는 것이다. 이
     계획방식은 나름대로의 성과를 거두며 도시공간과 건축의 통합이라는 차원에서
     제법 의미 있는 진전을 보인 계획안들이 도출되기 시작하였다.
         그러나 제도화되지 못한 채 임의적인 계획방식으로 운용되던 MA 방식은 얼마
     못가서 국토교통부(당시 건설교통부)에 의해 제도화되면서 소위 총괄계획가
     (Master Planner, MP) 방식으로 변경되었다. 여기에서는 MA 방식의 핵심이었던
     건축기본계획이 사라지고 과거의 2차원적 도시계획 방식을 답습하면서 MP가
     자문 역할을 할 뿐인 계획절차로 변질되었다. 도시와 건축의 분리 문제 해결을 위해
     도시계획 과정에 건축 설계에 대한 고려를 포함한다는 MA 방식의 문제의식과
     목표를 이해하지 못한 무지의 소치였다. 더욱 주목해야 할 것은 MA 방식이 MP
     방식으로 바뀐 것은 도시계획 분야에서 "왜 도시계획을 건축가가 지휘하느냐"는
     다분히 '밥그릇 다툼' 성격의 논란 때문이었다는 점이다.

아파트단지 지구단위계획에서 단골 메뉴로 등장하는 사례 몇 개만 들어보자. '동일한 주거동에서 세 개 층 이상 층수 차이 나는 설계를 금지한다.' '주거동 입면을 저층, 중층, 고층부로 구분한 삼단 구성으로 해야 한다.' 이는 건축물이 들어서는 장소와 관계없이 일률적으로 건축물의 형상을 지시하는 내용이다. 이것을 도시설계라 할 수 있는가. 층수 차이 금지? 이에 따르면 가로변에 5층 이하 저층 건축물로 대응하고 중간 중간 고층 주거동을 결합하는 설계는 불가능하다. 삼단 구성? 모든 주거동은 저층부에 석재를 붙이고 옥탑부에는 장식물을 달아매라는 이야기다. 도대체 이걸 '설계'라고 할 수 있는가?

비판과 문제 제기가 이어졌다. 지구단위계획이 허술하게 수립되는 문제를 넘어, 한국에서 도시설계가 제 기능을 못하고 있다는 비판이 높아졌다. 비판은 종국에 대학 교육 탓으로까지 번져, 수준 높은 지구단위계획을 할 수 있는 도시설계 전문가가 너무 적다는 것, 이는 대학에서 전문적인 도시설계 교육이 이루어지지 않기 때문이라는 진단이 등장했다.

도시설계 전문가들이 없다는 것은 사실이다. 문제는 왜 없느냐는 것이다. 우리 사회에 도시설계제도가 도입된 지 30년이 지났고, 그동안 도시설계라는 이름으로, 상세계획이라는 이름으로, 그리고 지구단위계획이라는 이름으로 도시설계 일거리가 수없이 쏟아졌는데 그 일들은 다 누가 했다는 말인가. 여태껏 '도시설계 전문가'들이 일을 한 게 아니라는 말인가?

그렇다. 우선 이것을 인정하면서 이야기를 시작해야 한다. 그동안 수없이 쏟아진, 그리고 지금도 쏟아지고 있는 지구단위계획은 도시설계 전문가가 맡고 있지 않다는 사실부터 인정해야 한다. 다시 말해서 지금의 지구단위계획은 도시설계로서의 자격이 없다. 아니 도시설계가 아니다. 도시설계 전문가가 한 일이 아닌데 어떻게 도시설계일 수 있는가. 대한민국에 도시설계는 없다.

경쟁이 있어야 선수가 있는 법이다

왜 대한민국에는 도시설계가 없을까. 왜 도시설계 전문가가 턱없이 부족할까. 답은 명확하다. 도시설계시장이 없기 때문이다. 지구단위계획의 질적 수준이 낮고 도시설계 전문가가 부족한 것은 교육이 없어서가 아니라, 우리 사회에 도시설계 업역이 존재하지 않기 때문이다.

지구단위계획 용역은 대부분 공공이 발주한다. 지방정부가 직접 발주하거나 도시개발사업, 재개발사업을 주관하는 공공기관이 발주한다. 주민조합이 개발주체인 재개발사업이나 재건축사업에서는 '주민제안'이라는 이름으로 조합이 발주하지만 그 비중은 크지 않다. 그런데 문제는 이 지구단위계획 용역이 별도의 경쟁 시장을 통해 발주되지 않는다는 것이다. 십중팔구는 개발계획 용역에 포함되어 발주된다.

공공기관의 개발계획 용역 발주는 '조사설계 용역'이라는 이름으로 대부분 사업수행능력평가(PQ)를 통과한 업체들을 대상으로 한 가격입찰로 이루어진다. 즉 일정 요건을 갖춘 업체들 중에서 계획용역비를 싸게 받는 업체에 맡긴다는 이야기다. 발주되는 조사설계 용역은 대부분 개발(정비) 기본계획에서부터 기본 및 실시설계, 지구단위계획은 물론, 교통영향평가 등 각종 평가와 조사 업무까지를 묶은 일괄용역 형태로 입찰에 부쳐진다. 따라서 입찰에 참여하기 위해서는 이들 분야 모두에서 기술인력들을 갖추고 등록한 업체여야 한다. 또한 사업수행능력평가는 기술인력 보유나 과거 용역수행 실적을 기준으로 하므로 여기에서 높은 점수를 받을 능력이 없는 소규모 업체나 신생 업체는 아예 입찰에 참가한다는 것 자체가 불가능하다. 결국 조사설계 용역은 일부 대형 엔지니어링 업체들이 독점할 수밖에 없는 구조로 짜여 있는 셈이며, 그나마 내용이 아니라 '과거 실적'과 '용역비 입찰가격' 경쟁으로 주체를 선정하고 있는 것이다.

지구단위계획, 즉 도시설계 용역은 여기에 묶여 발주된다. 실적과 용역비를 평가 기준으로 삼는 경쟁구도 속에서 개발계획의 내용은 관심 밖이다. 쟁점과 방향에 대한 발전적 논의가 있을 리 만무하다. 하물며

개발계획에 묶여서 가는 지구단위계획에 누가 눈길이나 주겠는가. 이런 구조 속에 놓인 것이 한국 도시설계의 현실이다. 이를 놓고 설계의 수준이 어떻고 도시설계 전문가가 어떻고를 논한다는 것 자체가 난센스다.

결국 우리 사회에는 실력으로 경쟁하는 도시설계시장이 없다는 이야기다. 실력으로 경쟁하는 시장이 없는데 어떻게 실력 있는 전문가가 육성될 수 있을까. 졸업생을 진출시킬 업역이 없는데 대학에서 어떻게 도시설계를 가르칠 수 있는가. 실무에서 도시설계를 닦고 익힌 전문가가 없는데 누가 가르치는가. 업역조차 존재하지 않는 상황에서 도시설계의 질적 수준을 논하는 것 또한 난센스라 해야 할 것이다.

도시계획과 도시설계는 전혀 다른 영역이다. 우선 도시설계를 지구단위계획이라 부르는 명칭부터 고쳐야 한다. '계획'이 아니라 '설계'임을 명확히 해야 한다. 그리고 도시설계 용역은 경쟁하는 시장을 통해 발주되도록 해야 한다. 경쟁의 기회가 있어야 선수가 있는 법이다.

우선, 조사설계 용역에서 각종 계획·설계 업무들의 발주 범위를 재편해야 한다. 즉 현재 개발기본계획과 함께 실시설계, 지구단위계획, 교통영향평가, 토질 조사 등 관련 업무를 일괄로 입찰 발주하는 방식을 바꾸어야 한다. 이들 업무 중 개발기본계획과 지구단위계획은 도시공간의 형상에 관한 결정, 즉 설계적 결정에 직결되는 성격이 큰 업무인 반면에 다른 업무들은 순수 엔지니어링 성격이 강한 것들이다. 이러한 이질적인 업무들을 한꺼번에 묶어서 발주하는 것은 입찰에 참여가 가능한 업체의 범위를 제한한다. 입찰방식도 달라야 한다.

현재로서는 개발기본계획과 지구단위계획만을 묶어서 별도로 설계공모 방식으로 발주하고 기타 엔지니어링 성격의 업무는 후속하여 따로 발주하는 방안이 가장 바람직하다.[10] 개발기본계획이 궁극적 목표로

---

10   2008년 건축도시공간연구소에서 이미 이러한 문제의식에 입각한 연구를 진행한
      바 있다(서수정 외,『녹색성장 및 지속 가능한 신도시 조성을 위한 '신도시

삼는 도시환경은 건축 설계를 통해 구현되는 것이므로 개발기본계획은 당연히 건축 설계의 방향까지를 고려하며 수립되어야 한다. 따라서 설계공모 시 건축 기본계획까지를 함께 공모하는 것이 바람직하다. 핵심은 '설계경쟁'이기 때문이다.

개발기본계획이나 지구단위계획이 도시 분야 밥그릇인지 건축 분야 밥그릇인지를 따지는 일은 백해무익이다. 도시계획(개발기본계획)과 도시설계(지구단위계획) 실력이 우수한 업체를 선정하는 것이 목표가 되어야 한다. 따라서 설계공모에 참가 가능한 자격 범위는 가능한 확대해야 한다. 도시계획 업체 및 조경설계 업체, 건축 설계사무소 모두 참여 가능하도록 해야 한다. 사업수행능력평가나 용역비를 평가에 반영하는 것은 설계공모 단계에서는 절대 금물이다. 이후 엔지니어링 성격의 후속 계획 업무 발주에서만 적용해야 한다. 핵심은 '설계경쟁'이기 때문이다.

공간환경디자인 업무 매뉴얼 작성 및 운영 방안 수립' 연구』, 한국토지공사, 2008).
국토교통부와 한국토지공사 의뢰로 진행된 이 연구에서는 '개발 구상 및 공간구조
설정-공간환경 기본계획-공공공간 및 공공시설 기본설계'를 일련의 업무단위로
편성하여 이를 중심으로 한 신도시 등 택지개발사업의 새로운 절차 모델을 제안했다.
그러나 이 연구 결과는 당시 이명박 정부가 택지개발사업의 속도전을 지시하는
분위기에 묻혀서 제대로 주목받지 못했다.

도시재생 —
다부처 협력형 모델을 향해

칸막이 행정으로 도시재생을?

10여 년 전부터 한국에서도 도시재생이 도시 정책의 화두로 떠올랐다.
영국을 비롯한 외국에서는 1990년대부터 이미 도시 정책의 기조를
도시재생(Urban Regeneration) 중심으로 전환했다. 영국과 미국의 경우
1980년대에는 경제 불황 극복을 위해 민간기업 투자를 적극 유치하는
시장주의 개발이 도시 정책과 도시계획에서도 주된 방향이었다. 당연히
커뮤니티 파괴와 경쟁에 밀린 지역의 빈곤화가 확대되었다. 경제 상황이
개선된 1990년대부터는 지역 빈곤 해결을 위한 도시·지역 정책이 주요한
과제로 채택되면서 도시계획 패러다임 역시 도시재생으로 전환되었다.
한편, 일본은 1990년대 부동산 버블 붕괴로 빠져든 장기불황 탈출 정책의
일환으로 대도시 중심지 정비사업을 중심으로 한 도시재생 정책을
2000년대 들어서며 주요 국가 정책으로 추진 중이다. 이와 함께 기존에
추진해오던 마을 만들기 및 지방도시 중심시가지 활성화사업 등을
지역재생 정책으로 체계화하고 있다.

한국에서 도시재생에 대한 논의가 본격화한 것은 2000년대 들어
정부의 지역균형발전 정책이 비중 있게 추진되면서부터이다. 영국, 일본
등의 지역 지원 정책을 벤치마킹하여 '살고 싶은 마을 만들기' 등 중앙정부의
지방정부 지원사업이 증가하였고, 이들 사업에서 도시재생적 사업추진
방식이 중요한 논점으로 부상하기 시작한 것이다. 이 흐름은 도시재생을

단편적인 사업방식을 넘어 도시 정책 수단으로 삼기 위해서 법제도적 근거를 마련해야 한다는 제안으로 이어졌고 2013년 「도시재생 활성화 및 지원에 관한 특별법」이 제정·시행되기에 이르렀다. 이 법의 시행으로 지방정부 차원에서 도시재생전략계획·도시재생 활성화지역·도시재생 선도지역을 수립·지정하고 이에 따른 도시재생 사업을 중앙정부에서 지원하는 등 중앙정부-지방정부로 이어지는 도시재생 정책 추진 체계가 작동하기 시작했다.

한편 이에 앞서 2012년에는 이제껏 재개발·재건축사업 중심으로 추진하던 도시정비사업에 '주거환경 관리사업', '가로주택정비사업' 등 기성 주거지 조직 속에서 소단위 충전(充塡) 방식으로 정비를 추진하는 사업이 제도화되면서 도시재생의 유력한 사업수단이 마련되기도 하였다.[11] 이제 한국에도 바야흐로 도시재생의 시대가 열린 것 같았다.

그러나 중앙정부와 여러 지방정부들의 제법 열의 있는 노력에도 불구하고 아직 이렇다 할 성과가 공표되지 못하고 있다. 몇몇 성과들이 제출되고 있으나 골목길 포장 정비, 주민 커뮤니티센터 신축 등 부분적이고 물리적인 개선 수준을 넘어서는 사례들을 찾기 어렵다. 왜 이럴까? 적지 않은 전문가들이 "도시재생은 단순히 물리적 환경 정비가 아니라 지역의 사회·경제적 활성화를 목표로 하는 사업으로[12] 단기간에 성과를 내기 어렵다"고들 한다. 동의한다. 하지만 그렇더라도 적어도 "사회·경제적 활성화"를 위해 어떤 조치들이 추진되고 있는지는 가시화되어야 하지 않을까. 그 성과까지는 좀 더 두고 보아야 한다 하더라도 말이다. 지금의 도시재생

---

11 2012년 2월 1일, 「도시 및 주거환경정비법」 개정으로 이들 사업의 법적 근거 및 절차가 마련되었다.

12 국토교통부가 운영하는 공식 도시재생 포털 '도시재생 종합정보체계'(http://www.city. go.kr)에서는 도시재생을 "쇠퇴하고 낙후된 구도시를 대상으로 삶의 질을 향상시키고 도시경쟁력을 확보하기 위하여 물리적 정비와 함께 사회적·경제적 재활성화를 추진하는

사업들이 만족스러운 수준으로 추진되지 못하고 있는 것이 분명해 보인다. 무슨 문제가 있는 것일까?

우선은 중앙정부의 어정쩡한 태도다. 학계를 중심으로 한 전문가들은 물론 국토교통부 등 중앙정부 일각에서도 도시재생 정책을 적극적으로 추진해야 한다고 주장한다. 국토교통부 주도로 「도시재생 활성화 및 지원에 관한 특별법」도 제정되었다. 그러나 아직 중앙정부 전체가 이 방향으로 움직이는 것 같지 않다. 도시 및 주택 정책의 기조는 여전히 개발시대 패러다임의 미련을 떨치지 못하고 있는 상태다. 한쪽에서는 "신도시 개발 시대는 끝났다"며 「택지개발촉진법」 폐지를 결정하는데, 다른 한쪽에서는 여전히 대기업 중심의 중산층용 임대아파트 건설 정책(뉴스테이)을 추진한다. 누구나 주택경기 하강을 예상하는데 주택건설량은 오히려 사상 최고기록을 세우는[13] 이상하고 어정쩡한 '임시 상황'이 지속되고 있다.

이런 어정쩡한 상황 속에서 '도시재생'은 도시 정책의 기조로서 받아들여졌다기 보다 기존 도시 정책 틀이 유지되는 속에 한 자리를 배정받는 형태로 시작됐다. 그리고 아직 이 수준을 벗어나지 못하는 상태다. '기존 도시 정책 틀이 유지되는 속에서 한 자리를 배정받는' 게 무슨 뜻인가. 분업, 즉 부서별 업무분장 체제 속에 '도시재생'이 그중 하나의 '분장 업무'가 되었다는 이야기다. 부서별로 부서별 업무 목표를 정하고 각자 목표 달성을 위해 최선을 다하는 칸막이 행정체제 속에서 칸막이들 중 하나로 '도시재생 행정'이 자리 잡았다는 말이다.

국토교통부 직제가 이를 잘 보여준다(141쪽 국토교통부 조직도 참조).

일"이라고 정의하고 있다.

[13] 1990년 75만 378호로 정점을 찍은 이후 평균 50만 호 수준에 머물던 주택 건설량은 2015년 76만 5,328호로 급증하면서 사상 최고 기록을 경신했다. 주택 불경기가 임박했다는 예측 속에 정부의 주택경기 진작 정책을 타고 주택건설업체들의 '불경기 전 물량 털기'가 집중적으로 이루어졌기 때문이다.

1차관이 관장하는 다섯 개 실국(기획조정실, 국토도시실, 주택토지실, 건설정책국, 수자원정책국) 중 하나인 국토도시실 산하 세 개 국(국토정책관, 도시정책관, 건축정책관) 중 하나인 도시정책관 산하 4개 과(도시정책과, 도시재생과, 도시경제과, 녹색도시과) 중 하나가 '도시재생과'다. 도시재생은 국토교통부 본청만 해도 100개에 가까운 '과' 중 하나라는 이야기다. 100개의 분장 업무 중 하나로 '도시재생'을 다루고 있다는 이야기다. 한국토지주택공사(LH공사)나 서울주택도시공사(SH공사) 등 '도시재생'을 주된 사업영역으로 삼는 공공기관들도 마찬가지다. 한국토지주택공사는 여덟 개 본부 아래 수십 개 부서 중 하나를 '도시재생계획처'로 배정하고 있다.[14] 서울주택도시공사는 좀 나은 편이다. 여섯 개 본부 중 하나로 도시재생본부를 두고 있다.

게릴라 공공임대주택 전략

도시재생 사업들이 힘을 받지 못하는 이유는 여기서부터 이야기해야 한다. 도시재생은 산업이나 주거활동이 쇠퇴되고 낙후한 지역을 말 그대로 '다시 살리는' 일이다. 기존 개발사업들처럼 사업 자체에서 수익을 올릴 여지는 거의 없고 일방적인 투자와 지원이 필요한 일이 대부분이다. 예산 소요가 많을 수밖에 없다. 이런 사업을 개별 부서에서 개별적인 업무로 담당한다면 이 부서는 그야말로 '예산 소모 1위' 부서가 될 것이다. 국토교통부 도시재생 사업 담당 공무원들이 "관련 예산이 조금밖에 배정이 안 되어서 할 수 있는 일이 많지 않다"고 하는 이야기도 이런 맥락에서 나오는 것이다. 이것이 바로 도시재생 사업이 힘을 못 받는 이유다.

14   2017년 5월 들어선 새 정부가 도시재생 정책을 강조하면서 '행복주택본부'를 '도시재생본부'로 바꾸었다.

도시재생은 개별 부서에서 별도의 사업으로 추진해서 될 일이 아니다. 도시재생 정책의 핵심은 다른 공공사업들을 재생지역에 집중시키는 데에 있다. 중앙정부든 지방정부든 이미 공공예산을 투입하는 많은 정책과 사업들을 시행한다. 공공임대주택 공급 정책, 산업지원 정책, 농가 지원 정책, 도로 신설 및 정비사업, 도서관 확충사업, 생활체육시설 확충사업 등 모든 정부 부처가 하는 주요한 일들은 모두 공공예산을 투입하여 산업발전을 지원하고 국민들의 생활환경을 개선하는 일들이다. 도시재생은 이러한 각 부분의 정부 사업들을 도시재생이 필요한 지역에 집중시키자는 것이다. 어떤 지역에 어떤 사업을 우선적으로 집중시키고 이들을 어떻게 연계시킬 것인가를 궁리하는 것이 도시재생 전략계획이고, 이들 개별 사업들을 한 지역에 집중하여 시행하는 것이 도시재생 사업이다.

　　다시 말하면, 부처별로 각각의 목표를 갖고 추진하는 공공사업들의 사업지역을 재배치하여 재생지역에서 시행되도록 하는 것이 도시재생 사업의 핵심이다. 이들 개별 사업들은 원래 담당 부처별로 각각 시행하는 것이다. 도시재생 사업 부서는 재생지역에 집중하는 부처별 사업들을 연계하고 조정하는 일이 주업이다. 이래서 "도시재생은 기존 도시 정책의 패러다임 전환을 필요로 한다"는 것이다.

　　이러한 도시재생 사업을 수십 개, 수백 개 부처별 분장 업무 중 또 하나의 분장 업무로 배정하여 추진한다는 것 자체가 난센스다. 예를 들어 서울시에서 열심히 추진하고 있는 주거환경 관리사업을 보자. 사업지역마다 사정이 다르겠지만, 주거환경 관리사업 대상 지역에서 문제로 지적되는 것은 대부분 노후한 주거환경과 주차장이 되어버린 골목길, 부족한 사회편익시설(공원, 도서관, 생활체육시설 등) 등이다. 서울시가 이들 지역에 대해 시행하는 처방은 도로 포장 개선 및 이면도로 주차장 설치, 마을 커뮤니티센터 신축, 노후주택 집수리 지원이다. 혹시 마을에 가용지가 있다면 쌈지공원을 정비하는 일이 더해진다. 그뿐이다.

　　서울시든 부산시든 용인시든 지방정부가 하는 일은 매우 많다.

공공임대주택 공급 확대에 힘을 쏟고 있고 국공립 어린이집, 작은 도서관
확충 등 동네와 주민의 삶의 질 향상을 위한 수많은 공공사업을 열심히
추진 중이다. 그런데 이 수많은 일을 도시재생사업과 연계하고 집중시키는
일은 별로 시원치 않다. 공공임대주택 공급사업, 국공립 어린이집 확충사업,
작은 도서관 확충사업을 주거환경 관리사업 지구에 집중시키면 되지
않는가. 어차피 할 일들을 재생사업 지구에 우선 집중시키면 될 텐데?
그러나 주거환경 관리사업 지구에 공공임대주택을 공급했다는 뉴스를 들은
적 없고 국공립 어린이집을 지었다는 이야기를 들은 적도 없다. 왜 그럴까.
이유는 하나. 칸막이 행정이다!

　공공임대주택 중 '기존 주택 매입임대주택'이라는 것이 있다.[15]
다가구주택, 미분양 아파트 등을 매입하여 임대주택으로 공급하는
국가사업이다. 이는 원래 2002년 서울시가 노후·불량 다가구주택을
매입하여 공공임대주택으로 활용하는 정책으로 시작한 것이었다. 이를
2004년부터 국토교통부가 국가 정책으로 채택하여 전국적으로 시행하기
시작했다.[16] 한국토지주택공사, 서울주택도시공사 등이 이 사업을 시행할 때
호당 일정 금액의 중앙정부 예산을 지원하는 방식이다.

　이 사업의 취지는 대규모 아파트단지 건설을 통한 임대주택 공급이

15　공공임대주택 공급 정책의 근거 법령인 「공공주택특별법」 시행령에서는
　　　공공임대주택을 영구임대주택, 국민임대주택, 행복주택, 장기전세주택, 분양전환
　　　공공임대주택, 기존 주택 매입임대주택, 기존 주택 전세임대주택으로 구분한다.
　　　한편 한국의 공공임대주택 정책은 김대중 정부의 국민임대주택 공급 정책을
　　　이어받은 노무현 정부의 「국민임대주택 건설 등에 관한 특별조치법」(2003)이 이명박
　　　정부에서는 「보금자리주택 건설 등에 관한 특별법」(2009)으로, 박근혜 정부에서는
　　　「공공주택건설 등에 관한 특별법」(2015)을 거쳐 「공공주택 특별법」(2016)을 근거로
　　　이루어지고 있다.

16　서울특별시 에스에이치 공사, 『서울시민고객의 든든한 행복지기: 서울특별시 SH공사
　　　20년사』, 서울특별시 에스에이치 공사, 2009, 250쪽.

쉽지 않은 기성 주거지에서 임대주택을 공급한다는 것이다. 나는 오래 전부터 이 사업이 기성주거지의 환경을 개선하는 수단으로서 갖는 가능성에 주목했다. 다가구·다세대주택이 밀집한 주거지나 달동네에 몇몇 다가구주택(또는 노후주택)을 매입하여 리모델링(또는 재축)을 거쳐 공공임대주택으로 공급한다면 주거지 재생사업의 훌륭한 수단이 되리라 기대했기 때문이다. 골목 어귀 등 요충지에는 점포나 공공 편익시설을 복합한 임대주택을 짓는다면 더욱 좋을 것이다.

의욕 있는 건축가들과 협력해 세련되고 충실한 설계로 보석 같은 집들을 짓는다면 도시재생의 훌륭한 예가 되리라 확신했다. 주거환경 관리사업 지구에서 골목 도로포장 개선, 쌈지공원 확충은 이미 하고 있는 일들이다. 여기에 더해 이런 '보석'들이 골목마다 두세 채씩 자리 잡는다면 어떨까. 공공임대주택 공급 효과는 물론 동네환경을 개선하는 효과가 엄청나게 커질 것이다. 그리고 이는 다른 주택 소유자들을 자극해 동네의 노후한 집들이 점차 양호한 주택들로 바뀌어가는 신호탄이 될 것이다. 골목환경과 주택의 질이 높아지면서 우려되는 젠트리피케이션 현상, 즉 임대료 상승에 따른 저소득층 거주자 퇴출이 문제라면 다가구·다세대주택 리모델링 공공임대주택을 더 늘리면 된다. 저소득층 주거 문제도 해결되고 동네 재생 효과도 더욱 커질 테니 말이다. 내가 '게릴라 공공임대주택 재생전략'이라 부르면서 주거환경 관리사업 지구의 유력한 재생전략으로 제안한 사업이다.

그런데 안 된단다. 도대체 왜? 표면상의 이유는 다가구주택을 순수 임대주택 용도로만 공급해야지 다른 용도를 복합하면 중앙정부의 지원 대상이 안 된다는 것이다. 황당한 이야기이지만 그럼 백번 양보해서 순수 임대주택으로라도 하자. 그것도 곤란하단다.

알고 보니 이 사업은 이미 변질되어 있었다. 기존 다가구·다세대주택을 매입하여 리모델링하는 것이 아니라 신축 다가구·다세대주택을 매입하고 있다. 한국토지주택공사나 서울주택도시공사 등 이 사업을 담당하는 기관 입장에서는 가급적 양호한 주택을 매입해야 리모델링 소요 기간 없이 단기간에 임대주택으로 공급이 가능하기 때문이다. 이 사업은 사업 담당기관이 주택 매입 공고를 하고 매입 신청을 한 주택들을 심사하여 매입 여부를 결정하는 방식으로 진행된다. 이 과정에서 가급적 신축주택을 선정하는 것이다. 이러다 보니 '기존주택 매입'보다는 건축업자들에게 건축계획을 제출토록 하여 매입을 약속하고 건축업자가 건축한 후 매입하는 방식으로 변질되어버렸다. 이 과정에서 건축업자들에게 제시하는 '매입임대주택 설계 기준과 시공지침'까지 제정하여 운영하고 있다.

이러니 '게릴라 공공임대주택 재생전략'이 불가능한 것이다. 중앙정부 지원 대상이 안 되기 때문이라는 것은 핑계일 뿐이다.[17] 진짜 이유는 칸막이 행정이다. 매입임대주택 담당부서는 연초에 정해진 업무 목표, 즉 매입임대주택으로 공급해야 할 임대주택 호수를 달성하는 것이 최우선 목표다. 이 목표만을 생각한다면 가급적 신축 주택을 매입하는 것이 가장 '효율적'이다. 리모델링 필요 없이 매입 즉시 임대 가능하기 때문이다. 재생사업 지역에서 애써 노후 다가구주택을 매입해서 새로 설계하고 리모델링 공사까지 해야 하는 '비효율적' 방식에는 관심이 없는 것이 당연하다. 재생사업은 어쩌냐고? 그것은 재생사업 담당부서가 알아서 할 일이다.

'열심히 일하고 있는 공무원들'을 탓하는 것이 아니다. 이들은 자신의 업무 목표 달성을 위해 최선을 다하고 있을 뿐이다. 목표 달성을 위한 가장 효율적인 방법을 찾아서 열심히 일하고 있을 뿐이다. 진짜 문제는 이들을 자신만의 목표에 몰두하도록 하는 칸막이 행정이다.

<hr/>

[17]　국토교통부 훈령인 '공공주택 업무처리지침' 제47조에서는 매입 임대주택 대상
　　　주택을 단독주택, 다중주택, 다가구주택, 공동주택으로 규정하고 있다. 이 조항이
　　　사업담당자들이 "점포나 편익시설을 복합하면 지원을 받을 수 없다"는 이유로 들고
　　　있는 조항이다.

다가구 행복주택 전략

행복주택이라는 것도 있다. 공공임대주택 중 하나로 국가나 지방자치단체의
재정이나 주택도시기금의 자금을 지원받아 대학생, 사회초년생, 신혼부부
등 젊은 층 주거 안정을 목적으로 공급하는 행복주택[18] 역시 재생사업에
긴요한 수단으로 쓸 수 있다. 매입 다가구 임대주택과 마찬가지로 일부
노후주택들을 매입하여 철거하고 행복주택으로 신축할 수 있다. 노후주택 한
채 단위로 다가구주택 형태로 건축할 수도 있고 연속한 필지 몇 개를 이어서
소단위 개발사업의 형식으로 건축할 수도 있다. 특히 행복주택 입주자는
대학생, 사회초년생 등으로 특정할 수 있으므로 대학 주변이나 역세권 기성
주거지 재생사업에서 효과를 기대할 수 있다. 물론 의욕 있는 건축가들과
협력한 세련되고 충실한 설계로 주변환경을 빛낼 '보석'을 만드는 일이
필수조건임은 당연하다.

그러나 이 역시 안 된단다. 행복주택은 아파트로만 공급하기 때문에
다가구주택이나 다세대주택은 안 된다는 것이다. "아파트로만 해야 한다는
법이 어디에 있느냐"는 질문에는, "그런 법은 없지만 그렇게 하고 있다"는
대답이 돌아온다. 행복주택 공급 담당 부서가 아파트형 임대주택 공급
업무조직으로 짜여 있기 때문이다. 이 역시 칸막이 행정이 빚어낸 문제다.
행복주택 담당부서의 행복주택 공급 목표량 달성을 위해서는 아파트로
한꺼번에 공급하는 것이 가장 효율적이다. 다가구주택이나 다세대주택을
한두 채씩 모아서 공급 목표량을 달성하려 덤비는 것은 바보나 하는 짓이다.
이들 역시 최선을 다하고 있는 것이다. 그럼 재생사업은? 그것은 재생사업
담당부서에서 알아서 할 일이다.

---

18 「공공주택특별법」 시행령 제2조.

다부처 협력형 사업이라면 가능하다

어리석음을 넘어 놀랍기까지 한 이러한 비합리는 재생사업을 칸막이 행정으로 추진해 빚어지는 사태다. 서울시는 2014년 10월 조직 개편을 통해 도시계획과 주택건축 중 도시재생에 직접 관련된 부서들을 '도시재생본부'로 통합 신설하였다. 도시재생 업무를 중심으로 부서 간 업무연계를 강화하겠다는 의지를 보인 것이다. 이러한 조직 개편이 어떤 효과를 발휘할지는 좀 더 두고 볼 일이지만 문제는 여전한 상황이다.

사실 쉽지 않은 일이다. 도시재생이 중요하고 다른 업무 분야들의 연계-집중이 필요한 일이라고 해서 모든 부서를 도시재생본부로 통합할 수는 없다. 여전히 임대주택 공급은 중요한 정책 목표이고 어린이집이나 도서관 확충도 소홀히 할 수 없는 일이다. 모든 업무에는 나름대로 중요한 목표가 있고 해결해야 할 과제가 있다. 그래서 업무별로 담당부서가 따로 있는 것이다. 직능별· 업무별로 부서를 나누는 조직체계는 불가피하다. 관건은 이 부서들 간 연계-협력을 위한 장치들이다.

부처 간 연계-협력의 구체적인 방법으로는 일본 지역재생제도의 하나인 '중심시가지 활성화'제도[19]에서 채택하고 있는 방법을 꼽을 수 있다. '중심시가지 활성화'는 중소도시들의 원도심 쇠퇴 문제에 대한 대책으로 시작한 재생 정책이다. 2006년 관련 법을 제정하고 총리가 본부장인 중심시가지 활성화본부를 설치하면서 본격화되었는데, 그 사업방식에 주목할 필요가 있다. 우선 각 지방정부는 자신들 도심지역의 재생사업계획을 수립하는데, 이때 중앙정부 부처들이 이미 시행하고 있는 재정사업들을 사업수단으로 활용하여 자신들 지역재생 사업계획에 포함시킨다. 이 재생사업계획은 중앙정부에서 각 부처 검토를 거쳐서 인정 여부가 결정된다. 사업계획을 인정받은 지방정부는 사업계획에 포함된 사업별로 중앙정부

---

19   염철호·차주영·박인석,『지역 기반 건축·도시프로그램 지원 네트워크 구축 및 코디네이터 기능 활성화 방안 연구』, 건축도시공간연구소, 2008, 56~63쪽 참조.

각 부처들에게 지원을 요구하여 시행한다. 결국 이 제도는 이미 중앙정부가 부처별로 시행하고 있는 사업들을 지방정부가 자신의 필요에 맞추어 재생사업 지역에 연계-집중할 수 있도록 하는 제도인 셈이다.

이 방식을 서울시 재생사업에 적용한다면 어떻게 될까. 도시재생본부가 사업지별로 다가구임대주택 매입과 건축(주택건축국 소관 업무), 국공립 어린이집 건축(여성가족정책실 소관 업무), 도서관 건축(문화본부 소관 업무) 등을 담은 사업계획을 작성하고, 각 부서 검토와 시장 승인을 거쳐서 주택건축국, 여성가족정책실, 문화본부로 하여금 해당 재생사업지에 해당 시설사업을 시행토록 요청하고 이들과 협력하여 재생사업을 추진하는 방식이 될 것이다. '다부처 협력형 재생사업'이라 할 만하다.

또 다른 방법은 부서 간 협력이 필요한 사업을 아예 업무 목표로 부여하는 것이다. 예를 들어 임대주택 부서에 재생사업용 임대주택 공급 호수를 업무 목표로 부여하는 식이다. 일단 업무 목표로 정해지면 담당부서에서는 기가 막힐 정도의 능력을 발휘하며 목표를 달성할 것이다. 부서별로 일일이 재생사업과 관련한 업무량을 지정한다는 것은 사실상 불가능한 일이므로 앞의 '다부처 협력형 재생사업'과 연동하여 보완적으로 사용할 만한 방법일 듯하다.

어쨌든 중요한 것은 도시재생 정책의 성패는 다른 공공사업들을 재생지역에 집중시키는 데에 달려 있음을 잊지 않는 것이다. 칸막이 행정 속에서 또 하나의 칸막이로 도시재생 행정을 추진하는 낡은 패러다임 아래서는 도시가 '다시 살아나는 일'은 결코 일어나지 않을 것이기 때문이다.

학교건축 —
옹벽과 담장에서 탈출해

열린 학교와 닫힌 학교

일본 도쿄 바로 동쪽에 마쿠하리 베이타운이라는 곳이 있다. 1980년대
개발된 마쿠하리 신도심의 배후 주거지로 1990년부터 개발된 곳으로,
유럽의 도시처럼 가구형(중정형) 5층 아파트들이 직접 가로공간에 면하는
공간구조를 갖는 주거지로 유명하다. 마쿠하리 베이타운은 30여 개에
이르는 아파트 블록마다 각각 건축가가 달라서 이들의 '설계작품들'이
도시 가로공간과 어우러진 풍경을 체험하려는 건축학도들에게 인기
있는 답사지이기도 하다. 그런데 여기에서 빼놓을 수 없는 풍경이 있다.
타운 한복판에 아파트 블록들 속에 자리 잡은 미하마 우타세(美浜打瀨)
초등학교다.

　아파트 블록들을 하나씩 보며 걷다가 미하마 우타세 초등학교가 있는
블록에 이르면 여유로운 운동장에서 뛰놀고 있는 아이들이 가장 먼저 눈에
들어온다. 운동장 주위 가로변으로 나지막한 잔디 둔덕이 있고 여기저기
크고 작은 나무들이 밀식되어 있다. 가로변에 공원같이 꾸며진 초등학교
운동장이다. 운동장 뒤로 2층 학교건물이 서 있다.

　이 초등학교는 '열린 학교'로 설계되어 2006년 개교한 학교다. 운동장뿐
아니라 학교 내부시설도 도서실, 미디어센터, 체육관 등이 지역사회에
개방된 시설로 외부에서 쉽게 출입할 수 있도록 설계되어 있다. 저학년
교실마다 딸려 있는 채마밭, 개방적인 열린 학습공간, 학교 한가운데 자리

일본 미하마 우타세 초등학교의 모습. 담장 없이 열려 있는 운동장이 인상적이다.

잡은 수영장 등 다른 볼거리도 많다. 초등학교의 새로운 기준을 보는 듯하다. 그러나 가장 눈에 띄는 것은 역시 운동장. 동네에 열려 있는, 주민들과 함께 쓰는 공원 운동장이다.

　일본에서도 이런 초등학교는 특별하긴 하지만 이 학교를 보고 있노라면 우리 초등학교 생각에 한숨이 절로 나온다. 동네 공원 역할은 언감생심, 담장 치기에 여념이 없다. 정문과 후문을 빼놓고는 담장이나 펜스로 막혀 있다. 그나마 방과 후나 휴일에는 잠겨 있기 일쑤다.

　다들 '닫힌 학교'를 문제라고 한다. 하지만 교장선생님들은 아이들을 범죄로부터 지켜야 한다며 학교를 닫는 게 불가피하다고 한다. 한편에서는 안전을 생각하더라도 담장으로 막는 것보다는 개방하는 것이 더 안전하다는 '자연 감시'론이 제시되기도 한다.

　그런데 왜 '닫힌 학교'가 문제일까. 왜 지역에 열어야 할까. 으레 열린 학교가 필요하다고 할 뿐 정작 왜 열린 학교여야 하는지에 대해서는 진지하게 따지는 경우가 별로 없는 것 같다. 왜 학교를 열어야 할까.[20]

　자주 등장하는 주장은 학교를 지역사회의 학습 기지이자 공유자산으로 활용해야 한다는 것이다. 한국 동네들의 생활환경 수준이 좋지 않다는

---

[20]　'열린 학교'라는 용어는 여러 의미로 사용된다. 학습공간을 교실 단위 칸막이 없이 개방적으로 구성하는 것을 뜻하기도 하고, 누구나 교육을 받고 학습할 수 있는 학교를

사실이 이러한 주장에 설득력을 더하려는 듯 추가된다. 도시 지역의 대부분
동네들이 공원, 주차장, 체육시설, 도서관 등 생활 인프라가 매우 부족한
상황에서 동네마다 있는 중요한 오픈스페이스이자 시설공간인 학교[21]를
지역사회와 공유하는 지혜를 발휘해야 한다는 것이다.

전국 학교 수는 1만 1,000개가 넘는다. 초등학교만 해도 6,000개다.[22]
전국의 읍면동 수가 3,502개이니까[23] 각 읍면동마다 학교가 3개 이상
있다는 이야기다. 학교는 교육자산일 뿐 아니라 지역사회의 중요한
공간자산이라 할 만하다.

그런데 문제는 이들 학교의 시설 수준이 별로 좋지 않다는 것이다.
일례로 전국 초등학교 중에서 수영장을 갖추고 있는 학교는 1%에 지나지
않는다.[24]

일본의 경우는 초등학교의 84.3%가 수영장을 갖추고 있다.[25] 사실

말하기도 한다. 또는 지역 주민들과 시설 및 프로그램을 공유하는 '지역사회에 열린'
학교를 뜻하기도 한다. 여기서는 일단 '지역사회에 열린 학교'로 논의를 한정한다.

21 2015년 기준으로 한국 초등학교의 교지 평균 면적은 1만 4,811m²이다. 참고로 일본의
초등학교 교지 면적은 평균 1만 6,847m²다(한국교육개발원 교육통계서비스와 일본
문부과학성 통계 정보 제시 자료를 근거로 산출한 수치). 앞서 예시한 마쿠하리
베이타운의 미하마 우타세 초등학교의 부지 면적은 1만 7,498m²이다.

22 2016년 현재 전국 학교 수는 초등학교 6,001개, 중학교 3,209개, 고등학교 2,353개로
총 1만 1,563개다(국가통계포털, 교육기본 통계).

23 2016년 현재 전국 읍면동 수는 읍 220개, 면 1,193개, 동 2,089개로 총 3,502개다
(행정자치부, 『행정자치 통계연보』, 행정자치부 정보통계담당관실, 2016).

24 교내에 수영장을 갖추고 있는 초등학교는 전국에 76곳(2015년)뿐이다. 전체 5,913개
초등학교의 1.3% 수준이다. 그나마 수영장이 있는 76곳 중 39곳이 서울에 있어,
지방 학교에는 수영 시설이 더욱 부족한 실정이다. 교육부에 따르면 경상북도에는
수영장을 갖춘 학교가 한 곳도 없다(「'생존수영' 의무화됐는데 … 학교 수영장, 1%뿐」,
『조선일보』, 2016년 7월 29일).

25 2008년 기준 일본 초·중·고등학교 수영장 보유 상황을 살펴보면, 초등학교 84.3%(2만

한국은 학교 시설에 대한 통계조차 부실하다. 교육통계를 제공하는 통계사이트에서는 교지 면적 이외에는 시설 현황을 집계조차 하지 않고 있다. 수영장 보유 실태도 신문기사를 검색해서나 알 수 있다. 일본은 수십 종류 시설별로 세세하게 학교시설 현황을 집계·공표하고 있다. 시설 수준에서나 관련 통계 수준에서나 비교할 수조차 없을 정도로 저열하다.

부끄럽다. 세계 경제 규모 11위라고 자랑만 하면 뭐하나. 언제까지 우리 아이들을 수영장 하나 없는 담장 속에서 키울 것인가.

더해줘서 여는 덧셈 전략으로

'열린 학교'는 이런 상황 속에서 따져보아야 한다. 왜 '열린 학교'인가. 학교 공간과 시설을 지역사회에서 이용해야 하니 열라고? 아이들 학교의 시설 수준이 이 모양인데 그나마 좀 빼서 지역사회와 나누어 쓰자는 이야기인가? 동네의 생활 인프라 수준이 허약하다 보니 나오는 이야기겠지만 학교를 이용해먹으려는 궁리라 할 수밖에 없다.

발상의 전환이 필요하다. 뺄셈이 아니라 덧셈으로 가야 한다. 답은 학교-지역 공용시설 확충이다. 학교도 지역사회도 공간과 시설이 부족하기는 마찬가지다. 학교 시설을 빼서 지역사회를 보충하는, 아랫돌 빼서 윗돌 괴는 식으로는 안 된다. 지역 따로 학교 따로 해결하는 비효율을 감수할 필요도 없고 여유도 없다. 지역과 학교의 공유로 풀어야 한다. 이것이 '열린 학교'가 필요한 이유다. 열어서 뺏으려는 뺄셈이 아니라 더해줘서 여는 덧셈이다. 학교를 새로 짓는다면 인근의 공원, 도서관, 체육시설 등 지역공공시설을

2,476개교 중 1만 8,957개교 보유), 중학교 64.4%(1만 915개교 중 7,031개교 보유), 고등학교 56.4%(5,243개교 중 2,957개교 보유)이다(文部科學省, 体育·スポーツに関する統計調査, http://www.mext.go.jp).

학생들이 이용하기 쉽도록 설계해야 한다. 지역에 공원, 도서관, 체육시설을 확충하는 경우라면 학교에서도 사용하기 쉬운 위치를 골라야 하고 사용하기 쉬운 형태로 설계해야 한다. 이것이 '열린 학교'다.

'열린 학교'가 겪는 또 하나의 갈등은 '범죄로부터의 안전' 문제다. 몇 년 전 학교 담장 없애기 운동이 제법 활발했다. 실제로 몇몇 학교가 담장을 없애고 화단이나 숲을 조성하기도 했다. 이 참에 학교 숲을 만들어 마을 숲으로 가꾸자는 야심 찬 제안들이 나오기도 했다. 그러나 어린이를 대상으로 한 범죄가 터지고 사회적 논란이 커지면서 학교는 다시 '담장 치기' 쪽으로 돌아섰다. 오히려 더 단단히 쌓고 잠그는 쪽으로 돌아섰다. 점점 더 불안해지는 사회, 늘어나는 범죄 속에서 어린이들을 안전하게 지켜야 한다는 주장을 가벼이 볼 수 없는 상황이다. 열린 학교 앞에 놓인 또 하나의 딜레마다.

그러나 이러한 딜레마는 뺄셈 전략에서 생기는 문제다. '담장 허물기' 역시 학교 담장 자리의 녹지를 지역에서 향유하자는 생각에서 나온 것이니 '뺄셈'이다. 기존 학교공간을 열어서 지역주민이 활용하려면 '외부인으로부터의 안전' 문제를 피할 수 없다. 하지만 시설을 더해주는 방식, 덧셈 전략에서는 얼마든지 해결 가능하다.

지역사회에 열린 학교가 반드시 학교 담장을 개방하고, 외부인이 통제 없이 드나들 수 있어야 하는 것은 아니다. 지역-학교 공유시설을 학교 경계부에 설치하면 외부인의 학교 출입을 통제하면서도 얼마든지 공유가 가능하다. 학생과 지역민 모두 공유시설 출입이 가능하지만 지역민이 공유시설을 통해 학교영역으로 들어가는 것은 통제하도록 설계하면 된다. 공유시설을 학교 경계부가 아니라 학교 옆에 설치한다면 더더욱 문제 소지가 없어진다. 학생들은 공유시설로 나올 수 있지만 지역민들이 학교로 들어갈 일은 없다. '열린 학교'는 학생들이 학교 안에만 갇혀 있지 않은 학교를 뜻하는 것이지 외부인이 자유로이 드나드는 학교를 말하는 것이 아니다.

미하마 우타세 초등학교처럼 운동장은 공원으로 공유시설화하고 학교영역은 명확히 출입통제가 가능하도록 설계하는 것도 현실적인 방법이다.

운동장에서 범죄가 일어나면 어떻게 하냐고? 학생들도 방과 후에는 학교를
나가 밖에서 생활하게 마련인데 넓게 개방된 운동장에서 지역사회와 만나는
일조차 걱정한다면 더 이상의 논의는 불가능하지 않을까?

옹벽으로 둘러싸인 유아독존 학교건축

'열린 학교'는 지역의 필요와 학교의 필요를, 지역의 자산과 학교의 자산을
통합적으로 살피는 기획과 상상력이 필요함을 말해준다. 기획과 상상력은
설계과정에서 펼쳐지기 마련이다. 설계조건을 기획하고 설계안을 구상하면서
관행을 뛰어넘는 새로운 해결안이 나오는 것. 이것이 창발이고 설계적
상상력이 갖는 힘이다.

　　그런데 설계가 안 움직인다. 학교건축은 30년 전 그대로다. 정작 문제는
'닫힌 학교'가 아니라 '닫힌 설계'인 것이다.

　　물론 달라진 면이 있다. 콩나물 교실이 해소된 지 오래고 부분적이나마
열린 교실 개념을 도입한 설계 사례도 등장한다. 교사동도 알록달록
다채로워졌다. 그것을 좋아진 것이라 해야 할지는 잘 모르겠지만 말이다.
그러나 그뿐이다. 학교시설은 여전히 저열하다. 수영장은 꿈도 못 꾸는 사정이
잘 보여주지 않는가. 비단 비용의 문제가 아니다. 통합적 기획과 상상력의
문제다.

　　학교건축이 진전이 없는 이유는 잘 알려져 있다. 원흉은 「학교시설사업
촉진법」이다. 과거 개발시대에 숱하게 제정되었던 '촉진'을 이름에 단
법들이 모두 폐지되거나 이름이 바뀌었지만, 1982년 제정된 이 법은 여전히
'촉진법'이다. 이 법에서는 "학교시설의 건축 등을 하려면 교육감의 승인을
받거나 신고하여야 하며" "교육감은 이를 해당 시장·군수·구청장에게

통보하여야 한다"고 규정하고 있다.[26] '신고'나 '협의'가 아니라 "통보"다. 지방정부에게 건축허가를 받지 않는 것은 물론 지방정부와 협의조차 하지 않는다는 이야기다. 학교건축은 해당 지역 교육청이 '전적으로 알아서' 한다. 칸막이 행정의 끝판 왕이다.

지역의 공간환경 관리 책임은 지방정부에 있다. 지방정부는 건축허가라는 법적 장치를 통해 공무원들은 물론 여러 전문가들로 하여금 지역환경을 저해하는 건축행위를 견제하고 좋은 건축을 견인하려고 노력한다. 학교는 이러한 절차를 깡그리 무시하고 지어지는 것이다. 지역환경이 어찌되든 아랑곳 않는다는 이야기다. 이건 교육 자치를 넘어서 교육 독존이다. 칸막이 행정을 넘어 유아독존이다.

학교건축을 수행하고 관리하는 주체는 각 시·도 교육청 시설과(施設課) 공무원이다. 여기는 지방정부와 협의조차 없는 무풍지대다. 자체적인 설계 기준과 공사 기준으로 '알아서' 한다. 지역사회와 격리된 학교건축 행정은 지역사회의 환경에도, 건축 설계 분야의 쟁점과 담론에도 무심할 수밖에 없다. 행정도 유아독존, 설계도 유아독존이다.

유아독존 학교건축 행정은 학교부지 계획 단계부터 시작된다. 웬만한 신도시 개발에는 새로운 학교부지가 수십 개씩 들어서는 것이 보통이다.[27]

---

26 「학교시설사업 촉진법」 제5조의 2(학교시설의 건축 등) ① 제4조 제1항 본문 또는 제2항에 따라 시행계획의 승인 또는 변경승인을 받은 자는 학교시설의 건축 등을 하려면 「건축법」 제11조 및 제14조에도 불구하고 대통령령으로 정하는 바에 따라 감독청의 승인을 받거나 감독청에 신고하여야 한다. 제4조 제1항 단서에 따라 학교시설의 건축 등을 하려는 경우에도 또한 같다. ② 감독청은 제1항에 따라 승인을 하거나 신고를 받으면 이에 관한 사항을 해당 시장·군수·구청장(자치구의 구청장을 말한다. 이하 같다)에게 통보하여야 한다. (여기에서 "감독청"은, 초·중등교육법 제6조에 따라, 국립학교의 경우는 교육부장관을, 공립이나 사립학교는 교육감을 말한다.)

27 예를 들어 분당신도시에는 초등학교 26개교, 중학교 16개교, 고등학교 15개교, 특수학교 1개교 등 모두 58개 학교가 신설되었다.

그런데 개발계획 단계에서 교육청 시설과가 취하는 태도는 한결같다. 학교용지는 무조건 평지에 직사각형으로 계획할 것을 요구한다. 경사지이든 산중턱이든 관계없다. 어쨌든 학교용지만은 평평하고 네모반듯해야 한다. 학교용지는 교육청이 수요처이므로 요구를 안 들어줄 재간이 없다. 학교용지 경계를 따라 높은 옹벽과 법면 발생이 불가피한 경우가 부지기수다. 그래도 상관없다. 무조건 평평하고 직사각형이어야 한다. '어차피 담장 칠 것이니 주변이 어쨌든 관계없다. 법면과 옹벽? 학생들이 학교 밖으로 나갈 수 없으니 오히려 좋다'는 태도다. 지역환경이야 망가지든 말든 아랑곳 않는 태도다. 건축허가 걱정도 없고 지역환경에도 관심 없다. 학교 짓기만 편하면 그뿐이다.

학교건축 설계를 진행하는 방식도 문제투성이다. 얼마 전까지만 해도 계획설계 용역을 수의계약으로 따로 발주하고 중간설계와 실시설계만 사업수행능력평가(PQ) 방식으로 발주하는 변칙적 방식이 학교 설계발주 방식의 주류였다. 평지에 정형화된 부지에다 주변환경에 아랑곳하지 않고 담장 치는 학교 설계. 설계가 뻔할 수밖에 없다. 어떤 학교설계 전문기관이 학교 계획설계 용역을 한 해에 수백 개나 수행했다는 풍문이 근거 없는 소리 같지 않은 이유다. 이런 와중에서 교육청 담당공무원들이 학교건축 설계에 가장 정통한 전문가 행세를 한다. 하긴 이런 방식으로 하는 설계라면 이것을 수백 차례 반복해온 그들이 '달인'의 경지에 오르는 것이 오히려 당연하다.

2014년 「건축서비스산업진흥법」 시행으로 설계공모가 의무화되면서 학교 설계 역시 설계공모로 바뀌었다. 그럼에도 유아독존 설계는 불변이다. 여전히 평지 직사각형 부지에 담장이다. 주변 지형에 대한 고려도 필요 없고 주변 공간과의 연계도 필요 없다. 지역사회와의 연계도 없다. 시설의 진화도 변변치 않다. 수영장 하나 없는 학교, 도서관 하나 변변치 않은 학교가 담장에 갇힌 채 하릴없이 반복될 뿐이다.

학교 부지는 네모반듯한 평지여야 한다는 고정관념의 결과 ― 옹벽에 갇힌 학교들.

학교건축을 열어야 아이들이 자란다

사실 학교건축의 혁신은 지역사회와의 연계를 통해서만 가능한 일이다. 교육청 홀로 교육 예산 증액만으로 학교시설 혁신을 이룬다는 것은 어림없는 일일 뿐 아니라 어리석은 일이다. 학교 주변 공원녹지, 또는 운동장과 연계한 여유 있는 체육활동 공간 확보, 작은 도서관 정책과 연계한 도서관의 학교 학습공간화, 생활체육시설과 연계한 질 높은 체육시설 확보…. 이들 하나하나가 교육시설의 수준 향상은 물론 지역사회와의 소통 증진을 담보하는 일들이다. 또한 학교 교육의 질적 혁신이 비로소 가능해지는 길이기도 하다.

이 모든 것은 학교건축 행정이 칸막이에서 나와 지방정부와, 지역사회와 협력하고 소통할 때 비로소 가능한 일들이다. 지역공간의 맥락 속에서 학교가 들어설 땅을 고르고, 지역사회와 더불어 우리가 보유한 자산과 우리가 필요한 자원을 따지고 고민하고 구상할 때 비로소 눈에 보이기 시작하는 일들이다. 그 고민과 구상이 좋은 설계를 통해 건축으로 구현될 때 비로소 가능해지는 일들이다. 무엇보다 학교건축 행정이 갇혀 있는 칸막이를 열어야 한다. 그래야 평지와 직사각형과 담장으로 닫혀 있는 학교 설계도 열릴 수 있다.

물론 학교와 지역사회에 대한 투자가 늘어야 한다. 학교와 지방정부의 관리 부담도 늘어날 것이다. 그렇지만 이는 우리 사회가 당연히 부담해야 할 일이다. 언제까지 학생들을 담장 안에 가두어둘 것인가. 수영장도, 도서관도 없이 사회와 격리된 사각지대에 언제까지 우리 아이들을 방치할 것인가. 학교는 상상력을 키우는 곳이어야 한다. 칸막이 속에 닫힌 행정, 닫힌 설계가 반복되는 속에서 상상력은 자라지 않는다.

4부

설계시장

좋은 설계, 실력 경쟁만이 해답

설계시장의 참상

아이돌 그룹들이 TV 프로그램을 도배하기 시작한 때가 언제일까. 소녀시대나 원더걸스가 한참 보였던 2000년대 중반쯤일 것이다. 그러더니 2010년쯤부터는 이들이 '케이 팝'이라는 이름으로 세계시장을 공략하기 시작했다.

급작스럽게 불어닥친 케이 팝 현상에 대해 많은 말이 있다. 케이 팝 세계시장 진출이 갖는 경제효과와 시장 규모를 따지기도 하고, 연예기획사의 가혹한 훈련과 착취적 운영 구조에 대한 비판과 우려도 제기되었다. 어찌됐든 케이 팝 현상에서 주목해야 할 지점이 있다. 케이 팝 열풍과 세계시장 성공 신화 뒤에는 국내시장에서의 치열한 생존경쟁이 작동하고 있다는 점이다. 국내시장 경쟁에서 인정받고 승리한 아이돌 그룹이 세계시장으로 진출하여 성과를 거두고 있다는 점이다.

시장경쟁 참여자들은 경쟁에서 이기는 게 목적이다. 아이돌 그룹이건 운동 선수들이건 실력을 쌓기 위해 고된 연습과 훈련을 마다 않는 것은 실력이 승부를 가르기 때문이다. 만일 승부가 로비에 달렸다면 로비에 최선을 다할 것이고, 출연료 할인에 달렸다면 낮은 출연료 받고도 생존하는 길 찾기에 최선을 다할 것이다. 경쟁에서 이기는 게 목적이기 때문이다. 이는 곧 시장효과의 차이로 이어진다. 실력으로 승부하는 시장이라면 실력 있는 선수들이 늘어나는 시장효과를 낼 것이다. 로비로 승부하는 시장이라면 로비스트들을 배출하는 시장효과를 낼 것이다.

　케이 팝을 끌어다 이런 이야기를 하는 것은 한국의 건축 설계시장 때문이다. 결론부터 말하면 한국의 건축 설계시장은 실력으로 승부하는 시장이 아니다. 실력으로 승부하지 않으니 실력 있는 설계자가 육성되지 못한다. 이런 풍토 속에서 건축산업이 건강하게 작동할 리 없다. 건축산업의 부가가치를 늘리고 경제효과를 높이는 일이 순조로울 리 없고, 우리 도시의 공간환경을 가꾸는 일이 순탄할 리 없다.

　우리 건축 설계시장의 참혹한 현실은 2부 1장에서 이미 그 대강을 훑어보았다. [표 5]를 다시 보자. 공공건축물 설계용역 발주 현황을 보면 가격입찰과 사업수행능력평가(PQ)를 합친 80% 이상이 가격을 기준으로 발주된다. 시장경쟁에서의 승부가 설계 실력이 아니라 '설계비'로 결정된다는 이야기다. 무조건 설계비를 적게 받는다고 이기는 것도 아니다. 공사 입찰에서 업체들의 담합을 막기 위해 정부가 고심 끝에 마련한 방법인 '제한적 최저가 입찰제'¹를 설계입찰에도 적용하고 있기 때문이다. 이해하기에도 복잡하고 승부를 우연에 맡길 수밖에 없는 이 경쟁에서 이겨서 설계용역을 따내려면 그저 끈기 있는 '계속 도전'이 필요할 뿐이다. 열 번 써 내면 한 번은 걸리겠지. 자연히 수많은 공공기관이 공고하는

1　행정자치부 예규인 '지자체 입찰 및 계약 집행 기준'에 따르면, 예정가격 이하이되 예정가격의 87.745% 이상으로 제출한 자 중 최저가격을 제출한 자를 선정토록 되어 있다. 업체들이 담합하여 낙찰가격을 높이거나 과당경쟁으로 턱없이 낮은 가격을 써내서 부실공사로 이어지는 위험을 방지할 목적으로 고안해낸 방법이다. 이에 따르면 응찰자들이 예정가격을 미리 알면 안 된다. 이 때문에 고안된 '예정가격' 결정방법이 황당하다. 발주자가 15개의 예정가격을 미리 만들어놓고 입찰 참가자 중에서 4인을 선정하여 이 중에서 네 개를 추첨토록 한 후 이들의 산술평균가격을 예정가격으로 확정한다. 예정가격이 얼마로 결정될지 아무도 알 수 없다. 이 때문에 이러한 가격입찰 방법을 '운찰제'라는 별명으로 부르기도 한다. 낙찰자로 선정되는 것은 운에 맡기는 수밖에 없다는 뜻이다. 이럴 바에야 가위바위보로 낙찰자를 뽑는 게 낫다는 자조적 농담이 예사롭지 않다.

설계입찰 소식을 모아서 운에 맡기고 설계비를 써내는 일만 담당하는 전문가가 생긴다. 심지어 다른 설계업체들에게 수수료를 받고 이 일을 대행해주는 곳도 있다. '로또도 실력이 있어야 당선될 확률이 높아진다'는, 황당하지만 뭐라 반박하기도 힘든 믿음이 퍼져나간다.

이런 식으로 결정된 설계자가 설계를 열심히 할 것을 기대할 수 있겠는가? 아무리 열심히 해서 좋은 설계를 만들어봤자 다음 설계용역을 다시 따낸다는 보장이 없다. 다시 로또를 뽑아야 할 뿐이다. 자연히 최소한의 설계로 공무원들의 '검사'를 통과하는 요령만 쌓여간다. 이것도 실력이라면 실력이다. 부실한 설계는 빈곤한 공공건축물을 낳고 이는 다시 남루한 동네환경으로 귀결된다. 가격입찰이라는 시장경쟁 질서가 만들어내고 있는 한국 건축 설계 산업의 한 단면이다.

가격입찰 시장 다음으로 비중이 큰 시장이 설계공모에 의한 발주 시장이다. 공공건축물 중 설계공모로 설계용역을 발주하는 시장이 건수로는 17.7%, 금액으로는 55.4%다. 상대적으로 설계비 규모가 큰 건축물들이 설계공모로 발주된다는 이야기다. 이 시장이 한국 건축 설계시장 중 유일하게 '실력 경쟁' 무대라 할 만한 시장이다. 그러나 이 시장도 온전치 않다. 가장 큰 문제는 심사 공정성. 설계업체들의 심사위원에 대한 로비 문제가 심각하다는 것이다. 시장경쟁 결과가 설계 실력보다는 심사위원에 대한 로비로 결정되는 설계공모가 훨씬 많다는 것이 건축계의 중론이다. 이는 정확한 수치로 확인할 수 없는 사항이지만 건축계의 분위기가 그렇다는 것은 분명하다.

2014년 「건축서비스산업진흥법」이 시행된 이후 설계공모에서 심사위원 명단을 사전 공개하는 등 심사 공정성 문제가 개선되고 있는 조짐이 보이고는 있지만 아직 대세는 여전하다. 여전히 "심사 공정성을 믿을 수 없다"는 게 건축가들의 중론이다. 경쟁의 승부가 설계 실력이 아니라 로비로 결정된다면 어떤 일이 벌어지겠는가. 둘 중 하나다. 하나는 설계업체들이 설계 실력이 아니라 로비 실력을 키우는 것이다. 어차피 목표는 경쟁에서

이겨 용역을 따내는 것이다. 경쟁에서 이기는 데 로비가 필요하다면
로비를 할 수밖에 없다. 또 다른 하나는 심사위원 공정성을 믿을 만한
설계공모만을 참가 대상으로 삼는 것이다. 적지 않은 설계사무소들이 이
방법을 취하고 있다. 그러나 '믿을 만한 설계공모'는 많지 않다.

결국 국내 공공건축 설계시장에서 설계사무소들의 경쟁력은 많은 부분
운에 달려 있거나 심사위원에 대한 로비 능력에 달려 있는 셈이다.

공공건축 설계시장이 그렇다면 민간 건축 설계시장은 어떨까. 1부
4장에서 살펴본 대로 민간 건축시장은 전체 건축시장의 84.2%다. 민간
시장의 설계비는 공공부문보다 낮은 것이 보통이므로 설계시장 비중은
이보다는 많이 낮을 것이다.[2] 이 중 36.2%가 중소규모 건축물 시장이고
아파트가 18.1%다. 소규모 건축물 중 고급주택 등 일부를 제외하고는 설계
자체가 저급한 수준으로 이루어지고 있어 정상적인 설계시장으로 보기
곤란하다. 또한 민간 아파트는 건설업체들의 설계비 인하 요구가 강해서
공공부문 아파트에 비해 설계비가 3분의 1 수준으로 알려져 있다. 그나마
아파트 건설업체가 대형업체 중심으로 그 숫자가 많지 않아서 이들을
고객으로 하는 설계업체 역시 몇몇 업체에 한정되어 있는 상태다. 결국 민간
건축 설계시장 84.2% 중 50% 이상은 경쟁 대상이 아니거나 경쟁 자체가 큰
의미 없는 시장이라 할 수 있다. 나머지 30% 정도의 시장을 놓고 시장경쟁이
이루어지는 셈인데, 예상할 수 있듯이 민간시장은 설계 실력에 대한 세간의
평판 못지않게 학연, 지연 등 개인적 연고가 만만치 않은 변수로 작용한다.
순수한 설계경쟁으로 승부가 나는 시장으로 보기 힘들다는 이야기다.

이상의 상황이 말해주는 것은 결국 한국의 건축 설계시장에는 설계
실력으로 경쟁하는 시장이 매우 작다는 것이다. 이런 상황에서 무엇을
도모할 수 있단 말인가. 거듭 말하지만 실력으로 경쟁하는 시장이라야

---

[2] 공공부문과 민간부문의 설계시장 규모가 통계로 집계되지 않아 확인이 불가능하다는
    것 또한 문제다.

실력 있는 선수들이 육성되는 법이다. 설계 실력으로 경쟁하지 않는 시장을
방치한 채 우수한 설계인력이 늘어나기를 기대한다는 것은 난센스다.
설계 경쟁력은 물론 건축산업 경쟁력을 기대하는 것도 난센스고 건축과
도시환경의 질적 향상을 목표로 하는 모든 노력이 헛일일 수밖에 없다.

한국의 건축 설계시장 상황이 말해주는 또 하나는 공공건축
설계시장이 매우 중요하다는 사실이다. 설계 실력으로 경쟁하는 시장만
본다면 시장 규모에서도 공공건축이 차지하는 비중이 매우 크다. 게다가
공공건축 설계시장에서의 경쟁은 민간시장에서 설계 실력에 기초한
설계자의 평판을 생산해내는 장이기도 하다. 그런데 지금 이 시장이 병들어
있다. 한편으로는 가격입찰로 병들어 있고 다른 한편으로는 심사공정성
문제로 병들어 있다.

결론은 명확하다. 무엇보다도 설계 실력으로 경쟁하는 공공건축
설계시장 질서를 세우는 일이 최우선적 과제다. 이것이 전제되지 않고서는
아무것도 기대할 수 없고 도모할 수도 없다. 공공건축 설계시장을
설계 실력으로 경쟁하는 시장으로 정상화하는 일. 이것이 한국 건축의
최전선이다.

설계공모 의무화는 불가피한 차선책

2013년 제정된 「건축서비스산업진흥법」이 2014년 6월부터 시행에
들어갔다. 이 법을 제정하기 위한 건축계의 노력도 주목할 만하고 이 법이
한국 건설업과 건축에 대해 갖는 의미를 놓고 따져봐야 할 쟁점도 많다.
그러나 이 법이 제정되고 시행되면서 당장 일어난 가장 크고 가장 중요한
변화는 공공건축 설계용역 발주방식을 '설계공모로 의무화'한 것이다.

사실 설계공모는 건축 설계를 발주하는 여러 방법 중 하나일 뿐이다.
'모든 건축물의 설계는 설계공모방식으로 해야 한다'는 취지로 만들어진

이 법 조항은 형식적으로만 보면 무리한 것이다. 이런 이유로 이 법률안을 준비하는 과정에서도 논란이 적지 않았으나 결국은 '일정 규모 이상' 건축물에만 적용하는 것으로 입법되었다. 설계로 경쟁하지 않는 한국 설계시장 풍토를 고려한 고육지책에 결국 모두 합의한 것이다.

설계공모방식은 (심사가 공정하게 이루어진다는 전제 아래) 좋은 설계안을 확보할 수 있는 유력한 방법임에는 틀림없다. 설계 실력으로 승부하는 방법이라는 점에서 시장경쟁을 통해 우수한 설계자를 육성하는 효과를 갖는다는 것도 분명하다. 그러나 단점도 있다. 먼저 기회비용이 크다는 점이다. 대상으로 하는 건축물에 따라 차이가 크지만 설계공모에는 적게는 서너 개, 많게는 수십 개의 응모작품들이 경합한다. 특별한 경우이긴 하지만 수백 개가 응모한 사례도 있다. 경쟁률이 높다는 것은 그만큼 좋은 설계안을 확보할 가능성이 높다는 것을 뜻하기도 하지만, 한편으로는 응모 작품 수만큼의 설계업체들이 설계안 작성을 위해 시간과 비용을 투입한다는 것을 뜻한다.

설계공모에 응모할 설계안을 준비하는 데에는 짧게는 1개월, 길게는 3개월의 기간이 필요하다. 설계 규모에 따라 투입 설계인력도 수 명에서 수십 명에 이른다. 하나의 설계안을 확보하기 위해서 적게는 세 개 업체, 많게는 수십 개 업체가 몇 달의 시간과 수십 명 인력을 투입한다는 이야기다. 이 모든 것이 결국 건축 설계산업이, 우리 사회가 투입하는 비용이다. 모든 공공건축의 설계를 설계공모로 한다면 그 총비용이 만만치 않다. 물론 기회비용이 크다고 해서 반드시 문제라고 할 수는 없다. 건축물에 따라서 이 정도 기회비용이 아깝지 않은 경우도 많다. 문제는 '모든' 설계를 설계공모로 한다는 것이다. 모든 설계를 설계공모로 함으로써 우리 사회가 얻는 효과가 이를 위해 발생하는 기회비용을 감내할 만한 것인가?

설계공모에 대해 제기되는 또 다른 쟁점은 이 방법이 과연 좋은 설계안을 확보하는 데 '어느 경우에나' 가장 효과적인 방법인가 하는 점이다. 유사한 건축물을 설계해본 경험이 있는 설계자가 아니면 설계에 문제가 발생할 위험이 큰 건축물들이 있다. 대표적인 것이 병원 건축이다. 갖가지 의료장비와 진료시스템에 익숙하지 않으면 병원 기능에 맞는 건축 설계가 쉽지 않기 때문이다. 이러한 건축물 설계를 그냥 설계공모로 진행한다면 기술적으로 문제가 있는 설계안이 선정될 위험이 크다. 설계공모 과정에서 세세한 기술적 사항에 대한 적합성을 일일이 검토하고 평가하여 당선안을 선정하는 것은 사실상 쉽지 않은 일이기 때문이다. 이 때문에 외국의 공공기관 중에는 자체적으로 적격 설계업체들로 후보 설계자군(short list)을 미리 선정해두고 이들만을 대상으로 설계공모나 제안서 입찰을 하는 방식을 취하는 경우가 적지 않다.[3]

설계발주기관이 후보 설계자군을 미리 선정해두는 또 다른 경우는 '좋은 설계자들'의 참여를 확보하기 위해서이다. 일반적인 설계공모를 할 경우 우수한 설계자들이 응모하지 않아 제출된 설계안이 모두 적절하지 않은 상황이 발생할 위험이 적지 않다. 이 때문에 소정의 절차를 통해 설계 실력을 '믿을 만한' 설계자들로 후보 설계자군을 선정해두고 이들만을 대상으로 설계공모 발주를 하는 것이다.[4]

이러한 설계발주 방법은 결국 설계용역 발주기관이 가장 적절한 설계를 확보할 수 있는 방법을 선택할 수 있는 재량권을 발휘하도록 하는 것이다.

3   대표적인 사례가 영국 국립의료서비스(National health Service)가 효과적인 의료시설사업을 위해 2003년부터 시작한 공공조달혁신프로그램인 'ProCure21'의 파트너링 전략이다. 이는 미리 복수의 기업(또는 기업군)을 협력업체로 선정하고 이들에게 5년간 설계 및 시공 입찰에 독점적 참여권을 부여하는 제도다. 2003년에는 모두 12개의 기업(군)을 협력업체로 선정하였다. 이에 대한 자세한 내용은 김한수 외, 『발주자가 변하지 않고는 건설 산업의 미래는 없다』, 보문당, 2006, 136~161쪽 참조.

4   미국 뉴욕 시가 시행하고 있는 D+CE(Design and Construction Excellence)나, 서울시가 설계비 1억 원 이하 설계용역을 서울시 공공건축가들로 제한하여 설계공모 하는 제도 등이 여기에 해당한다. 이에 대해서는 이 책 2부 1장 참조.

원론적으로는 지극히 당연하다. 그러나 우리 사회에서는 이러한 방식이 오래전부터 거론되면서도 도입되지 않고 있다. 발주기관의 공정성에 대한 불신이 우선적인 이유다. 또한 이제껏 이러한 재량권을 성공적으로 발휘할 것이라는 믿음을 줄 만큼 설계발주 관리능력을 보여준 기관이 없었다는 것도 불신에 한몫하고 있다.

바로 이것이 한국 사회가 차선책이지만 '설계공모 의무화'에 합의한 이유라고 해야 할 것이다. 불가피한 기회비용 증가는 저열한 우리 건축 설계시장에 정상적인 질서를 세우는 비용으로 보아야 한다. 치열한 설계경쟁을 통해 파급될 설계인력 육성 효과에 대한 사회적 투자로 보아야 한다. 설계공모 의무화는 한국 건축의 최전선인 설계경쟁 시장질서 구축에 나선 아방가르드라고 해야 할 것이다.

심사 당일에 심사위원을 선정하는 내막

요즘은 다소 줄었지만 얼마 전까지만 해도 새벽에 휴대폰이 울리는 일이 한 달에도 몇 차례씩 반복되곤 했다. 한두 번 울리는 것도 아니고 줄잡아 열 번은 보통이다. 아예 전화를 꺼놓거나 진동 모드로 설정해놓고 보지 않아야 한다. 이러다가 진짜 급한 연락을 놓치는 거 아닌가 하는 불안감이 가시지 않지만 연거푸 울리는 전화를 새벽잠을 설쳐가면서 일일이 확인할 수는 없는 노릇이다.

이 새벽 전화 소동은 설계공모 심사위원 위촉을 둘러싸고 벌어지는 해프닝이다. 건축학과 교수들은 대부분 경험해본 일일 것이다. 공공건축물 설계공모를 주관하는 공공기관들이 심사 당일 새벽에 전화로 심사위원 위촉을 알리며 참석 가능성을 묻기 때문에 벌어지는 일이다. 물론 공공기관은 모든 대학교수들에게 전화하지 않는다. 자신들이 갖고 있는

심사위원 후보군 중에서 나름대로의 방법으로[5] 심사위원으로 선정한
사람에게만 연락한다. 연락한 사람이 당일 심사 참석을 사양하면 다시 다른
사람을 선정하여 연락한다. 그러니 기껏해야 몇 사람만 전화를 받을 것이다.
설계공모 심사위원은 보통 일곱 명이나 아홉 명이니 공공기관으로부터
연락을 받는 사람은 아마 10여 명일 것이다.

그런데 이날 새벽 같은 시각에 '모든' 교수들에게 전화를 하는 사람들이
있다. 설계공모에 응모한 설계업체 직원들이다. 심사위원 후보군에 속한 교수
100여 명 모두에게 전화한다. 설계공모마다 응모업체들이 보통 서너 개는
되니까 교수마다 서너 군데에서 전화가 온다. 전화를 받으면 "심사위원 위촉
연락을 받으셨냐" 묻는다. 전화는 한 번으로 그치지 않는다. 심사위원 선정
현장과의 연락이 원활하지 않아서인지 몇십 분 간격으로 거푸 확인 전화가
온다. 이러니 금세 열 통 넘게 전화벨이 울리는 것이다. 왜 그걸 확인하는지는
모를 일이다. 확인해서 어쩌겠다는 것인지도 모를 일이다. 짐작 가는 구석이
없지는 않다. 심사위원으로 참석한다면 자신들의 작품을 뽑아달라는
로비가 시작되겠지. 심사가 당일 열리니 심사 시작까지 시간이 얼마 없는데
그 사이에 무슨 방법으로 어떻게 로비를 하는지는 알 재간이 없다.

전국 수백 명 건축과 교수 집에 한 달에 몇 차례씩 새벽마다 벌어지는
이런 황당한 일이 10여 년 전부터 계속되어왔다. 로비로 얼룩진 한국 건축
설계시장이 빚어낸 씁쓸한 풍경이다.

심사에 따라다니는 로비 논란은 건축계에만 있는 일도 아닐 해묵은
일이다. 건축계에 이러한 논란이 노골화된 것은 1990년대 중반 건설공사
턴키입찰[6] 심사가 증가하면서부터였다. 한국 경제 규모가 급격히 커지면서

---

5   보통은 설계공모에 응모작품을 제출한 설계업체 직원들이 새벽에 모여 추첨으로
     결정한다.

6   턴키(turn-key)입찰은 설계와 시공을 묶어서 발주하는 설계·시공 일괄입찰을 말한다.
     건설업체와 설계업체가 한 팀을 이루어서 응모한다.

건설 프로젝트의 양과 규모도 커지고 이에 따른 건설업체들의 수주경쟁이 격화된 때였다. 공사비 규모가 설계비의 수십 배 규모인 만큼 수주경쟁 역시 설계공모에 비해 훨씬 치열하고 심사위원들에 대한 로비 역시 훨씬 적극적이다. 새벽 전화는 말할 것도 없고 집 앞에 건설업체 직원들이 차를 대놓고 대기하기까지 하였다. 대기해서 어쩌겠다는 건지는 확인할 기회를 갖지 못했지만 말이다.

최근에는 건축 분야에서 턴키입찰이 거의 없어졌지만 이때 습득한 노하우가 대형 설계업체들을 중심으로 설계공모 심사에서 조금 약한 수준으로 재연되고 있다. 간혹 아파트 사업용지 사업자 선정을 위한 설계공모 등 건설사가 참여하는 공모가 있을 때면 어김없이 훨씬 강도 높은 새벽 전화에 시달려야 한다.

면피용 공정성 코스프레

그런데 왜 새벽일까. 설계공모를 발주하는 공공기관에서는 왜 심사 당일 새벽에 심사위원을 선정하는 것일까. 나름대로 이유는 있다. 심사 공정성을 위해서란다. 심사 당일 새벽까지 누가 심사위원이 될지 모르게 해야 로비가 없어지지 않겠느냐는 것이다.

그러나 '새벽 전화 전략'으로는 로비가 결코 줄어들지 않는다. 아니 오히려 더 늘어났다. 누가 심사위원이 될지 모르는 상태에서 업체들은 아예 심사위원 후보 교수 전체를 대상으로 '상시 로비'하는 전략으로 나온 것이다. 대형 건설사의 경우 교수 200여 명을 '상시 관리'한다는 소문이 파다하다. 수시로 방문하여 인사하고 식사 대접하고 골프장 초대하는 식이다. 최근 「부정청탁 및 금품 등 수수의 금지에 관한 법률」(김영란법) 시행으로 주춤한 듯하지만 두고 볼 일이다. 공공기관 공모 담당자들도 이 사실을 모를 리 없다. 하지만 그들의 새벽 전화 전략은 바뀌지 않는다. "별 다른 방법이 없다"는 것이다.

사실 설계공모 심사 절차와 방법을 둘러싼 논란은 이미 답이 정해진 문제다. 이미 정해진 분명한 답을 놓고도 실행을 망설이는 데서 비롯하는 문제다. 오래전부터 '심사위원 명단을 미리 확정하여 설계공모를 공고할 때 공개하고 심사결과는 물론 심사위원별 심사 결정 이유까지 모두 투명하게 공개하는 것만이 방법'이라는 주장이 설득력 있게 제기되었다. 그리고 이러한 주장은 「건축서비스산업진흥법」 제정에 이어 국토교통부가 고시한 '건축 설계공모 운영지침'에 명시되었다.[7]

'공개'를 주장하는 근거는 이렇다. "심사 당일 새벽까지 심사위원을 감춘다고 로비가 사라지지 않는다. 로비를 하겠다는 사람이 있는 한 어떤 방법을 쓰더라도 이를 막을 수 있는 방법은 없다. 오히려 심사위원을 미리 공개하고 로비 문제는 심사위원들의 도덕성에 맡기는 것이 좋다. 미리 심사위원으로 선정되고 나면 심사위원들도 로비에 엄격해질 것이다. 물론 사람에 따라 로비에 대한 대응이 다를 것이고 간혹 로비에 넘어가는 사람도 있을 수 있다. 그러나 모든 것을 공개 원칙으로 하여 공모 심사가 거듭되면 심사위원을 맡았던 개개인들에 대해 건축계에서 평판이 형성될 것이다. 이러한 평판 속에서 차츰 정화 효과가 작동할 것이다. 그리고 심사는 점점 맑아질 것이다. 평판 효과를 높이기 위해서는 심사위원별 심사의견과 심사평가 내용도 모두 공개해야 한다. 모든 것을 투명하게 공개하는 것만이 맑은 질서를 만드는 유일한 방법이다."

명쾌하다. 달리 무슨 방법이 있겠는가. 그러나 한쪽에서는 계속 머뭇거린다. 이들 역시 '새벽 전화'를 한다고 로비가 사라지지 않을 것이라는

---

7   국토교통부 고시 '건축 설계공모 운영지침' 제12조에 "심사위원의 명단은 설계공모 시행 공고 시 공개하는 것을 원칙으로 한다"고 규정하였으며, 제14조에 "발주기관 등은 심사일로부터 7일 이내에 심사의 결과(평가점수, 평가사유서 등)를 서면이나 홈페이지 등을 통해 실명으로 공개하여야 한다"고 규정하였다.

점은 인정한다. 그러면서도 "그래도 로비할 시간이 별로 없으니 그만큼 로비가 줄어들지 않겠느냐"는 애매한 말과 함께 "사전 공개는 곤란하다"는 입장을 버리지 않는다. 최후의 순간까지 심사위원을 비밀에 부치는 것이야말로 '보여 줄 수 있는' 공정성 조치의 최고봉이니 이를 포기할 수 없는 것이다. 형식적 공정성을 위해 실질적 공정성을 밀어내는 '공정성 코스프레'라 할밖에.

"심사위원을 미리 공개하면 로비할 수 있는 기간이 길어지고 로비가 집중될 것이다. 심사위원들이 견딜 수 있겠느냐"며 걱정까지 해준다. 실제로 몇몇 교수들은 이런 걱정에 동조한다. 심지어 개인별 심사내역 공개까지도 반대한다. 심사내역을 공개할 경우 "나중에 쏟아질 업체 관련 지인들의 눈초리가 신경 쓰여서 자유롭게 심사할 수 없다"는 게 이유다. 가소로운 이야기다. 그렇게 걱정되고 그 정도 자유도 못 누릴 형편이라면 심사위원 위촉을 거절하면 될 일이다. 사실 그런 걱정을 할 지경이라면 심사위원 자격이 없는 사람이라고 해야 한다.

설계공모 심사 과정에서 심사위원들이 응모 작품들을 놓고 토론하는 것에 대해서도 논란이 있다. 실제로 토론 없이 심사하는 설계공모전이 매우 많다. 아예 심사 전에 심사방법을 설명하면서 "토론은 금지한다"고 못 박는다. 심사위원들은 각자 응모작품을 살펴보고 조용히 자신의 평가표에 채점하는 것으로 끝이다. 그 뒤에는 주최 측 담당자들이 평가표를 모아서 집계한 후 발표하는 결과를 들을 수 있을 뿐이다. 이렇게 심사할 거면 도대체 왜 한 장소에 모여서 심사를 하는지조차 궁금할 지경이다. 그냥 인터넷 온라인 심사로 하면 서로 편하고 심사장을 오가는 교통량이라도 줄일 것 아닌가.

토론을 못 하게 하는 이유가 황당하다. "일부 목소리 큰 심사위원들이 다른 심사위원들에게 영향을 미쳐서 심사결과를 좌우하게 될 위험이 있다"는 것이다. 여기에 동조하는 심사위원들도 있다. 이건 더 황당하다. 도대체 말이 안 된다. 토론이란 자신의 의견을 개진하고 남의 주장을 듣기

위해 하는 것이다. 자신의 의견을 피력하여 다른 심사위원들의 동의를
구하려는 것이다. 심사위원이라면 당연히 자신이 가장 좋은 설계라고
평가하는 작품이 당선되도록 애써야 하는 것 아닌가. 거꾸로 다른
심사위원의 의견 중에 미처 자신이 놓쳤거나 가벼이 보았던 점이 발견되면
이를 참고하여 자신의 평가를 수정할 수도 있을 것이다. 남의 의견을
참고하는 것이 아니라 휘둘릴 것이 걱정이라니 스스로 심사위원 자격이
없음을 자백하는 꼴이다. 형식적 공정성에 급급한 '공정성 코스프레' 탓에
충실한 심사와 좋은 설계를 만들어가려는 노력이 훼손되고 있다.

심사위원 선정은 발주기관의 임무다

「건축서비스산업진흥법」에 따라 국토교통부가 고시한 '건축 설계공모
운영지침'에는 심사위원을 설계공모 공고 시 공개하도록 규정하고 있다.
그러나 심사위원 사전 공개를 둘러싼 여러 논란을 의식해서인지 해당
조항 문구를 "공개하는 것을 원칙으로 한다"라고 되어 있다. 인정할 만한
사유가 있다면 공개하지 않아도 된다는 뜻으로 해석할 수 있다. 실제로
이 문구를 빌미로 사전 공개를 거부하고 아직도 '새벽 전화 전략'을
계속하는 공공기관들이 적지 않다. '새벽 전화'는 아니지만 심사일 며칠
전에야 심사위원을 선정하는 기관들도 적지 않다.[8] 사전 공개가 아니기는
마찬가지다.

이들 기관이 심사위원 사전 공개를 꺼리는 데에는 여러 내밀한 사정들이

---

8   이는 행정자치부(국토교통부가 아니라) 관장 법률을 따르는 지방정부 및 지방정부 산하
     공공기관들이 취하는 방법이다. 행정자치부 예규 '지방자치단체 입찰 시 낙찰자 결정
     기준'에 포함된 '설계공모 운영 요령'에는 심사위원 선정 및 명단 공고에 대한 규정은
     없이 "계약담당자는 심사대상이 되는 공모안을 설계공모심사위원회의 개최일로부터

있다. 그 중 하나는 심사위원을 사전 공개하려면 발주기관이 스스로
심사위원을 선정해야 한다는 부담 때문이다. '새벽 전화 전략'이나 '심사일
며칠 전 선정'은 설계업체들이 응모작품을 제출한 이후에 하는 일이다. 따라서
응모작품 제출 업체들을 불러 모아서 그들이 추첨하여 심사위원을 선정토록
한다. '심사받을 업체들이 모여서 서로가 확인하는 가운데 직접 추첨하여
심사위원을 결정한다.' 얼마나 공정한 방법인가. 형식적 공정성 코스프레에는
놓칠 수 없는 한 방이다.

　이에 비해 설계공모 공고 시점에서 심사위원을 공개하려면 설계공모 공고
전에 미리 심사위원을 선정해야 한다. 설계공모가 시작도 안 된 시점이니
응모업체가 있을 리 없다. 그러면 심사위원을 누가, 어떤 기준으로 선정해야
할까. 발주기관이 직접 선정하는 수밖에 도리가 없다. 공정성 시비에 휘말릴
걱정에 부담이 태산이다. 공정성을 과시할 수 있는 최고의 방법인 '피심사자
직접 추첨'을 버리고 이런 부담스럽고 위험한 일을 택할 이유가 없는 것이다.

　사전에 심사위원을 선정하는 경우 흔히 택하는 방법이 '심사위원
추천위원회'를 구성하여 이들에게 책임을 미루는 것이다. 추천위원회의
위원은 발주기관이 이미 운영하는 전문가 자문위원회들 중 건축
설계공모와 관련 있는 위원회에 속한 외부전문가들과 발주기관 내부
임직원들로 구성하는 것이 통례다. 그러나 막상 추천위원회에서는 발주기관
임직원들보다는 외부전문가들이 주도하는 경우가 대부분이다. 발주기관
임직원들이 공정성에 대한 부담 탓에 의견 제시에 소극적이기 때문이다.

　그런데 사실 심사위원 선정은 발주기관이 주도해야 마땅하다. 발주기관은
자신이 발주하는 건축물을 기획하는 주체다. 사업계획을 통해 그 건축물이
어떤 내용으로 어떤 성격을 갖도록 해야 하는지를 결정한다. 그 건축물이
아파트이건 공공청사건 문화시설이건 마찬가지다. 어떤 경우에는 사업부지

최소 3일 전까지 심사위원에게 미리 교부하여 사전에 검토하도록 해야 한다"라고만
규정하고 있다.

주변환경상 독특한 경관을 연출하는 건축이 중요할 것이고, 어떤 경우에는 외부 형태는 가급적 튀지 않으면서 기능적으로 충실한 건축이 중요할 것이다. 또는 무엇보다 경제적인 건축이 최우선으로 필요한 경우도 있을 것이고, 특별한 설비장치의 작동이 중요한 건축도 있을 것이다. 이러한 발주기관의 필요사항은 '설계지침' 형태로 제시되어야 한다. 그러나 설계지침 못지않게 중요한 것이 심사위원들의 성향이다. 당연한 이야기지만 건축 전문가들은 사람에 따라 성향이 다르다. 특색 있는 형태로 도시경관을 창출하는 건축을 선호하는 사람이 있는가 하면 그렇지 않은 사람도 있다. 경제적 합리성을 중시하는 정도도 사람에 따라 다르다. 발주기관이 자신이 필요로 하는 건축을 얻으려면 당연히 같은 방향의 성향을 갖는 전문가를 심사위원으로 선정해야 한다.

발주기관이 심사위원을 사전 공개하는 것은 설계공모에 응모하려는 설계자들에게 "우리는 이런 심사위원들이 선호하는 성격의 건축을 필요로 한다. 공모에서 당선되고 싶다면 이런 방향으로 설계하라"는 메시지를 던지는 일이다. 설계자들은 당연히 그 방향에 맞추어 설계한다. 설계공모에 응모하는 것은 당선되기 위해서이기 때문이다.

이렇게 본다면 '공정성'을 위해 심사위원을 나중에 선정하는 것은 발주기관이 자신의 건축물에 대한 책임을 방기하는 일이다. 설계자들이 어떤 성향의 설계를 해야 하는지 모르는 채 설계하도록 방치하는 것이기 때문이다. 심사위원을 '추첨'으로 선정한다는 것 또한 더더욱 말이 안 된다. "어떤 설계를 당선시키든 우리는 관계없다"는 이야기이기 때문이다. "우리는 우리가 짓는 건축이 어떤 것이든 관계없다. 심사위원 선정과정과 심사과정에서 공정성만 지켜서 감사에 지적당할 문제만 안 생기면 된다"는 꼴이다. 무소신, 무책임 행정의 끝판 왕이다.

막장으로 치닫는 설계비

설계비는 갈수록 낮아진다

"건축 설계비가 10년 전에 비해 오히려 낮아졌다." 얼마 전 한 설계사무소 대표에게서 들은 자조 섞인 넋두리이다. 물가 상승률이고 뭐고 다 배부른 이야기이고 절대 금액 자체가 낮아졌다는 것이다. 설마 그럴 리가 있느냐는 말에 그는 "빈말이 아니다"라며 몇 가지 실제 사례를 들어 설명했다. 민간 건축시장에서의 설계비 이야기였는데, 계속되는 건설 불경기 탓에 건축 설계 업계 사정이 한층 팍팍해지고 있는 상황과도 물려 있는 속사정이었다. 부분적인 사례일 뿐이겠지만 설계시장의 설계비 상황이 정상이 아니라는 이야기는 어제오늘 이야기가 아니다.

정상적인 설계비가 오가는 중급시장은 작고 허약하다. 하급시장에서는 '설계비 200만 원', 심지어 '무료'라는 말까지 횡행하며 불량 시공업체에 놀아난다. 반면 고급시장에서는 모 회장이 외국 건축가를 불러 국내 수준의 몇 배를 지불했다는 소문이 입길에 오른다.

막장 설계비 문제는 건축 설계 분야의 형편없는 산업구조 문제로 연결된다. 낮은 임금에 야근을 밥 먹듯 하는 설계사무소 특유의 열악한 노동조건은 익히 알려진 사실이다. 건축 설계사무소가 이러니 건축 설계사무소로부터 하도급으로 일을 받는 구조설계사무소, 설비설계사무소 등 협력 엔지니어링업체들의 사정은 더욱 심각하다. 낮은 하도급 단가에 그나마 미수금이 잔뜩이다. 설계사무소들의 열악한 노동조건과 영세함은 설계의 질 문제로 이어질 수밖에 없다. 특히 대부분 설계사무소가 하도급으로 처리하는 실시설계가 직격탄을 맞는다. 이는 곧바로 시공 부실로 이어지고 건축물의 성능 부실로 이어질 수밖에 없다.

10년 전보다 설계비가 낮아지는 것을 걱정할 정도로 설계시장이 피폐해진 이유는 무엇일까. 물론 우리 사회 건축시장의 저열함에 근본적인 이유를 돌릴 수도 있다. 하지만 부동산 공인중개사도 보수 기준대로 받고 있는데 건축사는 왜 기준에 따라 설계비를 받지 못하는지 의아할 것이다. 물론 정부에서 정한 설계대가 기준이 있긴 하다. 그렇다면 기준대로 받으면 되지 않냐고? 모르는 소리! 공공부문에만 적용되는 기준이라 민간 건축물에는 적용되지 않는다. 그렇다고 공공부문은 설계비를 제대로 받는 것도 아니다.

어쩌다 이 지경이 되었을까? 저간의 사정이 간단치 않다. 무엇부터 어떻게 손대야 할까. 막장 설계비와 맞장 떠야 할 전선은 어디인가?

설계비를 결정하는 기준

모든 상품에는 가격이 결정되는 과정과 기준이 있다. 개인 소비자가 일상용품을 구입할 때야 가격표대로, 또는 가게 주인이 부르는 대로 가격을 지불하지만, 물품을 대량으로 주문하거나 특별한 서비스용역을 구매할 때는 가격을 가늠하기 위해 견적서를 주고받는다. 일반적으로 견적서에는 물품들 명칭이 적히고 물품마다 단가와 수량을 적고 이를 곱한 합계 금액이 적힌다. 이때 배달·포장 등에 소요되는 인건비는 물품 단가에 포함된 것으로 간주한다. 그러나 인건비 비중이 큰 경우라면 이야기가 달라진다. 예를 들어 건축공사비가 그렇다. 건축공사 견적서(내역서)에는 공사에 소요되는 자재들의 단가, 수량, 금액과 함께 인건비 내역이 중요한 비중으로 포함된다. 인건비 역시 단가, 수량(인·일), 금액으로 표시하기는 마찬가지다.

인건비, 즉 노임 단가는 기술자 등급에 따라서 다르고 수량은 공사 내용에 따라 다르다. 민간시장에서야 실제로 거래되는 가격을 지불하면 되니 경우마다 단가가 달라져도 상관없다. 그러나 공공부문은 다르다. 매번 다른 가격을 책정하고 지불할 수 없게 되어 있다. 자칫 비리로 이어질 위험이 크다고 보기 때문이다. 때문에 가격을 산정하기 위한 국가 기준이 필요해진다. 공종별, 직종별로 기준노임단가가 책정되어 있다. 물가 변동을 감안하여 매년 기준 가격을 새로 공지한다. 수량, 즉 공사 종류별로 소요되는 노동력의 양도 국가 기준이 있다. 이를 '표준품셈'이라고 한다. 표준품셈에 노임단가를 곱하여 인건비를 계산한다. 이 방법이 시중 인건비를 제대로 반영하지 못한다고 하여 '표준시장단가'[9]를 별도로 정해 놓았다. 자재와 노임에 대해서도 품목별로 '표준 물가'와 '노임단가'를 일일이 정해 정기적으로 공지한다. 이런 기준들을 일일이 관리하는 법령이 있고 관장하는 기관들도 있다.[10]

---

9 '표준품셈'에서는 단위 공사량당 재료량과 노무량을 공지한다. 예를 들어 '0.5B 시멘트벽돌쌓기'라면 1m²당 시멘트벽돌 75장, 조적공 1.6인이다. 자재비와 인건비는 별도 기준물가와 노임단가를 곱해서 산출한다. 한편 '표준시장단가'에서는 시장거래가격을 기준으로 공종(工種)별로 단위 공사량에 대한 소요금액을 공지하고 있다. '0.5B 시멘트벽돌쌓기' 노임은 m²당 1만 5,320원이다(재료비를 포함하지 않는 경우는 재료비를 따로 산출한다).

10 「국가계약법」 시행령 제9조에서는 공사계약을 위한 예정가격을 결정할 경우 "이미 수행한 공사의 종류별 시장거래가격 등을 토대로 산정한 표준시장단가로서 중앙관서의 장이 인정한 가격"을 기준으로 할 것을 규정하고 있다. 이에 따라 국토교통부 훈령 '건설기술진흥업무 운영규정' 제82조 제1항에서는 한국건설기술연구원을 표준시장단가 및 품셈에 대한 관리기관으로 지정하고 있으며, 한국건설기술연구원은 표준시장단가와 표준품셈을 매년 업데이트하여 공고하고 있다. 한편 기준물가와 기준노임단가는 기획재정부 소관이다. 「국가계약법」 시행규칙 제5조에서는 계약을 위한 예정가격은 "기획재정부장관에게 등록한 전문가격 조사기관이 조사하여 공표한 가격"으로 산출하도록 규정하고 있다. 이에 따라 기획재정부에 다섯 개 기관이 전문가 격 조사기관으로 등록되어 있다. 물가자료,

매우 복잡하지만 간단히 요약하면, 각종 공종별로 재료와 노임에 대한 기준 가격을 국가가 일일이 정하여 공표하고 있다는 것이다. 물론 이것은 공공기관용 기준일 뿐이다. 공공기관은 이를 엄격히 지키지만 민간시장에서는 참고할 뿐 안 지켜도 무방하다.

그렇다면 설계비는 어떤 기준으로 결정될까. '설계의 대가 기준'이라는 것이 있다. 한국 설계대가 기준은 국토교통부가 고시한 '공공발주사업에 대한 건축사의 업무 범위와 대가 기준'이라는 법령에 정해져 있다. 여기서는 설계비를 어떤 기준으로 정하고 있을까.

설계비를 산정하는 기준은 크게 두 가지다. 하나는 '공사비요율방식'이다. 공사비에 일정 요율을 곱해 설계비를 산출하는 방식이다. 다른 하나는 공사비처럼 노임 단가와 품셈 기준을 만들어 실투입 비용을 산정하는 방식이다. '실비정액가산방식', 또는 '인건비승수방식'이라고 한다.

공사비요율방식은 산출이 간편할 뿐 아니라 나름대로 합리성을 갖춘 방식이다. 공사비 규모가 작을수록 요율이 커지도록 '공사비 규모 단계별 요율'을 정해 "건물이 작다고 설계를 하는 데 드는 노력이 그만큼 줄어드는 것이 아니다"라는 문제를 해소하고 있다. 물가 상승률도 어느 정도 반영한다. 물가가 올라 공사비가 오르면 설계비도 오를 테니 물가 상승에 따른 설계비 인상이 저절로 된다는 논리다. 상당히 실용적이고 합리적인 게 사실이다. 한국의 설계대가 기준은 이 방식에 따르고 있고 다른 나라들도 대부분 이 방식을 따른다.[11]

물가정보 등이 이들 기관이 기준물가 공지를 위해 발간하는 간행물이다.

[11] 그럼에도 한국 공사비요율방식이 물가 상승을 제대로 반영하지 못한다는 비판이 있다. 예를 들어 물가 상승률이 100%라서 공사비가 100억 원에서 200억 원으로 올랐다고 치자. 공사비 100억 원에 대한 설계대가요율이 4.17%이므로 설계비는 4억 1,700만 원이다. 그런데 공사비 200억 원에 대한 대가요율은 4.04%이므로 설계비는 8억 800만 원이다. 물가 상승률이 100%라면 공사비처럼 설계비도 두 배 올라야 정상이다. 8억 3,400만 원으로 올라야 한다. 그런데 8억 800만 원이다. 가만히 앉아서 2,600만 원이

또 다른 설계비 산정 기준인 '실비정액가산방식'(인건비승수방식)은
공사비처럼 노동력 단가와 품셈 기준을 만들어 실투입 비용을 산정하는
방식이다. 실제 적용을 하려면 건축물 종류별·규모별로 설계에 소요되는
인력에 대한 품셈(연인원 수)이 필요한데 이를 정하는 것이 쉽지 않다는
문제가 있다. 한국에서도 1993년 건설부가 실제로 이 방식을 도입한 적이
있었지만 거의 편법에 가까운 방식이었다.[12]

이 방식을 참고할 만한 수준으로 적용한 것이 일본의 설계대가
기준이다.[13] 건축물 종류별, 연면적 규모별로 설계 소요 인·시간(man-hour)
수, 즉 품셈 기준을 정하고 여기에 매년 별도로 공표되는 기준노임단가를
곱하여 설계비를 산출하는 방식이다. 건축물 종류별로 매우 자세한 기준표를
제시하고 있는데, 앞에서 언급한 물가 상승 문제 등을 모두 해결한 합리적인
기준이라 할 만하다.

깎인 셈이다. 이 문제가 해소되려면 대가요율을 물가 변동에 따라 지속적으로 개정해야
한다. 또는 '공사비'가 아니라 '건축물 규모'를 기준으로 대가요율을 정하면 된다. 건축물
규모에 따라 공사비가 오른 만큼 설계비도 오를 테니 문제가 해결된다. 동일한 규모라도
건물의 종류, 복잡도에 따라 공사비가 다를 테니 '건축물 종류별·규모별·복잡도별'로
대가요율을 정하는 것이 합리적이다.

12 당시 적용한 방식은 공사비규모별로 인·월수를 규정하고 여기에 직접인건비를 곱하여
대가를 산출하는 방식이었다. 그런데 당시 기준의 근거였던 1992년 대한건축학회의
연구(『건축사 업무 및 보수 기준 개정에 관한 연구』, 대한건축학회, 1992)를 보면
공사비요율방식으로 산출된 공사비를 기준임금으로 나누어 인·월 수를 산출하였다.
공사비요율방식의 문제를 해결하기 위해 만든 대안을 공사비요율방식을 모체로 만든
셈이다.

13 국토교통성 고시인 '건축사사무소 개설자가 그 업무에 관하여 청구할 수 있는 보상
기준'(建築士事務所の開設者がその業務に関して請求することのできる報酬の基
準)을 말한다. 일본도 처음에는 공사비요율방식으로 설계대가 기준을 운용했으나
1997년부터 인건비승수방식으로 변경했다. 2009년 현재의 기준으로 전면 개정했다.

독과점 금지법과 민간 설계대가 기준의 딜레마

설계대가 기준 자체에도 세세한 쟁점과 논란거리들이 있지만, 어쨌든 설계대가 기준이 제대로 작동했다면 시중 설계비 수준이 막장까지 가지는 않았을 것이다. 부동산 중개 보수 기준만큼만 작동해도 설계비가 일정 수준 이상은 유지되었을 것이다. 설계대가 기준은 제대로, 거의 작동하고 있지 않다. 설계대가 기준을 둘러싸고 무슨 일이 일어난 것일까.

설계대가 기준이 맞닥뜨린 난적은 독과점 방지법이었다. 한국 설계대가 기준은 1966년 건축사협회가 정한 '건축사 업무 및 보수 기준'을 건설부가 인정하는 형식으로 시작되었다. 이 기준은 공공부문과 민간부문 모두에 적용하는 기준으로서 몇 차례 개정을 거듭하며 1993년에는 인건비승수방식으로 개편되기도 하였다. 그러다 1999년 이 보수 기준은 폐지되었다. 「독점규제 및 공정거래에 관한 법률의 적용이 제외되는 부당한 공동행위 등의 정비에 관한 법률」이라는 긴 이름의 법이 제정되면서였다. 정부는 이 법을 통해 각종 자격제도 관련 법률들에서 사업자단체의 가격협정 등을 허용한 근거조항들을 삭제했는데, 이때 「건축사법」에 있던 근거 조항[14]이 삭제됨으로써 '건축사 업무 및 보수 기준'이 자동 폐지된 것이다.

보수 기준이 폐지된 후 설계비 산정 기준이 없다는 논란이 계속되자 건설교통부는 2001년 「건축사법」에 다시 설계대가 기준을 정할 수 있는 근거조항[15]을 신설하였고, 이에 근거하여 2002년 '건축사 용역의 범위 및 대가 기준'을 공고하였다. 이 새로운 대가 기준은 인건비승수방식을 포기하고

---

14 당시 「건축사법」 제26조를 말한다. 이 조항은 "건축사사무소 개설자가 그 업무에 관하여 위탁자에게 청구할 수 있는 보수의 기준은 건축사협회가 건설교통부장관의 인가를 받아 이를 정한다"는 내용이었다.

15 당시 「건축사법」 제19조의 3을 말한다. 이 조항은 "건설교통부장관은 건축물의 설계 및 공사감리에 있어 부실과 분쟁을 예방할 수 있도록 건축사와 용역의뢰자 간에 협의에 의하여 약정할 수 있는 용역의 범위와 그 대가에 관한 기준을 정하여 공고하여야 한다"는 내용이었다.

공사비요율방식으로 복귀하였다.

2002년 다시 제정된 대가 기준 역시 민간부문에도 동일하게 운용되는 기준이었는데, 2009년 민간부문은 제외하고 공공부문에만 적용하는 것으로 개정되어 현재에 이르고 있다. 즉 체계와 내용은 그대로 유지하면서 명칭만 '공공발주사업에 대한 건축사의 업무 범위와 대가 기준'으로 바꾸고 적용대상을 공공부문에 국한한 것이다. 국토교통부는 법률 개정문을 통해 당시 개정의 이유를 "설계비 담합 등으로 인해 민간에 부정적 영향을 줄 수 있는 측면이 있다"고 밝히고 있다. 다만 "공공발주 사업의 경우 공공기관이 사업비 예산을 확보하는 객관적 기준으로 활용"해야 하므로 공공부문의 대가 기준으로 유지한다는 것이다.

독과점 금지법에 의해 건축 설계대가의 기준이 폐지된 것은 한국만이 아니다. 미국은 1972년에 이미 독과점 금지법에 따라 설계비 결정 기준을 폐지했고 일본 역시 1975년에 폐지했다. 폐지 후 미국은 건축사협회(AIA)가 자율적으로 '설계비 실태 조사'를 발표하는 방식으로 전환했다. 건축사협회에서 미국 전역의 설계사무소들을 표본조사하여 실제 설계비 수준을 통계치로 제시함으로써[16] 건축사들이 이를 가이드라인으로 설계비 협상을 할 수 있도록 한 것이다. 일본은 일본건축사회가 제정하여 사용하던 설계보수 산정 기준을 폐지한 몇 년 후에 건설성이 '건축사사무소 개설자가 그 업무에 관해 청구할 수 있는 보수의 기준'이라는 명칭으로 보수 기준을 다시 제정한다.

결국 독과점 금지법은 민간 설계시장에서 건축사들의 설계비 담합을 우려해 나온 법이었고, 여기에 한국 설계시장이 직격탄을 맞았다 할 수 있다. 독과점 금지법으로 설계대가 기준을 폐지한 경험이 있는 나라들의 대응을 보면 한국만 민간 설계시장에 대해 무대책인 상황임을 알 수 있다.

---

16 설계비는 공사비에 대한 요율(%)로 표시하고 있는데 설계 질적 수준에 따라 4단계로 구분하여 제시하고 있다.

미국은 건축사협회가 나서서 '시장가격(설계비) 통계'라는 명목으로 사실상의 대가 기준을 공표하여 운용하고 있다. 일본은 중앙정부가 나서서 '건축사사무소 개설자가 그 업무에 관해 청구할 수 있는 보수의 기준'이라는 교묘한 명칭으로 민간 설계시장에 대한 대가 기준을 유지한다. 한국만 '공공발주사업에 대한 건축사의 업무 범위와 대가 기준'이라는 명쾌한 명칭으로 공공부문용임을 천명함으로써 민간 설계시장을 방치하고 있는 것이다.

그렇다면 당장 민간 설계시장에도 적용할 만한 대가 기준을 만들어내는 것이 당면 과제일까? 정부를 설득해서 일본처럼 민간시장에서도 준용할 만한 대가 기준을 만들어내면 될까? 해결이 그렇게 간단치 않다. 우선 그런 요구가 받아들여지겠느냐는 것이다. 당장 "미국처럼 건축사단체들이 알아서 할 수 있는 방법이 있는데 왜 국가 기준을 만들어 달라는 것이냐"는 반론이 나올 것이다. 미국 말고 일본 사례가 있지 않느냐고? 일본은 건축사단체들이 미국처럼 알아서 못 하는 것을 어여삐 여겨 정부가 나서준 것일까?

민간 설계시장을 대상으로는 법적 강제력이 있는 대가 기준을 요구할 수도 만들 수도 없다. 요구할 수 있는 것은 '자율적' 참고 기준뿐이다. 이런 요구가 받아들여지려면 건축사단체들이 자율적 실행력이 있음을 보여주어야 한다. 그 대가 기준이 강제적 기준이 아니라 설계비 협의를 위한 가이드라인, 또는 참고 기준으로만 운용될 것임을 설득할 수 있어야 한다. 설득력 있으려면 설득하는 주체가 믿을 만해야 한다. 한국 건축계는 그런 자신(自信, 스스로 믿음)이 있는가.

또 하나의 쟁점. 공공부문용으로 만들어놓은 대가 기준은 문제없이 지켜지고 있는가. 대답은 "그렇지 못하다"이다. "있는 기준조차 못 지키면서, 그것도 공공부문 시장에서 못 지키면서 무슨 민간시장용 '자율적' 기준을 요구한단 말인가"라는 질문에 어떤 대답을 할 수 있을까. "자율적 기준을 빙자하여 만들어놓고는 강제적 기준으로 운용하여 문제를 일으킬 것 아니냐"는 우려를 무슨 수로 잠재울 것인가. 민간시장용 자율적 대가 기준 확보를 위해서라도 우선적 과제는 '공공부문 설계비 시장 정상화'인 이유다. 당장의 법적 기준부터 준수하는 시장환경을 확보하는 일이 먼저다.

공공건축 설계비를 둘러싸고 벌어지는 문제들은 꽤 다양하다. 그러나 모두 설계대가 기준대로 설계비를 안 주는 문제라는 점은 똑같다. 가장 흔히 일어나는 문제는 대부분의 공공건축 설계 용역이 건축 설계 업무 이외에 여러 추가 업무들을 요구하면서 이에 대한 비용은 계산하지 않는다는 것이다. 설계대가 기준에는, '공사비요율로 산출되는 설계비'는 건축 설계 업무(계획설계, 중간설계, 실시설계)에 대한 대가이고 다른 업무들에 대해서는 각각 별도로 대가를 산정하도록 규정하고 있다.[17] 그럼에도 이런 규정은 귓등이다. 친환경인증, 에너지효율등급 인증 등 각종 인증 획득 업무가 계약에 포함된다. 심지어 지질조사까지 포함하는 경우도 드물지 않다.

설계 요율을 곱하는 기준 금액인 공사비 규모를 작게 하여 설계비를 낮추는 일도 있다. 예를 들어 아파트 공사비를 실제 공사비가 아니라 임대주택 표준건축비로 적용한다. 정부가 고시하는 임대주택 표준건축비는 임대주택 건설에 대한 정부 예산 지원 등의 기준 금액이 되기 때문에 정부가 가급적 낮은 수준으로 유지한다. 실제로 2016년 현재 임대주택 표준건축비는 m²당 101만 9,100원으로[18] 일반 아파트 기본형 건축비 148만 6,000원의[19] 69% 수준에 지나지 않는다.

리모델링 공사의 설계비를 깎는 사연은 그야말로 황당하다. 리모델링

---

17 국토교통부 고시 '공공발주사업에 대한 건축사의 업무 범위와 대가 기준' 제9조 및 제11조 참조.

18 국토교통부 고시(2016. 6. 28. 시행) '공공건설임대주택 표준건축비' 중 1층수 11~20층, 전용면적 50~60m² 규모 주택의 건축비 상한가격이다.

19 국토교통부 고시(2016. 9. 12. 시행) '분양가상한제 적용주택의 기본형 건축비 및 가산

공사의 설계는 기존 건축물의 구조 등을 유지하면서 설계해야 하기 때문에 신축건물 설계에 비해 오히려 업무량이 많다. 이 때문에 대가 기준에는 리모델링 설계비를 신축 설계비의 1.5배로 규정하고 있다. 그러나 실제 리모델링 공사 설계비는 신축 설계비보다도 적게 책정되기 일쑤다. 담당부서 공무원 왈 "기존 건물이 있어서 계획설계는 이미 되어 있는 것이나 마찬가지이니 전체 설계비에서 계획설계비를 제외했다"는 것이다. 기가 막힐 일이다.

못지않게 황당한 일이 또 있다. 이런저런 방법으로 깎아서 결정된 설계비를 설계용역 계약을 하면서 또 깎는다. 가격입찰로 발주하는 설계야 가격 경쟁을 통해 깎는 것이니 그렇다고 치자. 설계를 놓고 가격경쟁을 한다는 자체가 말이 안 되지만 말이다. 더 말도 안 되는 것은 설계공모를 통해 당선된 설계자에게 설계비를 깎는다는 것이다. '수의시담'[20]이란다.

이 모든 참담한 상황 뒤에는 한국 사회가 건축을 복사용지 취급하고 단순노동 취급하는 인식이 작동하고 있다. 건축의 가치를, 설계의 가치를 인정하지 않는 것이다. 민간 설계시장만이 문제가 아니다. 공공건축도 참담하기는 매한가지다.

민간부문에서는 자율적 조정 능력에 맡길 수밖에 없다. 간접적인 지원 정책은 필요하지만 직접 강제할 수도 없고 해서도 안 된다. 우선적인 전선은 공공건축 설계비다. 공공건축은 양적 비중으로도 작지 않을 뿐 아니라 민간 설계시장에 미치는 가이드라인 효과가 크다. 또한 공공건축 설계에는 어쨌든 대가 기준이 필요하고 이를 위해 이미 기준을 만들어놓고 있다. 무엇보다도 공공기관들이 자신이 정해놓은 가격 기준조차도 소홀히 하는 마당에 민간시장 가격을 정상화한다는 것은 말이 안 된다.

비용' 중 층수 11~20층, 전용면적 50~60m² 규모 주택의 지상층 건축비이다.

20   수의계약 전에 입찰담당자와 계약 당사자 간에 가격협상을 벌이는 것을 말한다.

법으로 정한 기준대로 설계비를 책정해야 한다. 법을 지키자! 법치국가 아닌가! 건축사단체들은 막장 설계비 한탄을 넘어 공공기관의 준법 상황을 감시하고 고발하는 데에 진력하는 일부터 시작해야 한다.

공무원이 설계비를 깎는다

설계공모 당선자와 벌이는 설계비 흥정

「건축서비스산업진흥법」 시행 이후 공공건축 설계공모가 증가하고 있다. 잘된 일이다. 더욱이 심사위원 사전공개 원칙을 충실히 지키는 설계공모도 점차 늘어나면서 진지한 건축가들의 설계경쟁 기회가 대폭 늘고 있는 것은 매우 고무적인 현상이다.

건축가가 설계공모에 당선되면 주위로부터 축하도 받고 기분 좋게 술도 한잔 사곤 한다. 실력을 인정받았을 뿐 아니라 일거리를 따내 사무실 운영을 위한 수입이 확보되었으니 축하받을 일임에 틀림없다.

그런데 이런 축하 자리에 따라붙곤 하는 우울한 뒷얘기가 있다. 다름 아닌 설계비 깎이는 이야기다. 당선된 뒤 계약을 하러 가면 설계공모 시에 공고된 설계비를 다 주지 않고 깎아서 계약한다는 것이다. 계약 담당 공무원이 '깎인 설계비'를 제시하며 그 금액으로 계약하기를 종용하는데 이를 따르지 않을 수 없다는 것이다. '을'의 비애다.

건축가들은 이런 현실에 불평과 울분을 토하지만 그렇다고 계약을 안 할 수도 없는 노릇이다. 아예 이를 불가피한 기정사실로 여기는 건축가들도 적지 않다. 관습에 따른 절차라는데 어쩌겠냐는 것이다. 오래전부터 계속 그래왔던 일이란다. 도대체 어떻게 공공기관이 설계비를 놓고 흥정을 종용하는가. 그것도 설계공모에서 당선된 설계자를 놓고 설계비 흥정이라니. 어떻게 이런 일이 여태껏 계속되어왔단 말인가.

설계공모 공고문에는 '설계용역비' 또는 '예정 설계비'라는 이름으로
설계비를 밝히는 문구가 있다. 그런데 그 뒤에는 으레 "당선자와 계약 시
계약 금액 일부 조정될 수 있음" 또는 "용역비 범위 내에서 설계공모
당선자와 수의계약"이라는 문구가 따라붙는다. 설계공모가 끝나고 당선자가
결정되면 당선된 설계자는 발주기관 계약 담당자와 설계비 조정 협의
절차에 들어간다. 그리고 십중팔구 10% 내외 설계 금액이 깎인 채 사인하게
마련이다.

공무원들은 법과 기준에 따라 움직인다. 물론 설계대가에서 보듯이
규정대로 따르지 않는 '관행'도 일부 존재한다. 위계가 높은 법률[21]인 법이나
시행령을 따르지 않는 일은 절대 있을 수 없는 일이지만, '고시', '훈령',
'예규' 등 법률보다 위상이 낮은 행정규칙이나 명령, 특히 힘이 약한 부처의
행정규칙이나 명령 중에는 지켜지지 않는 것들이 적지 않다. 대부분 과거의
법령[22]을 관행처럼 따르는 데서 비롯된다. 서로 다른 내용을 규정한 법령이
있는 경우도 있다. 당연히 법령을 자의적으로 해석하여 잘못 적용하는
오류도 있을 것이다. 어쨌든 공무원들은 자신들의 모든 행위에 항상 법적
근거를 부여한다. 법적 근거 없이는 일하지 않는다. 설사 그것이 잘못된
근거일지라도 말이다.

그렇다면 설계공모 당선자를 대상으로 설계비를 '협의'하여 설계비를
깎는 황당한 일은 어떤 법령에 근거하는 것일까. 공무원들은 「국가계약법」,
「지방계약법」과 그 하위 법령들에 규정되어 있어서 이를 지키지 않을
수 없다고들 한다. 다시 말하지만 「국가계약법」은 중앙정부와 그 산하

---

21 '법률'은 국회의 의결을 거쳐 대통령이 서명하고 공포함으로써 성립하는 국법이란
    뜻이다. 법률은 헌법 다음의 위계를 가지며, 행정부의 명령이나 입법부와 사법부의
    규칙 따위와 구별된다. 명령이나 규칙이 법률에 위반되면 법원에서 그 규칙이나 명령의
    적용은 거부되고, 법률이 헌법에 위반되면 법원은 그 법률의 적용을 거부한다.

22 '법령'은 법률과 명령을 아울러 이르는 말이다.

공공기관을, 「지방계약법」은 지방정부와 그 산하 공공기관을 대상으로 하는 법률이므로 모든 공공기관의 계약 업무는 이 두 법률 중 하나에 따라야 한다.

법 규정을 뒤지고 일일이 따지는 일은 매우 번거로운 일이지만, 설계비를 깎는 일이 워낙 황당한 일이므로 도대체 이런 황당한 일이 어떤 법적 근거 아래 진행되는지를 하나하나 따져보았다.

흥정을 뒷받침하는 법적 근거가 있다는데

「국가계약법」 제7조와 「지방계약법」 제9조에서는 공공이 계약을 체결하려면 일반경쟁에 부쳐야 하고 필요한 경우에만 지명경쟁이나 수의계약[23]을 할 수 있도록 규정하고 있다. 여기서 말하는 '경쟁'이란 입찰[24]에 의한 가격경쟁을 뜻한다. 설계공모는 설계안을 경쟁시켜서 당선된 설계안의 설계자와 설계용역 계약을 체결하는 방식이므로 가격경쟁을 하는 입찰과는 다르다.

「국가계약법」과 「지방계약법」 시행령에서는 경쟁 입찰의 절차나 기준들을 규정하면서 지명경쟁 입찰이나 수의계약으로 계약할 수 있는 경우에 대해 일일이 규정하고 있다. '수의계약에 의할 수 있는 경우'를 나열한 조항[25]에 "디자인공모에 당선된 자와 체결하는 설계용역 계약의 경우"가 포함되어 있다. 따라서 이 규정에 따르면 설계공모 당선은 수의계약 대상자의 자격을 얻는 것이 되고 이후의 계약 절차는 수의계약 절차에 따라야 한다는 것이다(이것이 공무원들의 해석이다).

수의계약 업무 절차는 행정자치부의 예규인 '지방자치단체 입찰 및

---

23 경쟁이나 입찰의 방법을 쓰지 않고 임의적으로 상대방을 골라서 체결하는 계약.

24 상품의 매매나 공사의 도급계약을 체결할 때 다수의 희망자들로부터 각자의 낙찰 희망가격을 서면으로 제출하게 하여 낙찰자를 선정하는 것.

25 「국가계약법」 시행령 26조, 「지방계약법」 시행령 25조.

구분	유형	주요 내용
1인 견적 제출 가능	금액 기준	- 추정 가격 2,000만 원 이하(다만, 「여성기업지원에 관한 법률」 제2조 제1호에 따른 여성기업 또는 「장애인기업활동 촉진법」 제2조 제2호에 따른 장애인기업과 계약을 체결하는 경우에는 5,000만 원 이하).
	하자 곤란 등	- 하자 구분 곤란, 혼잡, 마감공사 및 특허공법 등에 따른 수의계약 (시행령 제25조 제1항 제4호 가·나·다·마목).
	천재지변 등	- 천재지변, 작전상의 병력 이동, 긴급한 행사 등 입찰에 부칠 여유가 없는 경우 등 (시행령 제25조 제1항 제1호~제3호, 제4호 라, 바~하목, 제6호~제8호). - 계약을 해제·해지한 경우(시행령 제27조). - 재공고 입찰 결과 입찰이 성립하지 아니하거나 낙찰자가 없는 경우 (시행령 제26조 제1항). - 지정정보 처리장치를 이용하여 견적서를 제출받았으나 견적서 제출자가 1인뿐인 경우로서 다시 견적서를 제출받더라도 견적서 제출자가 1인뿐일 것으로 명백히 예상되는 경우(시행령 제30조 제1항 제3호).

[표 7] 수의계약 유형별 구분

*행정자치부 예규 제77호 '지방자치단체 입찰 및 계약 집행 기준' 제2절.

계약 집행 기준'[26]에 '수의계약 운영 요령'이란 이름으로 규정되어 있다. 여기에서는 수의계약 유형을 '2인 이상 견적 제출'과 '1인 견적 제출 가능'으로 구분하고 각각 그 대상이 되는 계약 유형들을 적시하고 있다. 설계공모에 의한 계약은 공모 당선자를 대상으로 하므로 '1인 견적 제출 가능' 유형에 속한다고 보아야 하므로 이 내용을 자세히 보자.

[표 7]은 이 예규에서 '1인 견적 제출 가능' 계약들의 세부 유형을 규정한 내용이다. 이 중 '천재지변 등'에 딸려 있는 시행령 제25조 제1항 제4호 자목이 "특정인의 기술·품질이나 경험·자격이 필요한 조사·설계·감리·특수 측량·훈련·시설 관리·교육·행사·정보 이용·의상(의류) 구매 계약을 체결하거나 관련 법령에 따라 디자인공모에 당선된 자와 설계용역 계약을 체결하는 경우"이다.

---

26 행정자치부 각종 예규는 2012년에 두 개('지방자치단체 입찰 및 계약 집행 기준', '지방자치단체 입찰 시 낙찰자 결정 기준')로 통합되어, 건축 설계용역 관련 내용 역시 이들 두 예규만 참고하면 된다.

구분	유형	계약 금액 결정 요령
1인 견적 제출 가능	금액 기준	- 계약담당자는 1인으로부터 견적서를 제출받아 제출된 견적가격이 거래실례가격, 통계작성 승인을 받은 기관이 조사 공표한 가격, 감정가격, 유사거래 실례가격 등과 비교 검토하여 가장 경제적인 가격으로 최종계약 금액을 결정한다.
	하자 곤란 등	- 계약상대방이 제출한 견적 금액이 해당 예정가격에 제1차 공사의 낙찰률을 곱한 금액의 범위 이내일 경우에는 그 금액으로 계약을 체결한다.
	천재지변 등	- 계약상대자와 협상을 통하여 계약 금액 결정: 거래실례가격, 원가계산에 따른 가격, 유사거래실례가격, 감정가격 등을 비교 검토하여 예정가격 이하(세입의 원인이 되는 경우 예정가격 이상) 범위 안에서 계약 금액을 적정하게 결정한다.

[표 8] 수의계약 유형별 계약 금액 결정 요령

*행정자치부 예규 제77호 제3절 수의계약 대상과 운영 요령의 내용 중 계약금액 결정 방법 부분만 모아서 편집한 것.

이 예규는 이어서 각각의 경우에 대한 수의계약 업무 처리 요령을 규정하고 있는데, 이 중 계약 금액 결정 관련 부분을 보면 [표 8]과 같다. 설계공모 당선자와의 수의계약은 '천재지변 등' 유형에 속하므로 이 유형을 보아야 한다. 표에서 보듯이 "협상을 통하여 거래실례가격, 원가계산에 따른 가격, 유사거래실례가격, 감정가격 등을 비교 검토하여 예정가격 이하 범위 안에서 계약 금액을 적정하게 결정"하라고 되어 있다. 공무원들이 설계공모 당선자의 설계비를 깎는 '법적 근거'는 바로 이것이다.

낙찰과 입찰을 구분할 줄 모르다니

그러나 이러한 법률 해석은 완전히 틀린 것이다. 「국가계약법」과 「지방계약법」의 "수의계약에 의할 수 있는 경우"를 규정한 조항은 말 그대로 "의할 수 있는 경우"를 규정한 것이지 "수의계약을 해야 할 경우"를 규정한 것이 아니다. 즉 굳이 수의계약에 의하지 않아도 된다. 설계공모 당선자와 수의계약으로 계약하지 않는다면 어떤 방법으로 계약이 가능할까?
「지방계약법」에서는 이를 위해 또 다른 규정을 두고 있다.

　「지방계약법」 제13조는 '낙찰자로 결정하는 기준'을 규정하고
있는데, 이 조항이 2009년 2월 개정되면서 낙찰자로 결정하는 경우 중에
"설계공모에 당선된 자"를 포함하였다(「국가계약법」에는 이런 조항이
없다). 이 규정을 근거로 2009년 8월에 「지방계약법」 시행령 제42조
제4항 '설계공모에 의한 낙찰자 결정' 조항이 신설된다. 여기에서는
"설계공모에 당선된 자를 낙찰자로 결정하려는 경우에는 설계공모를 하고,
공모에 응모한 작품을 심사하여 가장 높은 점수를 받은 자를 낙찰자로
결정"한다고 규정하고 있다. 주목해야 할 것은 이들 조항은 "설계공모
당선자가 낙찰자"임을 규정하고 있다는 것이다.

　낙찰이란 입찰에 의해 계약 대상자가 결정되는 것을 말하고 입찰이란
계약 희망자가 계약 희망가격을 제출하는 것을 말한다. 따라서 낙찰이란
곧 계약 금액이 결정됨을 뜻하는 것이다. 설계공모의 경우는 응모자가
계약 금액, 즉 설계비를 제출하는 것이 아니므로 설계공모 당선자가
결정되기 전에 미리 계약 금액(설계비)을 정하는 절차가 있어야 한다. 이는
행정자치부 또 다른 예규인 '지방자치단체 입찰시 낙찰자 결정 기준'을
보아야 한다.

　행정자치부 예규 '지방자치단체 입찰시 낙찰자 결정 기준'에서는
'설계공모 운영 요령'에 '7장' 한 장(章)을 할애하여 규정하고 있다. 이
장의 첫 조항은 "이 기준은 시행령 제42조의 4에 의해 지방자치단체가
집행하는 설계공모에 의한 낙찰자 결정에 적용할 기준을 정함을 목적으로
한다"고 적시하고 있다. 또한 제1절 2 '용어의 정의'에서 "'설계공모'란
지방자치단체가 2인 이상으로부터 공모안을 제출받아 심사하여
설계용역을 수행할 낙찰자를 결정하는 방법 및 절차를 말한다" 및
"'설계비'란 계약담당자가 낙찰자(공모 당선자)에게 지급하기로 결정하여
입찰공고에 명시한 대가를 말한다"고 규정하고 있다. 이어지는 조항에서는

"설계비를 결정하여 입찰공고에 명시"하도록 규정하고 있다.

여기서 주목할 것은 "'설계비'란 낙찰자(공모 당선자)에게 지급하기로 결정"한 금액이라는 것과, 설계공모 공고 시에 공고되는 것은 '설계비'('예정 설계비'가 아니라)라는 것이다. 이는 일반 경쟁 입찰에서 낙찰 금액이 결정되기 전 예정 계약 금액이란 의미로 사용하는 용어인 '예정 가격'과는 달리 이미 낙찰 금액으로 결정된 금액을 가리키는 것이다.

이에 따른다면 현재 설계공모 공고 시에 '예정 설계비'라는 이름으로 공고하는 것은 '법대로 하지 않는 것', 즉 불법이다. 그 뒤에 '당선자와 계약 시 계약 금액 일부 조정될 수 있음', 또는 '용역비 범위 내에서 설계공모 당선자와 수의계약'이라는 문구를 붙이는 것 역시 불법이다. 공고되는 설계비는 낙찰자인 공모 당선자에게 지급하기로 '결정'된 금액이기 때문이다.

결국 현재 설계공모 당선자와의 계약 금액을 두고 벌어지는 황당한 '흥정'은 계약담당공무원이 설계공모에 의한 낙찰자 결정방법을 규정한 법 조항들을 무시함으로써 벌어지는 일이다. '수의계약에 의할 수 있는 경우'를 규정한 「지방계약법」 시행령 제25조에 매달려서, 수의계약으로 하지 말아야 할 계약을 굳이 수의계약 대상으로 취급함으로써 벌어지는 일이다.

설계공모 당선자는 당연히 「지방계약법」 제25조에 따른 수의계약이 아니라 제13조와 제42조 제4항의 '설계공모에 의한 낙찰자 결정' 조항에 따라 계약을 진행할 것을 담당 공무원에게 요구해야 한다. 공무원들의 법 적용에 혼란을 일으키는 요인은 「국가계약법」, 「지방계약법」이 '수의계약에 의할 수 있는 경우'에 '디자인공모에 당선된 자와 체결하는 설계용역 계약의 경우'를 포함하고 있기 때문이다. 「지방계약법」에서는 이를 삭제하여 별도 조항으로 있는 '설계공모에 의한 낙찰자 결정' 조항에 따르도록 하고 「국가계약법」도 이를 준용하여 개정해야 한다.

민간시장의 설계대가 기준

민간시장을 위한 설계대가 기준을 만들어야 할까

공공부문의 설계비 문제는 해결 방향이 명확하다. 설계대가 기준도 있고 계약 기준도 있으니 법을 지키면 된다. 법에서 정한대로 하도록 하면 된다. 일부 부정합 법령들이 일으키는 문제가 있지만 법 정신에 맞도록 조정하면 된다. 건축계가 이것을 얼마나 빨리 해낼 것인지 그 능력은 여전히 미지수이지만 해결방법과 노력의 방향에 혼선이 있을 여지는 없다.

이제 민간 건축시장의 설계비 문제는 어떻게 할 것인가를 살펴보자. 우선 민간 설계시장에도 적용할 만한 대가 기준을 만들어야 한다는 주장에 관해 살펴보자. 이것이 괜찮은 해결방법일까? 쉬운 일은 아니겠지만 민간 시장에서도 준용할 만한 기준을 만들어내면 될까? 문제는 그렇게 간단치 않다.

민간 건축시장 설계비 문제에서 불가피한 전제는 '독점 방지' 또는 '가격 담합 불가' 원칙이다. 강제 기준을 정하는 것은 불가능하다. 자율적 참고 기준으로 갈 수밖에 없다. 이 때문에 민간 설계시장용 대가 기준을 정해야 한다는 주장에 빠지지 않고 등장하는 것이 공인중개사 중개보수 기준 사례다. 「공인중개사법」에서는 중개보수의 기준이 아니라 '한도'를 정하는 방법으로[27] 독과점 금지법을 피해가고 있다. 과도한 중개보수 요구를 막아 수요자를

---

[27] 「공인중개사법」 제32조(중개보수 등)에서는 "주택의 중개에 대한 보수와 실비의 한도 등에 관하여 필요한 사항은 국토교통부령이 정하는 범위 안에서 특별시·광역시·도

보호하기 위해 '한도'를 정한다는 것이다. 물론 '한도'를 두고 노리는 효과는 시각에 따라 사뭇 다르다. 수요자 쪽에서는 '한도' 안에서 가격 협의가 벌어지는 것을 당연하게 생각한다. 반면 공인중개사들은 '한도'가 사실상의 기준으로 작동하기를 기대한다. 당연히 중개 건마다 중개보수를 두고 크고 작은 갈등과 협의가 일게 마련이다. '한도'라는 느슨한 기준 아래서 시장에서 각각 경우별로 알아서 하고 있는 것이다.

일본의 건축 설계대가 기준도 마찬가지다. 일본 국토교통성 고시인 설계대가 기준의 명칭은 '건축사사무소 개설자가 그 업무에 관해 청구할 수 있는 보수의 기준'이다. 독과점 금지법을 의식한 탓에 그냥 '기준'이 아니라 '청구할 수 있는 기준'으로 정하고 있다. 민간시장에 대한 '강제적 기준'이 아니라 가이드라인일 뿐임을 분명히 하려는 취지다. 실제 설계비는 이를 참고로 당사자들이 '알아서' 정하라는 이야기다.

이러한 '묘수풀이' 전략으로 현재 공공부문에 국한한 설계대가 기준인 국토교통부 고시의 명칭 및 내용을 변경하는 방법을 생각해볼 수 있다. 예컨대 '공공발주사업에 대한 건축사의 업무 범위와 대가 기준'이 아니라 '건축사의 업무 범위와 대가 기준'으로 하고 대가 요율표를 '설계대가 기준'이 아니라 '설계대가로 청구할 수 있는 한도'로 변경한다든가 하는 방법이다.

문제는 이 방법이 받아들여지겠는가 하는 점이다. 이것이 받아들여지도록 국민과 정부를 설득할 수 있겠느냐는 것이다. "그런 기준을 만들면 강제적 기준으로 적용하려는 건축사와 그 이하로 하려는 국민의 분쟁이 심해지지 않겠느냐", "설계비는 중개보수보다 훨씬 큰 금액이라

또는 특별자치도의 조례로 정하고, 주택 외의 중개대상물의 중개에 대한 보수는 국토교통부령으로 정한다"고 규정하고 있다. 또 같은 법 시행규칙 제20조(중개보수 및 실비의 한도 등)에서는 "매매·교환의 경우에는 거래금액의 1,000분의 9 이내로 하고, 임대차 등의 경우에는 거래금액의 1,000분의 8 이내로 한다"고 규정하고 있으며, '서울특별시 주택 중개보수 등에 관한 조례' 제2조 및 별표 1에서는 거래금액에 따라 0.3~0.6%로 중개보수의 한도를 정하고 있다.

분쟁도 심각할 것이다"라는 우려를 불식할 수 있을까? "그런 기준 만든다고 설계비를 제대로 받을 수 있는 경우가 얼마나 있겠느냐", "별 효과도 없는데 괜히 부작용만 야기할 일을 왜 하느냐"는 의심을 잠재울 수 있을까?

먼저 이런 의심과 우려가 나오는 이유를 생각해보아야 한다. 이유는 명확하다. 현실 설계시장에서 형편없는 설계비를 받는 경우가 너무 많기 때문이다. 민간용 설계비 '기준'이 어떤 수준으로 정해지든 그 수준보다 훨씬 낮은 수준으로 설계비를 지불하는 건축주들이 매우 많을 텐데, 그들에게 '기준'에 맞추어 몇 배나 더 많은 설계비를 지불하도록 할 수 있겠느냐는 것이다. 강제 기준이 아니니까 '기준'의 몇 분의 일에 지나지 않는 설계비가 그대로 통용되는 경우가 여전히 많을 텐데 그런 '기준'을 정부가 나서서 만들어야 할 이유가 없다는 반론이 나오는 것이다. 결국 문제의 핵심은 형편없는 설계비를 받는 경우가 너무 많은 설계시장의 현실인 것이다.

시장 문제는 시장 조건 속에서 풀어야

민간시장용 설계대가 기준을 법령으로 만드는 게 곤란하다면 건축계에서 자체적으로 참고 기준으로 만들자는 주장이 있다. 어차피 강제 기준이 아니라 자율적 참고 기준일 수밖에 없다면 미국처럼 건축사단체들이 자체적으로 만들어서 제시하자는 것이다. 일리 있는 말처럼 들린다. 일단 자율적 참고 기준으로 '자체적 설계대가 기준'을 만들고 이를 지켜가다 보면 지금보다야 나아지지 않겠느냐는 것이다. 그러나 결론부터 말한다면 이건 아니다. 이건 방법이 될 수 없다.

자율적 참고 기준으로 민간시장용 설계대가 기준을 만든다고 치자. 어떤 내용으로 만들까? 공공건축 설계대가 기준과 동일하게? 그럴 거라면 왜 굳이 따로 만드는가? 그냥 공공부문 대가 기준을 참고하면 된다. 만약 공공 기준 그대로가 아니라면, 어떤 수준으로 만들어야 할까?

기준을 만들 때 가장 중요한 것은 가급적 이 기준을 지킬 수 있도록 그 수준을 정해야 한다는 것이다. 이를 위해서는 누가 이 기준을 지키도록 할 것인가를 따져보아야 한다. 현재 설계시장에서 설계비 수준이 '정상적'인 시장은 어디이고 '비정상적'인 시장은 어디인가를 따져보아야 한다. 새로 만들 기준은 이 중 누구를, 어떤 시장을 겨냥하는 것인가를 정해야 한다. 아마도 미국 건축사협회가 설계비 조사를 통해 설계대가 가이드라인을 제시하면서 설계비를 높은 수준에서 낮은 수준까지 4단계로 구분해 제시한 것도 이런 현실에 대한 고민 때문이었을 것이다.

설계비가 정상적인 시장도 있고 비정상적인 시장도 있다는 것은 곧 설계시장 안에 설계비 수준이 서로 다른 부분시장들(sub-markets)이 존재한다는 뜻이다. 공공건축 설계대가 기준보다 훨씬 많은 설계비를 받는 고급시장부터 시공업체가 '설계비 무료'를 내세우는 하급시장까지. 고급 설계시장에서 활동하는 건축사들이 있고 하급 설계시장에서 활동하는 건축사들이 있다는 것 역시 두말이 필요 없다.

민간 설계시장 설계비 문제는 이 당연한 사실을 인정하는 것에서 시작해야 한다. 설계비 문제에서 가장 빈번히 마주치는 갈등은 이를 마치 모든 건축사들이 동일한 대우를 받아야 하는 것처럼 접근한다는 것이다. 문제를 해결하려면 시장을 나누어 보아야 한다. 일단 고급 설계시장은 문제 될 것이 없다. 문제는 중급시장과 하급시장이다. 원론적으로야 설사 하급이라도 일정 수준 이상의 품질은 유지하고 설계대가도 최소한의 수준이 담보되도록 하는 것이 바람직할 것이다. 그러나 현실을 감안할 때는 이는 구름 잡는 이야기다.

대가 기준을 만든다면 설계비를 '정상적'으로 받는다고 인정되는 중급시장의 현실적 설계비를 기준으로 할 수밖에 없다. 물론 고급시장 설계비는 이 기준과 관계없이 따로 움직이고 하급시장 설계비 역시 따로 작동할 것이다. 그런 와중이라도 중급시장에서 이 기준이 지켜지도록 해야 한다. 그런 다음 서서히 하급시장 설계비가 이 기준에 가까워지도록 이끌어나가야 한다.

여기까지는 그런대로 말이 되는 것 같다. 중급시장이 어디서부터 어디까지인지가 아직 모호하고, 하급시장에 대한 구체적 대책이 무엇인지 오리무중이라 허술한 구석이 없지 않지만 그런대로 말이 된다. 그런데 진짜 문제가 남아 있다.

이 '중급시장을 겨냥한 설계비 기준'을 어떤 수준으로 만들 것인가? 공공건축 대가 기준보다 높은 수준으로 할 것인가, 아니면 낮은 수준으로 할 것인가 하는 문제다.

중급시장이 어디서부터 어디까지이며, 중급시장의 설계비 수준이 어디서부터 어디까지인지를 정하는 일부터가 쉽지 않다. 실제 설계비 수준을 살펴가며 적절히 정할 수밖에 없다. 그런데 그 수준을 공공건축 대가 기준보다 높게 잡을 수 있을까? 진짜로 중급시장의 수준이 그 정도로 높은가? 그렇지 않다면 공공건축 대가 기준보다 낮게 잡을 것인가? 더 낮은 수준이라면 그런 기준을 왜 만드는가. 차라리 그냥 공공건축 대가 기준을 민간시장용 참고 기준으로 쓰는 것이 낫지 않나.

중급시장을 키워야 전체가 산다

결국 공공건축 대가 기준과 별도로 민간시장용 설계대가 기준을 만드는 일은 만들기도 곤란하고 당면한 과제라고 하기에도 뭣하다. 정작 고민하고 실천해야 할 일은 따로 있다.

현실적으로 우리 사회에서 설계비를 '정상적'으로 받는 '중급' 설계시장은 매우 작다. 게다가 설계비가 '비정상적' 상태인 하급시장이 자꾸 중급시장을 넘보며 시장 질서를 훼손하려 한다. 설계대가 기준을 만들어서 설계비 문제를 해결할 수 없는 이유다.

민간 설계시장 설계비 문제에서 한국 건축이 맞장 떠야 할 과제는 설계시장에서 중급시장이 차지하는 비중을 키우는 일이다. 하급시장이 중급시장의 질서를 교란하는 힘보다 하급시장의 건축생산을 중급시장 쪽으로 포섭하는 힘이 더 커지도록 해야 한다. 이를 위해서는 하급시장 건축생산 주체들이 중급시장으로 진입할 동기와 지원책을 만들어내는 것이 시급하다. 1부 4장에서 거론했던 하급 건축시장을 중급 건축시장으로 편입해가는 정책들이 바로 그것이다. 우량주택 인정제도나 우량주택부품 인정제도, 주택성능보험제도 등 건축물의 품질과 성능을 평가하고 인정하는 제도들에는 당연히 설계의 질적 수준을 평가하는 과정이 포함될 것이기 때문이다. 그리고 설계의 질적 수준에 대한 요구는 곧 설계대가의 정상화를 요청하는 힘으로 이어질 것이기 때문이다.

중급 설계시장을 키우기 위해서는 정부의 제도적 노력도 필요하지만 건축계의 노력도 중요하다. 다층적인 설계시장 중 건실한 시장을 대표적 시장으로 공식화하고, 이 시장에서 활동하는 설계자들의 공동체적 연대를 강화하고 그 연대의 폭을 늘려가는 노력이 필요하다. 예컨대, '시민을 위한 건축가 알선 센터'일 수도 있고 '건축 설계자 협동조합' 형태일 수도 있을 것이다. 건축사협회 차원의 대규모 연대가 쉽지 않다면 부분 집합적 연대들을 만들고 늘려가야 한다. 공공건축 설계시장 역시 이러한 부분 집합적 연대가 필요한 중요한 시장이다. 공공건축 설계자들이 연대하여 공공부문 설계비 관련 행정의 '준법'을 요구하는 실천에 나서야 한다.

얼마 전 유학을 갔다가 잠시 귀국한 제자를 만나 들었던 이야기다. 독일 현지 설계사무소에서 근무하는 제자에게 "야근을 자주 하느냐"고 물었더니 뜻밖의 대답이 돌아왔다. "야근 없다, 야근하면 능력에 문제 있는 것으로 비춰지는 분위기다, 자신이 맡은 일을 근무시간에 다 못 끝내서 야근이 필요하면 주말에 몰래 나와 빈 사무실에서 혼자 일한다. 언젠가 주말에 일하러 사무실에 나갔는데 다른 직원을 만나서 둘이 멋쩍게 웃은 적이 있다." 야근 없이 설계사무소 운영이 가능하다는 이야기를 한국에서는 들어본 적이 없다. 독일이라고 모든 사무소가 그렇지는 않을 것이다.

그곳에도 하급 건축시장이 있을 테고 운영난에 시달리는 사무소도 적지 않을 것이다. 하지만 적어도 거의 모든 종사자가 야근을 밥 먹듯이 하지는 않는 것이 분명하다. 야근은 예외적인 상황이 되어야 한다. 근로시간을 평범하게 지키며 운영되는 사무소가 늘어나야 한다. 이는 설계비 시장을 얼마나 정상화하느냐에 달려 있다.

설계자와 감리자를
분리시켜버린 제도

분리 문제를 보는 법

최근 '설계자-감리자 분리 제도'가 건축계를 뜨겁게 달구었다. 이 문제를
둘러싸고 여러 시각이 있을 수 있지만, 나는 무엇보다 이 문제 역시
설계시장 관점에서 바라보아야 한다고 생각한다. 공사감리는 공사 단계에서
'설계 내용을 충실히 구현'하기 위한 활동이다. 따라서 설계 업무를
보완하는 업무라 할 수 있다. 일단 설계가 정상적이라야 공사감리도 비로소
의미 있는 일이 된다. 설계가 제대로 되어야 그 설계대로 공사를 하도록
하는 감리가 의미가 있는 것 아닌가. 공사감리건 뭐건 설계시장 정상화가
우선적이라는 뜻이다. 그러므로 설계자와 감리자를 분리하는 것에 관한
논쟁은 '정상적 설계시장에 미치는 영향'이 가장 중요한 판단 기준이 되어야
한다.

    1962년 제정된 「건축법」에서는 공사감리에 대한 아무런 규정이 없었다.
「건축법」 시행령 제2조에서 "공사관리자라 함은 설계도서에 의하여 공사를
관리하는 건축사를 말한다"라는 조항이 있었으나 이 조항만 있었을
뿐 '공사관리' 내용에 관한 규정은 없었다.[28] 건축공사에 대한 '감리'가

---

28   이 조항은 1968년 2월 「건축법」 시행령이 개정되면서 '공사관리자'라는 용어를
     '공사감리자'로 바꾸어 "공사감리자라 함은 「건축사법」 제2조 제3항의 규정에 의한
     공사감리를 하는 건축사를 말한다"로 바뀌었다.

법적인 업무로 개념화한 것은 1963년 「건축사법」이 제정되면서부터였다. 이 법에서는 건축물의 설계와 공사감리를 건축사만 할 수 있는 업무로 규정하면서, '공사감리'를 "공사가 설계도서대로 실시되는 여부를 건축사가 확인하는 행위"로 규정하였다.

이후 공사감리는 「건축사법」의 이 조항과 건축사협회가 작성하고 건설부장관이 인가한 '건축사 업무 및 보수 기준'에 포함된 공사감리 보수 기준을 근거로 운용되었다. 이때까지는 (법 문구로만 본다면) 공사감리는 반드시 해야 하는 의무사항이 아닌 상태였다.[29] 공사감리가 법적으로 명확한 '의무사항'이 된 것은 1970년 「건축법」에 '건축물의 설계 및 공사감리' 조항[30]이 신설되면서다. 물론 공공과 민간 모두에 적용되는 법률이다.

건축공사와는 달리 토목공사에 대해서는 1980년대에 이르기까지 공사감리라는 개념이 없었다. 공공부문의 건설공사 계약 관련 법에서는 다른 물품 구입 계약과 마찬가지로 공사 완료 시에 공무원에 의해

---

29 1963년 12월 제정된 「건축사법」에서는 제2조(정의) 제3항에서 "이 법에서 "공사감리"라 함은 공사가 설계도서대로 실시되는 여부를 건축사가 확인하는 행위를 말한다"라고 규정한 후, 제4조와 제5조에서 "건축사가 아니면 할 수 없는 설계 또는 공사감리" 대상 건축물들을 규정하고 있다. 건축허가를 위해서는 설계를 해야 하므로 결국 건축을 위해서는 건축사에게 설계를 맡겨야 한다는 의무규정이 되는 셈이지만, 공사감리는 반드시 공사감리를 해야 한다는 의무규정은 아니었다고 할 수 있다.

30 당시 신설된 조항은 다음과 같다. "제6조(건축물의 설계 및 공사감리) ① 건축사법 제4조 및 제5조의 규정에 의하여 건축사가 아니면 설계할 수 없는 건축물의 건축, 대수선 또는 중요변경을 하고자 할 때에는 각각 해당 건축사의 설계에 의하여야 한다. ② 건축주는 건축사법 제4조 및 제5조의 건축물 중 대통령령으로 정하는 규모 이상의 건축, 대수선 또는 중요변경의 공사를 하고자 할 때에는 해당 건축사를 공사감리자로 정하여야 한다." 여기서 '해당 건축사'는 '1급, 또는 2급 건축사 중 해당하는 건축사'를 말한다. 당시에는 건축사를 1급, 2급으로 구분하여 설계 및 공사감리를 할 수 있는 건축물 범위를 구분하였기 때문이다.

계약이행 확인을 위한 '검사'만 하도록 되어 있었다.[31] 그러다가 1971년 12월 「예산회계법」 시행령[32] 개정으로 공사도급 계약에 대해서 계약 이행 상황을 '감독'하도록 하는 조항[33]을 신설하였다. 여전히 감독 업무 수행자는 공무원이었다. 1975년 「예산회계법」 개정으로 '감독' 업무를 민간기관에 용역으로 발주할 수 있도록 했지만[34] 이 역시 용역 결과의 책임은 여전히 공무원이었다. 물론 '건설공사'에는 건축공사와 토목공사 모두 포함된다. 결국 이때까지 건설공사에는 '감리'라는 개념 없이 '감독' 기능만 있었고 건설공사 중 건축공사만 따로 「건축법」에 의한 공사감리가 있었던 것이다. 즉 건축공사에는 (공무원의) 감독과 (설계자의) 감리가 모두 있었고 토목공사에는 (공무원의) 감독 기능만 있었다고 할 수 있다.

　　이런 상황에서 1980년대에 건설공사의 '감독' 기능 강화가 추진되는데 문제는 이것이 '감리'라는 명칭으로 바뀌어서 추진되었다는 것이다. 이 점이 설계자-감리자 분리 문제를 보는 또 하나의 포인트다. '(설계자의) 감리' 없이 '(공무원의) 감독'만 있던 건설공사가 '(공무원의) 감독'을 강화하면서 이를 '감리'로 내세운 것이다. 이 바람에 애당초 (설계자의) 감리 기능을 따로

31　당시 「예산회계에 관한 특례법」 시행령 제83조(검사)에서는 "각 중앙관서의 장 또는 그 위임을 받은 공무원은 공사 또는 제조를 완료하거나 물건을 완납한 때에는 그 계약의 이행을 확인하기 위하여 검사공무원으로 하여금 계약서, 설계서 기타 관계서류에 의거하여 필요한 검사를 하게 하거나 스스로 이를 검사하여야 한다"고 규정하였다.

32　「예산회계법」은 2007년에 「국가재정법」으로 통합되면서 폐지되었다. 1995년 이 법의 제6장에 있던 계약 관련 규정을 분리하여 독립한 법이 현재의 「국가계약법」이다.

33　1971년 12월 「예산회계법」 시행령 제83조(감독)를 신설하여 "각 중앙관서의 장 또는 그 위임을 받은 공무원은 공사도급계약을 체결한 때에는 감독공무원으로 하여금 계약의 적정한 이행을 위하여 필요한 감독을 하게 하거나 스스로 이를 감독하여야 한다"고 규정하였다.

34　「예산회계법」 시행령에서 규정하던 '공사 감독' 조항은 1975년 12월 「예산회계법」 본법으로 이관되어 관련 조항이 신설되었는데, 이때 "전문기관을 따로 지정하여 필요한 감독을 하게 할 수 있다"는 규정도 추가되었다.

갖고 있던 건축공사에서 감독 기능과 감리 기능이 혼란을 겪으며 격변에
휘말리게 된다.

설계자-감리자 분리의 역사

건설공사에서 '감독'이 아니라 '감리'라는 명칭이 법적 제도로 등장한 것은
1984년 '건설공사 시공감리 규정'이 대통령령으로 제정되면서부터다.
이 법은 당시 대규모 건설공사가 점차 늘면서 일정 규모 이상의 공사에
대해서 「예산회계법」상의 '공사계약 이행에 대한 감독'을 의무적으로
전문기관이 수행토록 한 법이다. 문제는 이때 '감독'을 '감리'로 용어를
바꾸어 정의했다는 것인데,35 이때 여러 건설공사 분야와 함께 '건축공사'도
포함되었다. 건축공사의 감리는 건축사가 담당하도록 하긴 했지만 감리를
설계와 별도로 발주해야 하므로 대형 공공건축은 설계자가 감리를
담당하는 것이 곤란해지기 시작했다.

 이러던 중 1986년 독립기념관 화재사고가 발생했다. 이를 계기로
'건설공사 부실 대책'으로 감리 업무가 강조되면서 1987년 10월
「건설기술관리법」이 제정되어 일정 규모 이상 공사는 의무적으로
'감리전문회사'가 감리를 하도록 규정했다. 일정 규모 이상의
공공건축에서는 설계자가 감리 업무를 수행하는 것이 불가능해진 것이다.

35 이 법에서는 ""감리"라 함은 건설공사를 발주한 국가·지방자치단체 또는
정부투자기관관리기본법 제2조의 규정에 의한 정부투자기관과의 계약에 의하여
제3호의 감리자가 당해 공사의 시공과정에서 그의 전문적인 지식·기술·경험 등을
활용하여 발주자의 감독하에 당해 공사가 설계도서 기타 관계서류의 정한 내용대로
시공되었는가 또는 시공되고 있는가의 여부를 확인하거나 필요한 기술지도 등을 하는
것을 말한다"고 규정하였다.

제정 당시 감리를 시공감리와 책임감리[36]로 구분했던
「건설기술관리법」은 1992년 7월 신행주대교 붕괴로 건설공사 부실이 다시
사회 문제화되자 1993년 6월 감독 책임을 감리전문회사가 맡는 책임감리로
통일하는 내용으로 개정되었다.[37] 또한 책임감리제도 시행에 발맞추어
「주택건설촉진법」(현행 「주택법」)도 개정하여 300세대 이상 공동주택
건설공사의 감리는 「건설기술관리법」에 따른 감리전문회사가 수행토록
정했다.[38] 공동주택은 공공만이 아니라 민간부문 공사도 설계자와 감리자가
분리된 것이다.

한편 2014년 「건설기술관리법」이 「건설기술진흥법」으로 개편되면서
감리 업무가 건설사업관리[39] 업무의 일부로 통합되고 '감리전문회사' 역시

[36] 시공감리는 감독 책임은 여전히 공무원이 갖고 있으면서 시공감리 업무를
감리전문회사에 의뢰하는 것이고, 전면책임감리는 시공감리를 포함한 감독 책임
자체를 감리전문회사가 맡는 것이다.

[37] 1993년 개정 당시는 공사비 50억 원 이상 공사 전부를 책임감리 대상으로
하였다가 감리 전문인력 부족 문제가 불거지자 1997년에 공사비 50억 원 이상 중
특정 공사(건축공사에서는 관람집회시설공사, 전시시설공사, 공용청사건설공사,
공동주택건설공사)로 대상을 축소하였다. 이는 1999년에 100억 원 이상 공사로,
2008년에 200억 원 이상으로 축소하였고 2010년 12월에 공사비 200억 원 이상인
관람집회시설공사, 전시시설공사, 5000m² 이상 공용청사건설공사, 300세대 이상
공동주택건설공사로 개정되었다.

[38] 1994년 1월 「건설기술관리법」 시행령 개정에 맞추어 「주택건설촉진법」에 '감리' 조항이
신설되고 같은 법 시행령에 공동주택건설공사 중 300세대 미만 공사는 건축사를,
300세대 이상 공사는 감리전문회사를 감리자로 지정하도록 규정하였다. 이 조항은
2003년 「주택건설촉진법」이 「주택법」으로 개편되면서도 그대로 유지되었는데, 2007년
3월 「주택법」 시행령 개정 시에 300세대 미만 공사의 감리자도 감리전문회사를 지정할
수 있도록 하는 내용으로 바뀌었다.

[39] 1997년 「건설업법」을 「건설산업기본법」으로 개편하면서 '건설사업관리' 업무를
법적으로 개념화하고 이를 용역업무로 발주할 수 있도록 하였다. 이 법의 정의에 따르면
"건설사업관리"는 건설공사에 관한 기획·타당성 조사·분석·설계·조달·계약·시공

'건설기술용역업자'라는 통칭에 포함되었다. 책임감리 대상이었던 공사 역시 건설사업관리 대상 공사로 전환되었다.

이상의 복잡한 내용을 간단히 요약해보겠다. 1987년부터 공공건축 가운데 일정 규모 이상 건축물은 설계자가 감리 업무를 맡는 것이 불가능해졌고, 1994년부터는 300세대 이상인 민간 공동주택까지도 설계자에 의한 감리가 불가능해졌다. 그리고 2014년부터는 이 '설계와 분리된 건축공사 감리' 업무가 건설사업관리(Construction Management, CM) 업무에 편입되어 건설사업관리 업체가 수행한다는 것이다.

한편 '설계자-감리자 분리' 바람은 건축계 내부에서도 불기 시작했다. 감리 입장에서는 그야말로 '내우외환'인 셈이다. 외환(外患)이 공동주택과 공공건축물을 대상으로 한 「건설기술진흥법」(「건설기술관리법」)에 의한 감리자 분리였다면, 내우(內憂)는 소규모 건축물의 감리를 대상으로 한 「건축법」상의 공사감리자 분리였다.

1980년대에 부실시공 대책의 일환으로 일부 지방정부에서 감리 전문 건축사 지정 등을 통해 설계자가 아닌 건축사가 감리 업무를 수행케 한 사례가 있긴 했지만, 건축계 내부에서 감리 분리 문제가 논란이 되기 시작한 것은 2009년부터다. 2009년 8월 국회에서 '설계-감리 분리' 입법안이 발의된 것이다. 한 국회의원이 부실공사 방지를 빌미로 '건축사는 본인이 설계한 건축물의 감리 업무를 수행할 수 없다'는 법률개정안을 낸 것이다. 당시 이 법률개정안에 대해서는 건축계 전체가 격렬하게 반대했다. 대한건축사협회가 기관지 사설을 통해 "빈대 잡으려 초가삼간 태우는 격"이라고 비판하고[40] 국회를 방문해 법률안의 부당성을 설명[41]하기까지 했다.

관리·감리·평가·사후 관리 등에 관한 관리 업무의 전부 또는 일부를 수행하는 것을 말한다.

40 「설계 감리 분리법 개정 근본부터 생각하라」, 『건축문화신문』, 2009년 8월 16일.

41 대한건축사협회, 「2009년도 수시감사 보고서」, 2009년 11월 3일, 9쪽.

그러나 이후 대한건축사협회 내부의 기류가 변화하기 시작했다.
불경기로 경영 악화에 시달리는 건축사들이 많아지면서 소규모 건축물에
대해 감리 업무를 설계와 분리하자는 주장이 강해진 것이다. 감리 업무를
설계와 분리할 경우 기대되는 감리비 인상 및 감리 업무 수주 효과를 기대한
것이다. 실제로 대한건축사협회의 2009년 12월 내부 워크숍에서는 여러 개
지회에서 소규모 건축물 감리 분리 법안을 추진하라는 건의가 제출되었다.[42]
이에 2010년 1월 회원들을 상대로 설계-감리 분리에 대한 찬반 설문 조사를
벌였으나 찬성률이 51%에 그치자 감리 분리 추진을 보류하기에 이른다.[43]
그러나 점차 감리 분리 추진 요구가 늘면서 2011년 10월 다시 설문조사를
벌여 찬성률이 84%에 달한 것으로 발표한다.[44]

이윽고 대한건축사협회는 2012년 11월 의원 입법 발의 형식으로
「건축법」 개정 추진을 본격화한다. 소규모 건축물에 대해 건축허가권자가
감리자를 지정토록 하는 소위 '소규모 건축물 설계 감리 분리 법안'[45]이
발의된 것이다. 명분은 '건축과정에서 발생하는 부실시공 근절을
위한 감리 강화'였다. 이 법안은 한국건축가협회와 새건축사협의회가
격렬히 반대하면서 보류되었으나 일부 수정된 형태로 2015년 6월 다시
발의되었고,[46] 다시 불붙은 찬반 갈등 속에서 결국 2016년 1월 국회
본회의를 통과하였다. 감리 분리 반대 의견이 부분적으로 반영되어 일부
소규모 건축물은 설계자를 감리자로 지정할 수 있도록 하는 예외 조항[47]이

42   대한건축사협회, 「2009년 하반기 협회발전 워크샵 자료」, 2009년 12월 8일.

43   강원도 건축사회, 「설계·감리 분리 관련 설문조사 협조 요청」, 2011년 10월 20일.

44   「설계시장 붕괴의 어려움 속 건축사, 실속을 택했다」, 『건축문화신문』, 2011년 12월 1일.

45   의안번호 1902497, 「건축법」 일부개정법률안(김태흠 의원 등 13인), 2012년 11월 8일.

46   의안번호 1915820, 「건축법」 일부개정법률안(김상희 의원 등 13인), 2015년 6월 29일.

47   해당 규정인 「건축법」 제25조에서 정한 예외조항은 다음과 같다. 「건설기술진흥법」

붙은 형태였다. 이에 따라 2016년 2월 「건축법」이 개정되었고 이어서 7월에 시행령이 개정되었다.**48**

개정된 법 조항은 매우 복잡하게 표현되어 있지만 간단히 요약하면, 주거용 건축물은 연면적 661m²(200평) 이하(1가구용 단독주택을 제외), 주거용 이외 건축물은 495m²(150평) 이하 건축물은 모두 설계자가 공사감리를 맡을 수 없다는 것이다. 일부 예외 조항이 있긴 하지만 말이다.

감독과 감리를 구분하지 못해 벌어진 비극

지금까지 꽤나 길고 복잡한 경위를 더듬으며 건축공사에서 설계자-감리자 분리의 과정과 내용을 살펴보았다. 법 조항을 추적하여 뒤지는 일은 매우 번거롭고 내용도 이해하기 쉽지 않지만 요점은 간단하다. 대규모 공동주택과 공공건축, 그리고 150~200평 이하의 소규모 건축물 대부분은 설계자가 공사감리를 할 수 없게 되었다는 것이다. 전체 건축물 중 이들을 제외하면 사실상 설계자가 공사감리를 할 수 있는 건축물은 얼마 남지 않는다. 앞에서의 추산에 따르면 민간부문 건축시장(전체 건축시장의 84.2%) 중에서 소규모 건축물(36.2%), 대규모 건축물(3.7%), 아파트(18.1%)가 제외되므로 설계자가 공사감리를 할 수 있는 건축시장은 26.2%만 남는다. 이 모든 것이 '부실공사 방지'를 명분으로 벌어진

제14조에 따른 신기술을 적용하여 설계한 건축물, 「건축서비스산업진흥법」 제13조 제4항에 따른 역량 있는 건축사가 설계한 건축물, 설계공모를 통하여 설계한 건축물. [이 중 '역량 있는 건축사'는 「건축서비스산업진흥법」 시행령 제11조에서 다음과 같이 정하고 있다. 최근 10년간 한국 또는 외국 정부가 발주한 국내공모전 또는 국제공모전에서 입상한 실적이 있는 건축사, 국제건축가협회(UIA)에서 공인한 국제공모전에서 입상한 실적이 있는 건축사.]

48 「건축법」 제25조 및 같은 법 시행령 제19조가 감리 분리 관련 조항이다.

일들이었다. 부실공사 문제를 좀 더 깊게 들여다보자.

당시 부실이 횡행했던 한국 사회의 상황을 고려한다면 '부실공사 방지' 대책은 응당 필요한 일이었다. 문제는 이것이 '(공무원의) 감독'과 '(설계자의) 감리'를 구분하지 않은 채 '감독=감리'라고 하면서 감독 기능을 강화하는 방식이었다는 데 있다. 토목공사에서나 통용될 방식을 건축공사에까지 싸잡아서 적용한 것이다. (토목공사 중에서도 형태적 설계의 질을 고려해야 할 구조물 공사라면 이 역시 문제다.)

앞에서 길게 살펴보았던 설계자-감리자 분리의 경위를 '감독'과 '감리'를 구분해 다시 짚어보자. ① 건설공사(토목공사＋건축공사)에 '감독'이 있었고 이 중 건축공사에는 별도로 '감리'도 있었다. ② 부실시공 문제가 대두되자 건설공사 '감독' 강화가 대책으로 등장한다. 공무원 스스로 '감독'하기에는 한계가 있으니 민간 전문기관에 맡길 방법을 찾는다. ③ 이때 민간 전문기관으로 등장한 것이 감리전문회사다. '감독'이 '감리'로 바뀌는 순간이다. 또는 '감리'가 '감독' 기능까지 걸머쥔 것이다. 토목공사에서야 '감독'이든 '감리'든 문제될 것이 없었을 것이다. '감독=감리'로 취급한다. ④ 문제는 여기서부터다. '감독=감리' 강화를 위해 '감리'를 설계자 아닌 제3자가 맡도록 한다. ⑤ 원래 공무원에 의한 '감독'과 건축사에 의한 '감리'를 별개로 진행하고 있던 건축공사는 혼란에 빠진다. '감독'이 '감독=감리'로 바뀌었으니 정작 '감리'가 설 자리가 애매해진 것이다. ⑥ 결국 건축공사에서 '감리'가 사라지고 '감독=감리'만 남는다.

'감독'이 무엇인지는 누구나 알 것이다. 공사계약의 경우라면 말 그대로 '계약대로 공사를 이행하는가, 즉 설계도서대로 공사를 이행하는가를 감독'하는 것이다. '감리'는 '감독'과 다르다. 이를 단순히 "공사가 설계도서대로 실시되는 여부를 건축사가 확인하는 행위"라고 미숙하게 정의하기 시작한 1963년 「건축사법」도 문제다. 이는 '감독'이지 '감리'가 아니다. 현행 「건축법」에서 '공사감리자'를 정의하면서 "건축물,

건축설비 또는 공작물이 설계도서의 내용대로 시공되는지를 확인하고, 품질관리·공사관리·안전관리 등에 대하여 지도·감독하는 자"[49]라고 한 것 역시 '감리'보다는 '감독'의 냄새가 짙게 풍긴다. '감독＝감리'의 등쌀에 '감리'에 대한 개념이 성숙해질 기회를 잃어버린 우리 사회의 한 단면이다.

현행 법령에서 '감리'와 가장 가까운 업무를 규정한 것을 찾는다면 「건축서비스산업진흥법」에서 '설계의도 구현'이라는 이름으로 설계자가 건축과정에서 수행해야 할 업무와 책임 범위를 규정한 내용이다.[50] 여기서는 "설계도서의 해석 및 자문"과 "현장 여건 변화 및 업체 선정에 따른 자재와 장비의 치수·위치·재질·질감·색상 등의 선정 및 변경에 대한 검토·보완"이라고 규정하고 있다. 또 하나는 국토교통부가 고시한 '공공발주사업에 대한 건축사의 업무 범위 및 대가 기준'에서 '사후설계관리 업무'로 규정한 내용이다. 여기서는 '사후설계관리 업무'를 "건축 설계가 완료된 후 공사시공 과정에서 건축사의 설계의도가 충분히 반영되도록 설계도서의 해석, 자문, 현장 여건 변화 및 업체 선정에 따른 자재와 장비의 치수·위치·재질·질감·색상 등의 선정 및 변경에 대한 검토·보완 등을 위하여 수행하는 설계 업무"[51]라고 정의하고 있다.

'감리'의 개념에 대한 더 자세한 논의는 다음 장에서 계속하겠지만 이것만으로도 '감리'가 '감독'과 다르다는 것을 이해하는 데에는 충분할 것이다. 이러한 업무를 건축물 설계자가 아닌 다른 사람에게 맡긴다는 것이 말도 안 되는 이야기라는 것도 누구나 알 수 있을 것이다. 설계자-감리자 분리는 '일어나서는 안 될 일'이었다. '감독＝감리'라는 무지가 빚어낸 비극이다.

---

49 「건축법」 제2조 제1항 15호.

50 「건축서비스산업진흥법」 제22조(설계의도의 구현), 같은 법 시행령 제19조 (건축과정에의 설계자 참여 기준 등).

51 '공공발주사업에 대한 건축사의 업무 범위 및 대가 기준' 제6조 제4항.

앞서 말했듯 한국 건축의 중요한 과제는 설계시장에서 중급시장이 차지하는 비중을 키우는 일, 즉 건강한 설계시장을 육성하는 일이다. 설계자-감리자 분리 문제 역시 이 관점에서 보아야 한다. 백번 양보해서 감리자 분리가 부실공사 방지에 효과가 있다손 치자. 그렇더라도 이는 '건강한 설계시장 육성'이라는 원칙을 위배한다는 점에서 문제가 심각한 제도다.

설계자가 감리를 맡을 수 없다는 것은 정상적인 설계비 시장질서를 갖고 있는 중급시장에서 활동하는 건축가들에게 직접적인 타격을 준다. 정상적 설계비 시장질서는 설계의 질과 이것이 건축물로 구현되는 질적 수준이 지켜진다는 신뢰가 있기 때문에 가능한 것이다. 설계자가 감리를 하지 않는다면 설계의 질이 건축물의 질로 구현되기 어려워진다. 아마도 중급시장의 설계자들 중 적지 않은 사람들이 감리비를 받지 않고도 감리 업무에 나설 것이다. 자신의 설계가 시공 단계에서 망가지는 것을 참지 못하는 설계자가 많기 때문이다. 감리비를 받지 못한다는 것만이 문제가 아니다. 법적 감리자가 아니므로 시공과정에서 이래라저래라 할 권리도 책임도 없다. 시공자가 설계자의 조언이나 권고를 받아들일 이유가 없다는 뜻이다. 이는 결국 건축물의 질적 저하로 이어질 것이다. 그리고 다시 설계시장의 신뢰를 훼손하는 일로 이어질 것이고 건강한 시장의 입지를 좁히는 일로 이어질 것이다.

더 직접적인 문제는 중급시장에서 활동하는 설계자들에게 감리비용 만큼의 수익 감소가 초래되어 발생하는 문제다. 이제껏 중급시장의 설계비 질서는 설계와 감리를 동시에 계약하고 설계자에게 설계비와 감리비를 지급하는 것이었다. 건축주 입장에서야 다른 건축사와 감리를 계약하고 감리비를 따로 지불하는데 설계자에게 예전만큼 비용(설계비+감리비)을 지불할 이유가 없다. 설계자로서는 당연히 감리비만큼 수익이 줄어든다. 아마 전체 비용의 20~30%가량의 금액이 줄어들 것이다.

이는 중급시장 설계자들에게 큰 타격이다. 현재의 빈약한 중급시장을

위축시킨다는 문제를 넘어 키워나가야 할 중급시장의 성장판 한 부분을
제거해버린 일이라는 점에서 더욱 그러하다.

설계자가 감리를 맡을 수 있는 경우를 인정한 예외 조항 덕택에 일부
중고급 시장 설계자들의 활동에는 결정적 영향을 끼치지 않을 수 있겠지만
'건강한 중급시장 육성'이라는 차원에서 본다면 엄청나게 퇴행적인 제도임에
틀림없다. 정책 당국이 건축 정책의 기본적인 방향조차 감지하지 못하고
있다는 비판을 받아 마땅하다.

건축공사 감리 문제,
판을 갈아야 한다

「건설기술관리법」의 횡포가 문제의 시작

설계자-감리자 분리 제도가 일부 예외 조항을 붙인 채 시행 중이다.
'있어서는 안 될 일'이 벌어졌다. 이대로는 건축산업의 발전도 한국 건축의
미래도 없다. 이제 무엇을 해야 할까? 이대로 둘 수는 없는 노릇이니 법령
철회 운동을 펼쳐야 할까? 철회는 불가능할 것이다. 잘잘못을 따지고 합리성
여부를 따지기에 앞서, 입법에 앞장선 주체들이 오류를 인정하고 책임을
지는 상황을 만들지 않으려 할 것이다. 철회보다는 근본적인 개선안을 찾는
것이 진취적일 뿐 아니라 현실적이다.

근본적인 대책을 찾기 위해서는 속살을 파헤쳐야 한다. 문제의 진짜
원인을 찾아야 한다. 건축 설계자-감리자 분리 제도 문제의 근간이라 할 수
있는 것은 '감독'과 '감리'를 동일시하는 태도다. 이런 태도가 초래한 법적
규정들의 문제이고, 그 법적 규정이 다시 이런 태도를 강제하고 강화하여
'(제3자의) 감독' 아닌 '(설계자의) 감리'가 설 자리가 없어지고 있다.
이렇게 본다면 설계자-감리자 분리 문제가 밟고 서 있는 근본적 쟁점은
두 가지다. 첫째는 법체계의 문제다. 건축공사의 감리 업무를 「건축법」과
「건설기술진흥법」 양쪽에서 규정하면서 빚어지는 상충과 혼란이다. 둘째는
이 상황에서 '감리'가 설 자리를 찾는 일이다. '(설계자의) 감리'가 봉쇄되고
'감독'이 '감리' 자리를 꿰차고 있는 상태에서 '(설계자의) 감리'가 설 자리가
어디인지 짚어내는 일이다.

건설업에 관한 기본 법률은 「건설산업기본법」이다. 이 법은 1958년 「건설업법」으로 제정된 법으로서 건설업, 즉 건설공사업에 관한 규정을 담은 법이다. 당초 「건설업법」에서는 '건설업'을 "건설공사의 도급을 받는 영업"으로 정의하고 '건설공사'는 "토목·건축 기타 대통령령이 정하는 공사"로 정의하고 있었다. 1997년 「건설산업기본법」으로 개정하면서 '건설산업'을 "건설업과 건설용역업"으로 바꾸었지만 법의 내용은 건설사업관리 관련 내용 일부만 제외하고는 모두 건설업 관련 규정이다. 요컨대 「건설산업기본법」은 건축공사와 토목공사를 포함한 건설공사를 하는 건설업에 관한 법이다.

「건설기술진흥법」은 건설사업관리를 포함하여 "건설공사가 적정하게 시행되도록 함과 아울러 건설공사의 품질을 높이고 안전을 확보"[52]하기 위해 건설기술을 관리하는 법이다. 「건설기술진흥법」의 용어 정의에서는 '건설기술'과 '건설기술용역'을 복잡하게 설명하고 있지만, 건설공사를 위해 '공사'가 아니라 '기술용역'으로 발주되는 조사·설계·감리 등의 업무라고 이해하면 정확하다.

문제의 발단은 「건설기술진흥법」에서 '건설공사'를 「건설산업기본법」과 동일하게 토목공사와 건축공사를 포괄하는 개념으로 정의하고 있다는 데에 있다. 즉 토목공사뿐 아니라 건축공사에 관련한 업무들을 「건설기술진흥법」의 관리 대상으로 하고 있는 것이다. 1987년 이 법이 「건설기술관리법」으로 제정될 당시에 건축계의 반발로 건설기술에서 '건축 설계'가 제외되었으나 조사·감리 등 건축공사와 관련한 그 밖의 업무들은 그대로 건설기술에 포함되었다.[53]

---

52 「건설기술진흥법」 제1조(목적).

53 제정 당시 「건설기술관리법」 제2조에서는 ""건설기술용역"이라 함은 다른 사람의 위탁을 받아 수행하는 건설공사의 계획·조사·설계(건축사법 제2조 제3호의 규정에 의한 설계를 제외한다)·구매·조달·시험·시공감리·시운전·평가·자문·지도·사업관리 기타 대통령령이 정하는 역무를 말한다"라고 규정하였다.

그러나 건축공사에 관한 설계·감리 등의 업무는 「건설기술관리법」이
제정되기 20년 이상 전부터 이미 「건축법」과 「건축사법」에서 관리 규정을
운용하고 있었다. 건축 관련 법체계가 훨씬 앞서가고 있었던 것이다.
당연히 「건설기술관리법」에서는 대상으로 하는 건설공사에서 건축공사를
제외했어야 했다. 안타깝게도 그러지 않았다. 오히려 다른 부처가 제정한
법률보다 더 심하게 「건축법」을 무시하는 내용으로 만들어졌다.[54] 선행하는
법률을 무시하는 상식 밖의 횡포를 저지른 것이다. 이는 법 관장 부처인
국토교통부(당시 건설부)의 토목 편향적인 태도가 빚은 일이라고밖에는 볼
수 없다.

  모든 문제는 건축공사까지 집어삼킨 「건설기술관리법」의
'횡포' 때문에 빚어졌다. 일례로 '설계'를 보자. 「건축법」상 설계와
「건설기술진흥법」(「건설기술관리법」)상 설계는 전혀 다른 절차로 규정되어
있다. 그런데 「건설기술진흥법」에서 건축공사를 건설공사에 포함해버려,
건축공사의 설계를 포함한 사업 절차를 이 법에 따라야 하는 문제가
발생한다.

  「건축법」에서는 건축허가 절차를 규정하고 이에 필요한 설계도서를
일일이 정하고 있다. 「건축사법」의 하위 법령인 '공공발주사업에 대한
건축사의 업무 범위와 설계대가 기준'에서는 설계 업무를 기획 업무, 건축

---

54 「건설기술관리법」에 앞서 1973년 제정된 「기술용역육성법」(현 「엔지니어링
  산업진흥법」)에서는 "기술용역이라 함은 타인의 위탁에 의하여 고도의 과학기술을
  응용하여 사업 및 시설물의 계획·연구·설계(건축물은 제외)·분석·조사·구매·조달·
  시험·감리(건축물은 제외)·시운전·평가·자문·지도 기타 대통령령으로 정하는 것을
  말한다"라고 정의하였다. 즉, 건축공사의 설계와 감리는 기술용역에서 제외하고
  있다. 이미 「건축법」과 「건축사법」에서 이들 업무를 관장하고 있기 때문이다. 이에
  비해 「건설기술관리법」은 건축공사의 설계만을 건설기술용역에서 제외하고 감리는
  건설기술용역에 포함하고 있다. 「기술용역육성법」은 산업통상자원부(당시 상공부)
  소관 법률이고 「건설기술관리법」은 국토교통부 소관 법률이다.

설계 업무, 사후설계관리 업무, 기타 업무로 구분하고 있다. 또한 건축 설계 업무를 다시 계획설계, 중간설계, 실시설계로 구분하고 이들 각각에 대한 업무 내용과 대가 기준을 규정하고 있다.

한편 「건설기술진흥법」에서는 건설공사 시행과정을 '기본구상-타당성 조사-건설공사 기본계획-공사 수행방식 결정-기본설계-실시설계'로 이어지는 절차에 따라 수행하도록 규정하고 있다.[55] 이는 건축 관련 법에서 규정하는 절차인 '기획-계획설계-중간설계-실시설계'와 다르다. 당연히 혼선이 생길 수밖에 없다. 건축계에서 계획설계, 기본계획, 기본설계 등의 용어가 구분이 불명확한 채 혼란스럽게 사용되는 배경이기도 하다.

사실 「건설기술진흥법」에서 규정하는 절차 중 '타당성 조사'는 이미 다른 법률[56]에서 규정한 사항을 받은 것뿐이고 기본구상, 건설공사 기본계획, 공사 수행방식 결정 등도 이 법이 있기 전부터 「건축법」과 다른 법률에 따라 문제없이 수행하던 것들이다. 결국 아무런 실익도 없이 설계 수행 절차를 건축 관련 법과 달리 규정하여 혼선만 야기하고 있는 셈이다.

감리의 문제 역시 마찬가지다. 건축공사의 감리는 「건축법」에서 '공사감리' 업무의 내용·절차·기준 등을 세세히 규정하고 있다. 한편 「건설기술진흥법」에서도 나름대로 감리 업무의 내용·절차·기준을 규정하고 있다. 더욱이 과거 「건설기술관리법」에서는 구분되어 있던 건설사업관리와 감리 업무를 통합하여 감리를 건설사업관리 업무의 일부로 포함하여 규정하고 있다. 두 법이 정하는 감리 대상 건축물이 다르므로 규정이 중복되는 혼란은 크지 않지만, 감리 업무나 건설사업관리 업무의 일관성 및 기술발전에 도움이 되지 않음은 당연하다.

---

55 「건설기술진흥법」 시행령 제67조.

56 「국가재정법」 제38조(예비타당성 조사).

설계자 참여 없이 진행되는 건축공사

건축공사에서는 당연한 업무인 '설계자에 의한 감리'가 소멸 위기에 몰리게
된 것 역시 「건설기술관리법」의 횡포 때문에 빚어진 일이다. 토목공사의
감리(를 포함한 건설사업관리)를 건설기술용역업자에게 맡기도록
의무화하는 것은 건축계가 참견할 일이 아니다. 문제는 건설공사에
건축공사가 포함되어 건축공사 감리를 설계자가 아닌 건설기술용역업자에게
맡기라는 것이다. 이로 인해 설계자 참여 없이 건축공사가 이루어지는
난센스가 벌어지고 있는 것이다.

굳이 외국의 예를 들기 싫지만 별 수 없다. 미국의 예를 보자. 미국에서는
공사가 설계대로 이루어지는지 감독(Inspection)하는 일은 지방정부
공무원 책임이다. 일반적으로 지방정부에 등록된 독립기관에게 대행토록
한다.[57] 한편 CA(Construction Administration)와 CM(Construction
Management)을 구분하여 건축주가 각각 계약에 의해 발주한다. 둘 다 법적
의무사항이 아니라 계약에 따른 사안이지만 공공건축에서는 보통 둘 다
발주한다.

CM은 공사 기간, 공사비 등 공사의 효율을 위해 설계-공사 전반에 대한
운영관리 업무를 담당하는 업무로서 건축사나 시공기술자가 담당한다.
이에 반해 CA는 설계자의 설계의도대로 공사가 구현되도록 하기 위해
설계자가 시공과정에서 자문, 조언하는 일로서 당연히 건축물을 설계한
건축사가 담당한다. 예를 들어 설계도에 '외벽 재료는 붉은 벽돌'로 지정하고
'벽돌 줄눈은 회색 모르타르로 8mm 두께에 벽돌 면에서 5mm 후퇴하여
시공'하도록 했다고 치자. 이렇게 자세히 설계를 했더라도 막상 현장에서
결정해야 할 일이 수두룩하다. 붉은 벽돌도 천차만별이다. 어느 정도 붉은
색의 벽돌인지, 표면은 얼마나 거친 것이어야 하는지 결정하고 선택해야

---

57   황은경 외, 『건축물 안전제도 개선연구』, 23쪽.

한다. 줄눈 모르타르의 회색도 천차만별이기는 마찬가지고 벽돌의 질감과 줄눈 모르타르 색깔에 따라 8mm가 10mm로 바뀌고 5mm 후퇴를 8mm 후퇴로 변경할 수도 있다. 일부 벽돌을 돌출하여 쌓아서 외벽에 패턴을 주기로 했다면 현장에서 결정할 사항은 더욱 많아진다. 어디 외벽뿐인가. 창문, 지붕, 내부 벽체, 타일공사···. 모든 공사 단계마다 현장에서 재료를 선택하고 결정해야 할 일들이 끝없이 이어진다.

이 모든 일을 누가 결정해야 하는가? 건설회사 공사감독이? CM 기술자? 건설업체에 따라서 건설기술자에 따라서 시공방법이나 수준도 제각각이다. 이 모든 것이 시공과정에서 설계자가 직접 개입하여 조언을 하지 않으면 해결될 수 없는 일이다. 이것이 설계자가 수행하는 CA다. 만일 설계자가 CA를 맡지 않는다면 공사과정에서 계속되는 이러한 일들을 다른 누군가가 결정해야 할 것이니 건축물은 설계자 의도와는 관계없이 건축될 수밖에 없다.

한국의 감리제도를 미국과 비교하면 쟁점이 명료해진다. 우선 「건설기술진흥법」에 의해 감리 업무를 포함하여 발주되는 '건설사업관리'는 미국의 Inspection과 CM에 해당되는 업무다. 한편 「건축법」에 의한 공사감리는 다르다. 설계자가 공사감리를 하는 경우에는 Inspection과 CA가 이루어진다. 그러나 설계자-감리자를 분리한 소규모 건축물에서의 공사감리는 CA가 빠지고 Inspection만 하는 업무다. 결국 과거 「건축법」상의 공사감리제도에 의해 Inspection과 CA가 이루어져왔던 건축공사가 「건설기술진흥법」과 최근 「건축법」 개정에 의한 설계자-감리자 분리에 의해 CA 기능을 잃어버리게 된 것이다.

이 문제는 진지한 건축가들을 중심으로 오래전부터 지적되어왔다. 부실시공 방지를 위해 '감독' 강화가 필요하고 '공사감리=감독'으로 운영할 것이라면 이와는 별도로 디자인감리제도를 도입해야 한다는 등의 제안이 이어져왔다. 당연한 제안이다.

그 결과 2002년 제정된 '건축사 용역의 범위 및 대가 기준'에서

'사후설계관리'라는 이름으로 설계자가 시공과정에 참여하는 업무가 공식적으로 정의되었다. 이는 현재의 '공공발주사업에 대한 건축사의 업무 범위 및 설계대가 기준'에서도 그대로 유지되고 있다.[58] 이어서 2007년 「건축법」에 '특별건축구역' 조항이 신설되면서 공사과정에 설계자가 '참여할 수 있는' 근거 조항[59]이 마련되었고, 2013년 제정된 「건축서비스산업진흥법」에서는 '설계자의 의도 구현'이라는 조항[60]이 신설되었다. 그러나 이들은 모두 '의무조항'이 아니다. 발주청이 이를 별도의 업무로서 발주하지 않으면 아무런 효과가 없다.

간단한 상식, 설계한 대로 지어져야 한다

건축공사 감리를 둘러싼 모든 문제는 「건축법」을 무시한 「건설기술관리법」의 횡포에서 시작된 것이다. 이를 바로 잡아야 한다. 우선은 「건설기술 진흥법」의 '건설공사'에서 건축공사를 분리하여 「건축법」상의 공사감리로 통일해야 한다. 현재 건축 설계는 「건설기술진흥법」의 '설계'에서 분리되어 「건축법」, 「건축사법」, 「건축서비스산업진흥법」 등 건축 관련

58　'공공발주사업에 대한 건축사의 업무 범위와 대가 기준' 제6조(설계업무) 제4항은 '사후설계관리업무'를 "건축 설계가 완료된 후 공사 시공과정에서 건축사의 설계의도가 충분히 반영되도록 설계도서의 해석, 자문, 현장 여건 변화 및 업체 선정에 따른 자재와 장비의 치수·위치·재질·질감·색상 등의 선정 및 변경에 대한 검토·보완 등을 위하여 수행하는 설계업무"라고 정의하고 있다.

59　「건축법」 제72조(특별건축구역 내 건축물의 심의 등) 제8항 발주청은 설계의도의 구현, 건축시공 및 공사감리의 모니터링, 그 밖에 발주청이 위탁하는 업무의 수행 등을 위하여 필요한 경우 설계자를 건축허가 이후에도 해당 건축물의 건축에 참여하게 할 수 있다(2007. 10. 신설).

60　「건축서비스산업진흥법」 제22조.

법들에서 관리하고 있다. 사실 웃기는 일이다. 건축공사 관련 업무 중 '설계'만 건설기술이 아니고 계획·조사·감리·자문·지도 등 다른 모든 사항은 건설기술이라는 것이니 말이다.

이참에 공사감리뿐 아니라 건설과 건축의 관계를 확실히 하고 관련 법 체계를 확실히 정비해야 한다. 건설의 시대가 저무는 마당에 건설과 건축을 혼동해서야 되겠는가.

[표 9]는 「건축법」과 「건설기술진흥법」을 비롯해 건축공사와 건설공사 관련 법령들을 성격별로 구분해 대응시킨 것이다. 건축과 건설이 성격이 다르므로 관련 법령들 역시 정확히 일대일로 대응하지는 않겠지만 대체로 큰 무리 없이 대응체계를 이해할 수 있다.

「건설산업기본법」은 건설업을 관리하는 법이므로 당연히 건축공사업와 건설공사업(토목공사업 등) 모두를 포괄하는 법이다. 이 중 건축공사를 위한 설계·감리 등 서비스 업무를 관리하는 법이 「건축법」이고 건설공사에서 이에 해당하는 법이 「건설기술진흥법」이다. 물론 「건축법」은 워낙 오래전 다른 법령들이 갖춰지기 전에 제정된 법률이라 「건설기술진흥법」보다는 훨씬 폭넓은 규정을 갖고 있다. 하지만 「건설기술진흥법」에서 규정하는 내용들은 대부분 갖추고 있어서 건설공사에 대해 「건설기술진흥법」이 갖는 기능을 건축공사에 대해 발휘하기에는 모자람이 없다.

따라서 「건설기술진흥법」 제2조 제1호 "건설공사란 「건설산업기본법」 제2조 제4호에 따른 건설공사를 말한다"는 다음과 같이 개정해야 한다. "건설공사란 「건설산업기본법」 제2조 제4호에 따른 건설공사 중 건축공사를 제외한 공사를 말한다."

'감독'과 '감리'의 혼란 문제도 정리해야 한다. 부실공사 방지, 안전관리 등을 위해서 '감독' 기능을 강화하는 것이 필요하다면 해야 한다. 이미 '감독=감리'라는 전제로 각종 법령들이 만들어졌다면 굳이 '감리'라는 명칭에 집착할 이유가 없다. 필요한 것은 건축공사 과정에 '설계자가 참여하는 것'이지 '감리'라는 명칭이 아니다. 이미 관계 법령에 개념화되어 있는 다른 명칭을

관장 부처	건축공사		건설공사	관장 부처
국토교통부	「건축기본법」 (2007)			국토교통부
	「건설산업기본법」 (1958, 「건설업법」으로 제정)			
	「건축법」 (1962)	설계·감리 등 관련 서비스	「건설기술진흥법」 (1987, 「건설기술 관리법」으로 제정)	
	「건축사법」 (1963)	관련 자격	「기술사법」 (1963)	미래창조 과학부
	'공공발주사업에 대한 건축사의 업무 범위 및 대가 기준' (1966, '건축사 업무 및 보수 기준'으로 제정)	보수 기준	'엔지니어링사업 대가의 기준' (1975, '기술용역 계약 시 요율 적용 방법 선택 기준'으로 제정)	산업통상 자원부
	「건축서비스산업진흥법」 (2013)	관련 산업	「엔지니어링산업진흥법」 (1973, 「기술용역육성법」으로 제정)	

[표 9] 건축공사-건설공사 관련 법령 대응체계

사용하면 된다. 현재로서는 국토교통부 고시에서 정의한 '사후설계관리
업무'나 「건축서비스산업진흥법」에서 규정한 '설계의도 구현'이라는 용어를
사용하면 될 것이다. 「건축법」에 공사감리와는 별도로 '사후설계관리', 또는
'설계의도 구현' 업무를 정의하고 미국의 CA에 해당하는 업무가 이 이름으로
발주되도록 하는 절차를 규정해야 한다.

5부

살기 좋은 동네

주차 전쟁을 끝낼 해답

골목길 주차 전쟁

자동차 등록대수가 2015년 기준 2,098만 9,885대라 한다. 1인당 자동차 대수를 따지는 것조차 더 이상 의미 없을 정도로 모든 사람들의 필수품이 된 듯한데 [그림 13]을 보면 자동차 증가 속도는 여전히 힘차다. 한동안 자동차가 더 늘어날 거란 이야기다. 반면에 서울시만 따로 놓고 보면([그림 14] 참조) 2003년 이후 자동차 증가세가 매우 작아지고 있는 현상이 뚜렷하다. 전국적으로는 자동차가 계속 늘어나겠지만 서울은 이미 포화 상태라 더 이상 큰 증가는 없을 것이라고 할만하다.

자동차가 이렇게 많아졌다면 주차장 사정은 어떨까? 아파트단지야 사정이 나은 편이지만 일반 소필지 동네들은 주거지든 상점지역이든 도로마다 골목마다 불법주차 천지인 채 주차 전쟁터를 방불케 한다. 자동차 수에 비해 주차장 수가 턱없이 부족한 것이 틀림없다. 그런데 서울시의 주차장 통계를 보면 그렇지도 않다([그림 14] 참조). 2006년을 기점으로 주차면 수가 자동차 수를 상회하기 시작하여 그 격차를 늘려가고 있다. 2015년 기준으로 서울의 자동차는 305만 6,588대인 데 비해 주차면은 387만 7,326개로 127%에 이른다.

그런데 왜 동네마다 골목마다 불법주차 전쟁일까? 그 비밀은 주차장의 내용을 들여다보면 풀린다. 서울시 주차장을 유형별로 집계한 결과를 보자([표 10] 참조). 전체 주차장 중 '일반건축물' 부설 주차장은 사무소,

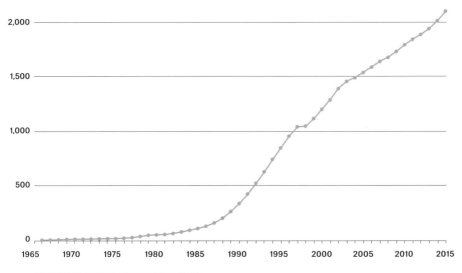

[그림 13] 전국 자동차 등록대수(단위: 만 대)

*자료: 통계청, 국가지표체계.

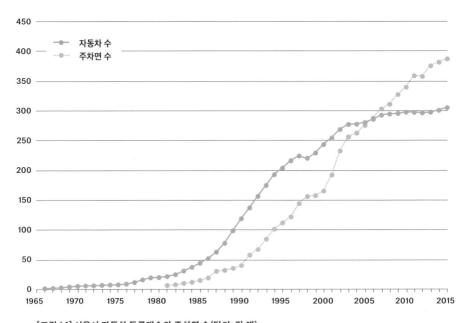

[그림 14] 서울시 자동차 등록대수와 주차면 수(단위: 만 대)

*자료: 서울시, 서울통계.

백화점, 호텔, 상점 등에 딸린 주차장이므로 거주자용이라고 볼 수 없다. 이를 빼고 다시 계산하면 아파트단지 등 공동주택 부설 주차장이 차지하는 비율이 78%에 이른다. 공동주택 이외의 일반주거지에 있는 주차장은 나머지 22%뿐이다. 노상주차장이나 노외주차장 중 일부는 상업지역 등에 있을 것이므로 실제로는 이보다도 한참 적을 것이다.

거처 유형별 거주 가구 수를 보면 주차 상황을 좀 더 확실하게 알 수 있다([표 11] 참조). 서울의 경우 공동주택(아파트, 연립주택, 다세대주택) 거주 가구를 더하면 전체 가구의 59.8%다. 나머지 단독주택 등의 거주 가구는 40.2%라는 이야기다. 결국 공동주택 거주 가구 59.8%가 주차장의 78%를 사용하고 있고, 단독주택 등 거주가구 40.2%가 22% 미만의 주차장을 사용하고 있다는 이야기가 된다. 공표된 주차장 통계가 아파트와 다세대주택을 구분하고 있지 않아서 더 이상의 정확한 파악은 곤란하지만 이 수치만으로도 단독주택 동네가 사용하고 있는 주차장의 양이 아파트단지에 비해 3분의 1 수준에 지나지 않는다는 사실을 확인할 수 있다. 당연한 이야기지만 아파트단지 바깥 소필지 지역 동네들이 골목마다 주차전쟁에 시달리는 이유는 주차장이 부족해서인 것이다.

주차장이 부족하면 도리가 없다. 불법주차가 불가피하다. 수치로도 확인할 수 있듯이 주차장 부족과 이로 인한 불법주차 문제는 대부분 소필지 지역 골목길에서 벌어진다. 큰길에서는 그나마 불법주차 단속 때문에 뜸한 편이다. 차 한 대 지나갈 폭만 남기고 빼곡히 주차 차량이 들어찬 골목길. 남은 골목 공간을 비집고 지나가는 자동차. 차가 지나갈 때까지 다른 차들 사이에 서서 기다리는 아이들. 낯익은 풍경이 된 지 오랜 우리 도시의 모습이다. 소방차 진입이 어렵다는 것도 문제지만 더 큰 문제는 이런 환경 속에서 아이들이, 시민들이 매일을 살아가고 있다는 것이다. 자연히 보행생활이 위축될 수밖에 없다. 동네 골목길이 커뮤니티를 촉발하는 공간이기는커녕 걸어 다니기조차 위험한 전쟁터가 되어버린 것이다.

구분		주차면 수 1 (대)	비율 1 (%)	주차면 수 2 (대)	비율 2 (%)
노상	시영	2,690	0.1	2,690	0.1
	구영	132,234	3.4	132,234	5.3
노외	시영	15,357	0.4	15,357	0.6
	구영	51,527	1.3	51,527	2.1
	민영	42,422	1.1	42,422	1.7
건축물 부설	일반주택	307,301	7.9	307,301	12.3
	공동주택	1,954,248	50.4	1,954,248	78.0
	일반건축물	1,371,547	35.4	-	-
합계	계	3,877,326	100	2,505,779	100

[표 10] 2015년 서울시 주차면 수 현황
 *자료: 서울시, 서울통계.

거처 유형	전국		서울	
	거처	가구	거처	가구
단독주택	3,712,419 (23.3%)	7,009,246 (35.8%)	352,377 (12.3%)	1,278,908 (32.7%)
아파트	9,234,729 (58.1%)	9,254,785 (47.3%)	1,593,594 (55.6%)	1,597,491 (40.8%)
연립주택	430,864 (2.7%)	432,497 (2.2%)	112,334 (3.9%)	112,822 (2.9%)
다세대주택	1,732,121 (10.9%)	1,739,136 (8.9%)	626,755 (21.9%)	629,150 (16.1%)
기타	795,149 (5.0%)	1,124,939 (5.8%)	180,086 (6.3%)	296,449 (7.6%)
계	15,905,282 (100%)	19,560,603 (100%)	2,865,146 (100%)	3,914,820 (100%)

[표 11] 2015년 거처유형별 거주가구 수
 *자료: 통계청, 인구 및 주택총조사.

한계에 부딪힌 묘수들

골목길 주차 문제가 어제오늘의 일이 아닌 만큼 이를 해소하기 위한 이런저런 대책들이 오래전부터 궁리되어왔다. 가장 자주 등장하는 대책이 공영주차장 건축이다. 주차난에 시달리는 지역에서 자투리땅을 찾아 많게는 수십 대 분량의 공영주차장을 건축하자는 정책이다. 그러나 아무리 자투리땅이라도 땅값이 장난이 아니다. 운 좋게 공유지가 걸려들어도 건축비 또한 만만치 않다.

쓸만한 공짜 땅을 찾으려는 궁리로 나온 것이 동네 학교 운동장이나 공원의 지하공간에 주차장을 짓는 방안이다. 그러나 이 역시 말만 무성할 뿐 실현된 사례는 별로 없다. 가뜩이나 좋지 않은 학교 교육환경이나 부족한 동네 공원을 훼손해서는 안 된다는 반론이 만만치 않다. 게다가 아무리 땅이 공짜라 해도 지하에 주차장을 짓는 비용이 엄청나다. 실제로 2014년 공원 지하에 공영주차장 건설계획을 수립한 사례에서는 주차대수 200대 규모의 주차장 건축비로만 150억 원을 책정하고 있다. 주차면 한 개당 7,500만 원이라는 이야기다.[1]

이런 엄청난 비용 앞에서 공영주차장 건설 정책이 활발하게 추진되기는 어렵다. 그렇다고 비판 여론이 끊이지 않는 골목길 불법주차 문제를 방치할 수도 없다. 고육지책으로 나온 것이 '거주자 우선 주차제도'다. 동네 골목 한쪽에 주차 구획선을 긋고 동네 거주 주민들에게 사용 우선권을 주는 제도다. 물론 약간의 월정 주차료를 받는다. 이 제도는 1996년 서울시 일부 지역에서 시범 실시된 후[2] 2002년부터 서울시 전역에서 시행되었다. 현재 서울시에는 약 14만 개 거주자 우선 주차장이 확보되어 운영되고 있다. 부산,

---

1   강남구, 『민선6기 공약 실천 계획서』, 2014, 189쪽. 여기에서는 자동차 한 대당 건물면적 10평, 공사비 750만 원/평으로 계산하고 있다.

2   1995년 12월 「주차장법」 개정으로 근거 조항[제10조(노상주차장의 사용제한 등)]이 마련되었다.

골목길 불법주차는 보행환경뿐 아니라 이웃과의 관계를 망치는 요인이 되기도 한다.

울산, 수원, 안산 등 다른 도시도 잇달아 이 제도를 도입하였다. 거주자 우선 주차제도가 골목길 불법주차 문제의 유력한 해결책으로 등장한 것이다.

거주자 우선 주차제도가 동네 골목길 불법주차로 인한 불편과 무질서 문제를 어느 정도 완화하는 효과를 발휘한 것은 분명하다. 그러나 원천적 문제 해결책으로는 어림없는 일이다. 무엇보다 주차장 양이 턱없이 부족하다. 앞에서 본 서울시 주차장 통계는 거주자 우선 주차장을 모두 포함한 수치다. 그나마 거주자 우선 주차로 '정리'된 골목길은 열 개 중 한두 개에 지나지 않는다. 대부분의 골목길은 여전히 주차 전쟁터다. 가게들이 모여 있는 조금 큰길로만 나오면 정도는 더 심하다. 무법천지다. 불법주차 상황이 오랜 기간 계속되면서 주민들 역시 불법주차를 대수롭지 않게 여기는 지경이 되었다. 이런 속에서 주민들의 보행생활이 제약받는 동네환경이 계속되고 있다. 거주자 우선 주차든 불법주차든 마찬가지다. 걸어 다녀야 할 동네 길들을 자동차가 차지하고 있다. 어린이나 노인이 특히 불편하고 위험한 것은 말할 것도 없다.

혹자는 준법정신 부족을 탓하며 강력한 불법주차 단속을 주장한다. 일부 주민 통행이 많은 주요한 길거리는 단속이 필요할 수도 있다. 그러나 골목길 불법주차가 단속으로 해결되겠는가? 주차장이 없는데 어쩌란 말인가. 이런 상태에서 단속 강화는 행정력 과다 소요와 함께 과태료 부과 남발로 시민 부담만 증가시킬 뿐이다. 어떻게 해도 문제는 해결되지 않을 것이다. 주차장이 없는데 어쩌란 말인가.

차고지증명제

사실, 모두들 원천적 문제 해결책이 있다는 것을 이미 알고 있으면서 안 하고 있다. 해법을 두고도 편법적이고 기대난망인 방안에만 매달리고 있다. '차고지증명제'가 답이라는 것을 다들 알지 않는가. 왜 차고지증명제를 도입하지 않는가.

차고지증명제의 본보기로 잘 알려진 일본은 1962년에 일찌감치 차고지증명제를 도입해 시행하고 있다. 차량을 소유하려는 사람은 자신의 집에서 2km 이내에 차고지를 확보하여 관할 경찰서에 신고하고 차고지증명서를 받아야 차량을 구입 및 소유할 수 있는 권한이 생긴다. 이 제도는 일본이 이 제도를 도입한 1960년대부터 주차장 부족과 이로 인한 불법주차 문제를 원천적으로 해소할 수 있는 방법으로 잘 알려져 있다.

이 때문에 서울시에서도 1989년부터 차고지증명제 도입을 위한 특별법 제정을 중앙정부에 지속적으로 건의해왔으나[3] 중앙정부에서 난색을 표하면서 도입이 늦어지고 있다. 한편 제주도는 2007년 2월 차고지증명제를 도입, 우선은 대형차량에 국한해 차고지증명제를 시작했고,[4] 2017년에는 중형차까지로 대상을 확대했다. 2018년부터는 제주도 전역에서 모든 차량을 대상으로 차고지증명제를 전면 적용할 예정이다.[5]

제주도는 고도의 자치권이 부여된 특별자치도로서 차고지증명제 시행이 가능했지만 서울시 등 다른 지역에서는 중앙정부의 반대로 도입되지 않고 있다. 공식적인 반대 이유는 "자동차를 생계수단으로 하는 저소득층의 자동차 보유를 원천적으로 제한하게 된다", "도심지역 주택가에 주차장 확보가 불가능해 무리하게 추진할 경우 허위신고와 위장전출 등의 부작용이 나올 가능성을 우려하고 있다" 등이라고 한다.[6]

---

3 서울시는 1989년에 이어 1995년, 1997년, 2001년, 2012년에도 중앙정부에 차고지증명제도 근거법 마련을 건의하였다.

4 제주특별자치도 '차고지증명 및 관리 조례' 제5조(차고지 확보 기준)에서는 "차고지 확보 기준은 당해 자동차의 사용본거지로부터 직선거리가 500m 이내"로 규정한 후 차고지로 인정되는 조건들을 열거하고 있다.

5 「차고지증명제 2018년 하반기부터 전면 시행」, 『제주일보』, 2016년 12월 20일.

6 매경시사용어사전(http://dic.mk.co.kr).

말도 안 되는 이야기다. 설사 그런 문제가 있다 해도 그것대로 대응하면 될 일이다. 아무튼 차고지증명제를 반대하는 주요한 이유 몇 개를 자세히 따져보자.

가장 강한 반발은 자동차업계, 또는 자동차 수요 급감으로 인한 자동차산업 위축과 내수 경제 타격에 대한 우려다. 실제로 몇 년 전 국토교통부가 차고지증명제 도입을 검토한다는 소식에 자동차업계가 들썩이기도 했다.[7]

이 중 자동차업계 반발이나 경제 타격 우려는 더 이상 할 이야기가 아니다. 일본은 1962년부터 차고지증명제를 도입했다. 그들이라고 자동차산업 걱정이 없었겠는가. 우려할 만한 충격은 실제로 일어나지 않을 것이다. 있다 해도 단기간에 그칠 것이다. 설사 충격이 있다 해도 도대체 언제까지 '경제 충격'을 이유로 시민의 삶터가 피폐화하는 것을 방치해야 한단 말인가. 시민의 삶의 질이 나빠지는데 경제 성장이 도대체 왜 필요하단 말인가. 삶이 망가지는 것을 참아가면서까지 경제 성장을 해서 얻는 것이 도대체 무엇인가?

다른 하나는 차고지증명제가 "저소득층의 피해를 경시한 부자들 중심의 정책"이라는 주장이다. 주차장 대부분이 아파트단지에 집중되어 있어 저소득층 주거지인 일반 주거지의 주차장 확보율이 턱없이 낮다는 조사 결과가 근거로 제시되기도 한다. 이런 상황에서 차고지증명제를 도입하면 자동차를 생계수단으로 하는 저소득층의 자동차 보유를 어렵게 만드는 문제가 초래될 것이라는 우려다.

이 주장 역시 문제가 있다. 우선 굳이 자신의 집에 주차장을 확보해야 하는 것이 아니다. 인근 주차장을 사용하면 된다. 주차장 사용비용을 어떻게 부담하느냐고? 저소득층에게 주거비를 보조하듯 하면 된다. 주차장

---

7   「정부 차고지 증명제 도입검토, 車업계 날벼락」, 『오토헤럴드』, 2012년 7월 17일.

무료사용권 지원 등 얼마든지 대책을 마련할 수 있다. 저소득층 문제는 저소득층 지원 정책으로 접근해야지 이를 이유로 주차 정책을 반대하는 것은 앞뒤가 맞지 않는다.

마지막 쟁점은 '주차장이 없는데 주차장 사용권을 준다 한들 어디에 차고지를 마련하느냐'는 것이다. 예상되는 자동차업계의 반론도 마찬가지다. "자동차 수요 급감이 단기간에 그친다고? 주차장이 없는데 어떻게 수요가 다시 늘어난다는 말이냐."

결국 도심지, 소필지 지역 등 주차장이 부족한 지역들이 많다는 것이 모든 문제의 근원이다.

주차장은 사적 부담이 원칙

이런 진단이 결국 공영주차장 확보를 주요한 대책으로 부상시킨 것이다. 이면도로에 노상주차장을 만드는 거주자우선 주차장 역시 공영주차장을 늘린 것이다. 자투리땅, 학교운동장과 공원 지하 활용 등 온갖 방책들이 검토된다. 그러나 다시 벽에 부딪힌다. 엄청난 비용 때문이다. 한 대당 수천만 원이다. 공영주차장 건설에 필요한 서울시 예산이 수십조 원에 이르는 것으로 추정된다. 결국 돈 안 드는 이면도로 거주자 우선 주차장만 늘어날 뿐 공영주차장 건축은 실적이 미미하다.

더 큰 문제는 이 공영주차장 정책이 좋은 동네, 좋은 도시를 만들기 위한 다른 모든 조치들을 빨아들이는 블랙홀이라는 것이다. 도시재생 사업이나 주거환경관리 사업들이 흔히 부딪히는 딜레마다. 골목길마다 차량이 가득한 동네를 보노라면 주차 문제를 해결하지 않고서는 환경 개선은 애당초 불가능하다는 생각이 든다. 그렇다고 이 문제를 공영주차장 건축으로 해결하려는 순간 모든 예산이 여기에 투입되어야 한다. 남는 돈이 없다. 이 딜레마를 어찌할 것인가.

이런 난마같이 얽힌 문제는 원칙으로 접근해야 풀린다. 자동차 소유는 원칙적으로 사적 소비영역에 속하는 일이다. 자신의 자동차를 주차할 주차장 역시 사적 부담으로 해결해야 한다. 이것이 원칙이다. 이런 원칙에서 볼 때 주차장 부족을 공영주차장 확대로 해결하려는 태도는 여러 측면에서 문제가 있다. 우선 "다른 개인들의 주차장을 왜 내 세금으로 지어주느냐"는 항의에 대답할 말이 없다. 수혜를 받는 개인이 모두 정책적 보조가 필요한 저소득층으로 특정되지도 않으니 더욱 그렇다. 주차요금을 제대로 받으면 되지 않느냐고? "그러려면 민간이 하면 되지 왜 공공이 나서서 주차장 영업을 하느냐"는 비판이 기다린다.

차고지증명제가 가져올 효과들

해답은 차고지증명제다. 사적 소유의 문제는 사적 부담으로 풀어야 한다. 주차장 부족 문제는 어쩌냐고? 나는 큰 걱정을 안 해도 된다고 생각한다. 주차할 데가 마땅치 않은 지금이라고 품고 잠들지는 않으니까. 자연스럽게 해결될 것이다. 아니 우리 동네와 우리 도시를 위해 더 좋은 일들이 속속 일어날 것이다.

차고지증명제가 시행된다고 가정해보자. 수요가 있는 곳에 공급이 따르는 법. 유료주차장으로 사용하는 빈 땅이 늘어날 것이다. 일본에 가면 상업지역이든 주거지역이든 흔히 볼 수 있는 풍경이 하나 있다. '月極駐車場 月 4,000円'. 한달 요금이 4,000엔인 월정 유료주차장이라는 뜻이다.

지금은 도시 안에 땅을 갖고 있다면 다가구주택이든 원룸주택이든 무엇인가를 지어서 팔거나 임대하는 것 외에는 수익을 얻을 방법이 마땅치 않다. 차고지증명제가 도입되면 달라진다. 무리해서 금융비용 들여가며 건축사업에 뛰어들기보다는 노후주택을 철거하고 주차장으로 운영하는 빈 땅들이 많아질 것이다. 60평짜리 땅이라면 대략 자동차 아홉 대 주차가

차고지증명제가 정착된 일본에서는 주택가에서 월정 유료주차장을 쉽게 찾아볼 수 있다.

가능한 주차장으로 운영할 수 있다. 주차요금이 월 10만 원이라면 월
수익이 90만 원. 땅 한 평당 월 1만 5,000원 꼴이다. 100평이면 월 150만
원이다. 너무 적다고? 요즘 은행예금 금리를 생각하면 현금 15억 원에 대한
이자 금액에 해당하는 액수다. 영원히 주차장으로 쓸 것이 아니라 개발
기회를 보며 기다리는 동안의 수익으로는 나쁘지 않다. 여기에 세제 혜택이
주어지면 효과는 조금 더 커진다. 저소득층 주차권 지원 정책도 뒤따라야
한다.

　주차장으로 활용되는 토지가 늘어난다는 것은 소토지 소유주들의
토지 활용기회가 다양해지면서 도시 토지자원의 활용성이 높아짐을
의미한다. 무리한 개발이 줄어들고 적정한 개발 시점을 찾는 확률이
높아지면서 도시 토지시장의 안정성도 커진다. 뿐만이 아니다. 과밀 상태에
있는 주거지역이나 상업지역에 주차장으로 활용하는 공터들이 늘어나면서

과밀 문제를 완화하는 효과까지 기대할 수 있다.

물론 이러한 자연스러운 적응과 선순환이 이루어지기까지는 어느 정도 시간이 걸리고 부작용도 없지 않을 것이다. 당연히 문제가 적고 적응이 빠를 것으로 예상되는 지역부터 단계적으로 적용하고 확대해나가야 할 일이다. 이런 점에서 제주도의 실험이 갖는 의미는 매우 크다.

골목주차 문제 해소의 원천적 해결책은 차고지증명제 도입이다. 쓸 데 없는 우려와 비합리적인 반대들을 물리치고 차고지증명제 도입을 추진해야 한다.

차고지증명제 도입을 준비한다 치더라도, 당장 골목길 주차 문제는 어찌해야 하느냐는 호소에는 이렇게 답하고 싶다.

불편해도 참아야 한다. 공영주차장 건설이 불가피한 경우도 있을 수 있지만 원칙은 분명해야 한다. 원천적인 해결책인 차고지증명제 도입으로 자율적인 문제 해결 사이클이 작동할 때까지 불편해도 참아야 한다. 불법주차 무법천지와 주차전쟁으로 인한 위험과 불편, 그 위험과 불편을 영원히 감수하는 것보다는 차고지증명제로 인한 잠정적 비용을 감수하는 편이 더 낫다고 생각하는 시민들이 더 많아질 때까지 참아야 한다. 이것이 순리다.

막무가내 완충녹지와 방음벽

녹지라고 다 좋은 게 아니다

아파트단지가 밀집한 신도시. 웬만큼 넓은 가로다 싶으면 가로와 아파트단지 사이에 십중팔구 녹지대가 자리 잡고 있다. 메타세쿼이아, 느티나무, 삼나무 등 키 큰 나무들이 뒤에 솟은 고층아파트단지를 가리고 가로변에 제법 푸른 경관을 만든다. 보기 좋은가?

이런 가로변 녹지대를 '완충녹지'라고 한다. 무엇을 완충한다는 말일까. 공원과 녹지에 관한 법률인 「도시공원 및 녹지 등에 관한 법률」에서는 완충녹지를 "대기오염, 소음, 진동, 악취, 그 밖에 이에 준하는 공해와 각종 사고나 자연재해, 그 밖에 이에 준하는 재해 등의 방지를 위하여 설치하는 녹지"[8]라고 정의하고 있다. 이에 따르면 도로와 아파트단지 사이 완충녹지는 도로 교통소음을 막아 아파트단지의 주거환경을 보호하기 위해 설치한 녹지다. 푸르러서 좋고 주거환경도 보호하니 좋은 거 아니냐고? 필요한 곳에 나무를 심는다면야 나쁠 리 없다. 문제는 이것이 남발된다는 데에 있다.

대규모 개발사업에서는 반드시 거쳐야 하는 절차 중에 환경영향평가라는 것이 있다.[9] 환경영향평가란 "실시계획·시행계획 등의

---

8   「도시공원 및 녹지 등에 관한 법률」 제35조(녹지의 세분).

9   「환경영향평가법」 제22조(환경영향평가의 대상)에서는 도시개발사업 등 각종 사업들에 대해 의무적으로 환경영향평가를 실시하도록 규정하고 있다.

허가·인가·승인·면허 또는 결정 등을 할 때에 해당 사업이 환경에 미치는 영향을 미리 조사·예측·평가하여 해로운 환경영향을 피하거나 제거 또는 감소시킬 수 있는 방안을 마련"[10]하려는 취지로 만들어진 법적 절차다. 당연히 신도시 개발계획에서도 필수다. 이 환경영향평가를 통과하려면 웬만한 도로에는 모두 완충녹지를 둘러야 한다. 차로 6차선 이상이면 여지없다. 으레 폭 10m 이상 완충녹지로 두른다.[11] 어쨌든 녹지 많으면 좋은 거 아니냐고? 설사 '남발'된다 해도 나쁠 거 없지 않느냐고? 흔히 접하는 반응이다.

이런 반응 밑에는 오랜 편견과 오해가 깔려 있다. 하나는 '녹지는 무조건 좋다'는 녹지 만능주의이고 또 하나는 '도로는 자동차 공간'이라는 오해다. 이러한 편견과 오해는 생활형 공원녹지가 너무 부족하고 보행자보다는 자동차 중심으로 짜여온 우리 도시공간이 초래한 것이다. 심지어 자동차 중심 도시 정책을 비판하면서 '사람의 도시', '보행자 중심 도시'를 부르짖는 사람들 가운데서도 이런 태도를 보이는 사람들이 적지 않다. 어차피 도로는 자동차를 위한 공간인데 완충녹지든 뭐든 녹지가 많아지면 좋은 것 아니냐는 태도다. 담장으로 둘러싸인 아파트단지에 익숙해져 더 그럴 수도 있다. 어차피 도로변에는 아파트 담장밖에 없는데 담장보다야 녹지라도 있는 게 낫지 않느냐는 이야기다.

막무가내 완충녹지 선호 속에 가로공간을 시민들의 생활공간으로 조성하려는 노력은 설 곳이 없다. 좋은 가로공간이란 가로변 생활공간과의 활발한 상호작용으로 만들어지는 것이다. '가로변 생활공간'이 상점일 수도 있고 극장이나 미술관일 수도 있다. 또는 공원일 수도 있다. '활발한

---

10 「환경영향평가법」 제2조(정의) 제2호.

11 「도시공원 및 녹지 등에 관한 법률」 시행규칙 제18조에서는 완충녹지 설치 기준을 세세히 규정하고 있다. 높이 4m 이상의 교목을 심을 것, 녹화면적률이 80퍼센트 이상이 되도록 할 것, 완충녹지의 폭은 최소 10m 이상이 되도록 할 것.

상호작용'이 아이쇼핑일 수도 있고 노천카페에서의 휴식일 수도 있고 길거리 공연일 수도 있다.

좋은 가로공간들을 떠올려보라. 인사동길, 명동길, 가로수길, 홍대앞길, 대학로…. 노천카페가 그득한 암스테르담의 어떤 골목길, 떠들썩하고 번잡했던 파리의 몽마르트 길, 길거리 공연으로 북적이던 스톡홀름의 보행몰, 유모차 끄는 부부들이 부티크 쇼윈도를 구경하는 모습이 인상적이던 주말의 뉴욕 5번가….

완충녹지는 이 모든 것을 불가능하게 한다. 완충녹지는 말 그대로 도로와 도로변 생활공간 사이에 완충(buffer)공간을 만들어서 둘 사이의 관계를 막기 때문이다. 완충녹지로 막힌 가로는 아파트단지 경계부를 다양하게 설계하려는 노력을 불가능하게 만든다. 담장 설치밖에는 방법이 없다. 담장과 완충녹지의 공고한 고정관념이 낳는 공고한 악순환이다.

물론 가로변에 공원녹지가 있어서 좋은 길이 있을 수도 있다. 그러나 이런 경우라도 꼭 완충녹지여야 할 필요는 없다. 보도를 넓히고 가로수를 두세 열로 멋지게 심으면 훨씬 좋은 가로공원이 된다. 가로공간과 가로변 상점과의 활발한 상호작용이 여전히 가능한 상태로 말이다.

훌륭한 다른 방법들

가로변 완충녹지는 가급적 피해야 한다. 소음, 먼지 등으로부터 주거환경을 보호하는 일이 중요하지 않냐고? 아파트단지 같은 대규모 건축인 경우에는 완충녹지 없이도 얼마든지 해결 가능하다. 가로변에 상가나 부대시설들을 배치하면 된다. 교통소음을 막는 데에는 완충녹지보다 훨씬 효과적이다. 학교도 마찬가지다. 가로변에 체육관, 특별활동교실 등 소음에 민감하지 않은 시설을 배치하면 된다.

소필지 주거지역인 경우라면 완충녹지가 없는 가로변은 대부분 상점이나 음식점 등을 겸한 소위 근생주택이라 불리는 점포 병용 주택들이 차지한다. 가로변 땅이 오히려 인기가 높고 비싸다는 것을 누구나 안다. 교통소음이 심하게 걱정되는 큰 도로일수록 더욱 그렇다. 더 큰 상점들이 알아서 들어선다. 자연스럽게 배후 주거지의 보호막이 생겨나는 것이다. 도로변에 다세대주택 등 분양을 목적으로 하는 공동주택이 들어설 수도 있지 않느냐고? 그런 경우라면 건축허가 단계에서 소음을 막는 건축적 조치를 하도록 하면 된다. 뒤에 방음벽을 이야기하면서 다시 설명하겠지만, 얼마든지 가능하다. 단독주택은? 군이 시끄러운 곳에 단독주택을 짓고 살겠다는 사람이 있다면? 분양용이 아니라면 알아서 하라고 맡겨두면 된다. 필요하면 방음조치를 할 것이고, 자신이 괜찮다고 하면 군이 간섭할 필요가 없다.

물론 매연·소음·진동·악취 등이 심한 공장이나 시설 주변, 또는 보도가 없는 자동차전용도로변에 주거지가 들어서는 경우 등 완충녹지가 반드시 필요한 경우도 있을 것이다. 그러나 적어도 가로변에는 완충녹지를 설치하지 않는 것을 원칙으로 해야 한다. 가로환경을 위해 녹지가 필요하다면 보도를 넓히고 가로수를 멋지게 심을 일이다.

이미 설치된 완충녹지들은 어떻게 해야 할까. 가장 간단한 방법은 완충녹지를 보도와 통합하여 넓은 보도공간을 만드는 것이다. 넓어진 보도공간에 식재 등 조경을 통해 멋진 공원형 가로를 만들면 된다. 또 다른 방법은 완충녹지와 보도의 위치를 바꾸는 것이다. 보도를 가로변 건축물 쪽으로 옮기고 완충녹지는 차로에 바로 면하도록 하는 것이다. 서울 양재동 꽃시장 맞은편 강남대로변 완충녹지가 좋은 예다. 이 완충녹지는 1980년대 초 개포지구 택지개발계획 시에 가로변 소필지 주거지역 주거환경 보호를 위해 설치된 것이다. 그러나 서울 강남에 큰 도로변 땅이 주거용도로 그대로 있을 리 없다. 가로변 모든 땅들이 상업·업무용도로 바뀐 지 이미 오래다. 이렇다 보니 웃기는 일들이 벌어진다. 큰 도로를 앞에 두고도 완충녹지에 막혀 뒷길로 출입해야 하는 상점들. 상점 주인들이 어떻게 했을지는 뻔한 일이다. 큰길 쪽에서 사람들이 출입할 수 있도록 완충녹지를 뚫고 하나둘

완충녹지가 늘 옳은 것은 아니다. 가로를 계획할 때는 주변 생활공간과의 접점을 먼저 생각해야 한다.
서울시 양재동 강남대로(위)와 파리 샹제리제 거리(아래)의 모습.

길이 나기 시작했다. 상점 주인들과 구청이 갈등하다가 결국 순리대로 풀렸다. 보도와 완충녹지 위치를 바꾼 것이다. 일부 구간은 완충녹지를 없애고 보도를 넓혔다.

여기서도 원칙은 똑같다. 가로 보행공간에서의 활동과 가로변 생활공간(건축물)에서의 활동이 서로 만나도록 하는 것이다. 가로를 만들면서 생각해야 할 가장 중요한 목표는 가로로부터 주변 공간을 보호하는 일, 이를 위해 완충녹지를 계획하는 일이 아니다. 오히려 가로공간과 주변 공간이 적극적으로 만나도록 하는 것, 이를 통해 가로공간이 활력 있고 멋진 '생활하는' 공간이 되도록 하는 것을 목표로 삼아야 한다.

가장 나쁜 방음벽

완충녹지보다 더 나쁜 것은 방음벽이다. 완충녹지를 설치할 만한 땅이 없을 때 방음벽을 세운다. 아니 완충녹지에 더해서 방음벽을 세우는 경우도 비일비재하다. 새로 개발하는 지구에서 아예 처음부터 완충녹지와 방음벽을 동시에 설치하는 경우도 있다. 방음벽 설치를 전제하고 개발계획을 세웠다는 이야기다. 대체 무슨 짓인가. 방음벽 시공권을 둘러싼 모종의 뒷거래를 의심하지 않을 수 없다.

방음벽 역시 가로변 완충녹지와 동일한 목적으로 설치된다. 도로의 자동차 소음을 막아 인접한 주거지나 학교 등의 환경을 보호한다는 것이다.[12] 가로경관으로 보든 가로공간에서의 활동으로 보든 방음벽이 완충녹지보다 나쁜 방법이라는 데에는 모두 동의할 것이다. 다만 알면서도 어쩔 수 없다고 생각할 것이다. 소음에 귀를 멍하게 하고 살 수는 없지 않은가. 과연 어쩔 수

---

12 「소음·진동관리법」 제29조(방음·방진시설의 설치 등)에서는 "교통소음·진동 관리지역에서 자동차 전용도로, 고속도로 및 철도로부터 발생하는 소음·진동이

소음뿐 아니라 도시의 가로공간까지 차단하는 방음벽.
도로변 주거 건물에 방음창을 단다면 도시는 어떻게 변할까.

없는 선택일까?

방음벽은 「소음·진동관리법」이라는 법에서 규정하는 방음시설 중 하나다. 그런데 이 법에서 규정하고 있는 방음시설 중에는 방음벽이나 방음터널 외에도 방음창 및 방음실 시설, 방음외피시설이 있다.[13] 이 중 어떤 시설을 사용하든 소음을 없애거나 줄이기만 하면 된다. 반드시 방음벽일 필요는 없는 것이다.

TV 드라마나 영화에서 흔히 보는 장면이 있다. 경찰이나 검찰에서 유리로 막힌 취조실에서 피의자를 취조하는 장면이다. 취조실 밖에서는 유리벽 앞에 몇 사람이 서서 안을 들여다보는데 취조실 안에서는 그 사람들이 보이지도 들리지도 않는다. 방송국 녹음실도 마찬가지다. 방송 진행자가 유리벽 밖 스태프들이 하는 이야기가 안 들려서 손짓 발짓으로 의사 전달하는 장면이 나온다. 이 유리벽이 완벽한 방음시설, 즉 방음창이나 방음실 시설이라는 뜻이다.

그렇다면 아파트에서도 도로변 주거동 창문이나 외피를 방음창이나 방음외피시설로 한다면 방음벽을 설치하지 않아도 된다는 이야기다. 학교도 마찬가지다. 도로변에 체육시설이나 특별활동실을 배치하고 이 건물들을 방음창이나 방음외피시설로 설계한다면 따로 방음벽을 설치하지 않아도 된다. 그런데 왜 우리는 모든 곳에 방음벽을 설치할까. 마치 방음 수단은 방음벽뿐이라는 듯이 말이다.

방음벽 설치는 환경부 고시인 '방음시설의 성능 및 설치 기준'에서 규정하고 있다. 이 법령 제5조에서 "방음시설은 주택·학교·병원·도서관· 휴양시설의 주변지역 등 조용한 환경을 요하는 지역 중 … 소음발생 우려가 큰 지역부터 우선하여 설치한다"고 규정하고 있다. 이 환경부

교통소음·진동 관리 기준을 초과하면 방음·방진시설을 설치해야 한다(학교·공동주택 등은 일반도로로부터의 소음·진동에도 동일하게 적용한다)"고 규정하고 있다.

[13] 「소음·진동관리법」 시행규칙 제3조, 별표2.

고시는 1996년에 처음 제정되었다. 주목할 것은 제정 당시에는 법령 이름이 '방음벽의 성능 및 설치 기준'이었다는 점이다. 문제의 제5조 역시 "방음벽은 주택·학교·병원·도서관·휴양시설의 주변지역 등 조용한 환경을 요하는…"이라고 되어 있었다. 즉, 법령을 만들 때부터 방음시설은 곧 방음벽이었고 주거지나 학교에는 우선적으로 방음벽을 설치하는 것이 환경 정책의 기본 방향이었던 것이다.

이 법령의 명칭에 포함된 '방음벽'은 2011년 9월에서야 '방음시설'로 바뀌었다. 그런데 개정 이유를 보면 "방음시설의 성능 및 설치 기준 대상시설을 방음벽에서 방음터널, 방음둑으로 확대"하는 것이란다.[14] 방음창, 방음외피시설 등 건축물에 적용하는 방음시설은 아직도 전혀 정책적으로 고려하지 않는다는 이야기다. 이것이 우리 도시의 가로공간들이 여전히 방음벽으로 차단되고 있는 이유다.

방음벽 설치를 더 적극적으로 강제하는 법률도 있다. 「주택법」의 하위 법인 '주택건설 기준 등에 관한 규정'에서는 "공동주택을 건설하는 지점의 소음도(이하 "실외소음도"라 한다)가 65dB 미만이 되도록 하되, 65dB 이상인 경우에는 방음벽·수림대 등의 방음시설을 설치"하도록 규정하고 있다.[15] 수림대 설치는 토지가 많이 필요하므로 사실상 방음벽을 설치하라는 이야기다. 소음 기준도 '실외소음도'라고 못 박고 있어서 방음창 등 건축물에서의 건축적 조치를 곤란하게 만들고 있다. 하긴 그렇다고 해서 건축적 조치가 불가능한 것은 아니다. 소음원에 면하여 부대시설이나 주거동을 배치하면 그 후면의 실외소음도는 현저히 줄어들기 마련이다. 물론

---

14 국가법령정보센터에 게시된 '개정 이유'에 있는 내용이다. 법령 제2조에서도 "'방음시설'이라 함은 교통소음을 저감하기 위하여 충분한 소리의 흡음 또는 차단효과를 얻을 수 있도록 설치하는 시설을 말하며, 방음시설에는 방음벽·방음터널·방음둑 등으로 구분된다"고 규정하고 있다(법령의 문구가 이상하지만 실제 문구가 이렇다).

15 '주택건설 기준 등에 관한 규정' 제9조(소음방지대책의 수립).

그 부대시설이나 주거동에는 방음창을 설치하면 된다. 그러나 현재의 법 규정은 이러한 건축적 조치를 모두 불가능하게 하는 방향으로 집행된다. 건축물이 없는 맨땅 상태에서 실외소음도를 측정하여 방음벽을 설치하도록 하기 때문이다.

가로공간이 우선이다

이 모든 어처구니없는 규정들과 일 처리방식들은 기본적으로 가로공간을 중요한 생활공간으로 인정하지 않기 때문에 벌어지는 사태다. 아파트단지든 학교든 담장으로 둘러치는 것을 당연히 여기는 관행 역시 이런 태도를 부추긴다. 어차피 담장으로 막을 것이니 소음까지 막아주는 방음벽을 치는 게 낫다고 말이다. 가로공간의 주인공이어야 할 시민의 삶이 힘을 잃으니 얼치기 환경보호주의자들이 주인 노릇을 하고 있다. 환경을 내세우며 시민의 삶이 들어설 자리를 아예 없애버리고 있는 것이다.

환경은 보호해야 하고, 시민들의 생활을 교통소음으로부터 보호하는 것도 물론 필요하다. 하지만 이 모든 것이 필요한 이유는 '시민들의 생활'의 질은 높이기 위해서다. 생활을 위협 요인들로부터 보호하기 위한 일들이다. 그런데 정작 시민들 생활의 가장 중요한 장소인 가로공간을 시민들 생활로부터 차단한다니. 시민생활을 보호하려고 시민생활을 차단한다? 주객전도, 본말전도라는 말은 이럴 때 쓰는 말이다.

가로공간이 더 중요하다. 환경보호든 교통소음 방지든 모든 일은 가로공간을 시민 생활 장소로 보전하는 것을 전제해야 한다. 시민들의 중요한 삶터인 가로공간을 완충녹지나 방음벽 따위로 훼손하는 만행을 즉각 멈춰야 한다.

환경영향평가에 관해 한마디 덧붙인다. 환경영향평가를 통해 주거지나 학교의 소음 문제을 지적하고 방음벽이나 완충녹지 설치를 요구하는

생활공간과 맞닿을 때 훨씬 쾌적하고 편리한 가로공간이 된다. 도쿄(위)와 용인시 한 아파트단지의 사례.

것은 논리에 맞지 않는다. 환경영향평가의 원래 취지는 개발행위가 대기·수자원·생태자원 등 자연환경에 미치는 악영향을 막거나 줄이고자 하는 것이다. 개발을 통해 새로 만들어질 주거환경이나 학교환경 문제를 걱정하는 법이 아니다. 이는 「환경영향평가법」이 아니라 「도시개발법」, 「주택법」, 「건축법」에서 다루어야 할 사안이다.

도시의 생활환경은 도시와 주거를 관장하는 법에 맡기는 것이 옳다. 도시는 도시에게 맡기고 「환경영향평가법」은 본연의 임무인 '자연환경 보전'에 진력하는 것이 옳다. 괜히 나서서 도시를 망치지 말고 말이다.

마이너스 제로에너지

제로 콤플렉스

2014년 7월 '기후변화 대응 제로에너지빌딩 조기 활성화 방안'이라는 것이
발표되었다. 대통령이 주재하는 국가 과학기술 자문회의에서 국토교통부가
발표한 것이니 제로에너지 빌딩을 독려하는 정책들을 본격적으로
추진하겠다는 이야기다. 2017년부터는 '제로에너지 건축물 인증제도'를
시행한다는 발표도 있었다.[16] 인증을 받은 건축물에 대해서는 건축 기준
완화 등 각종 지원이 주어질 예정이란다. 2020년부터는 공공건축물을
제로에너지빌딩으로 건축하는 것을 의무화하고, 의무화 대상 건축물 범위를
단계적으로 넓혀간다는 방안도 포함되었다.

　　제로에너지빌딩, 또는 제로에너지 건축물이란 말 그대로 에너지 사용
제로, 즉 에너지 사용이 없는 건축물을 말한다. 건축물에서 사람이 생활하는
데 에너지를 전혀 사용하지 않는다는 것은 있을 수 없는 이야기이니,
실제로는 '사용 에너지'와 '생산 에너지'의 합이 제로가 되는 건물을 가리킨다.
한편으로는 태양광발전, 지열냉난방 등의 방법으로 에너지를 생산하고,
한편으로는 단열 성능을 높여서 에너지 사용을 최소화하여 궁극적으로
에너지 사용의 합이 제로가 되도록 한다는 것이다. 말 그대로라면 '제로'여야

16　국토교통부는 2016년 10월 제로에너지 건축물 인증제도 조항을 담은 「녹색건축물
　　조성 지원법」 시행령과 시행규칙 및 「건축물 에너지효율등급 인증에 관한 규칙」

하지만 "현재의 기술수준 경제성 등을 고려하여 정책적으로는 에너지 소비를 90%까지 감축하는 건축물, 즉 에너지 사용이 '거의 제로'인 건축물을 제로에너지빌딩으로 간주하여 정책을 추진하겠다"는 것이 국토교통부 설명이다.[17]

전 세계적으로 가장 많은 에너지를 소비하는 것이 건축물이라고 한다. 건축물의 에너지 소비량은 2010년 기준으로 40년 전인 1971년에 비해 두 배 증가하였으며 지금도 계속 증가하고 있다. 별다른 조치가 없이 지금 추세로 간다면 40년 후인 2050년에는 다시 50%가 증가할 것이 예상된단다. 한국 역시 건축물이 에너지 사용량의 20% 이상을 차지하며, 앞으로 산업구조 전환 등에 따라 선진국 수준인 40%까지 증가할 것으로 예상된다고 한다.[18]

제로에너지 건축물 정책을 빨리 추진하지 않으면 큰일 날 것이라는 이야기다. 독일이나 영국 등에서 제로에너지 주거단지를 만들었다는 뉴스가 들리는가 하면, 저마다 "제로에너지빌딩 달성 목표를 정하고 금융 지원 및 기술 개발을 서두르며 미래 건축시장 선점을 위해 각축"[19]을 벌이고 있다니 에너지 문제는 물론 세계시장 경쟁을 위해서라도 서둘러야 할 중차대한 국가적 과제인 듯하다. 자칫 제로에너지 문제에 시비라도 걸면 시류를 모르는 몰지각한 인사로 지탄받을 분위기다. 더욱이 '지구환경 보전', '기후변화 대응'이라는 고귀한 목표와 연결된 전 지구적 의제라지 않는가.

나 역시 몇 년 전 집을 지으면서 태양광 발전설비를 했다. 정부의 신재생에너지 주택 지원제도 덕에 설치비용의 50%를 지원받아서

(국토교통부·산업통상자원부 공동부령) 일부 개정안을 마련하여 입법예고하였다.

17 국토교통부 홈페이지(http://www.molit.go.kr).

18 국토교통부, '기후변화 대응 제로에너지빌딩 조기 활성화 방안', 2014년 7월 17일, 국가과학 기술자문회의 상정 안건.

19 같은 글.

그리 큰돈을 들이지도 않았다. 그리고 몇 년째 전기료가 제법 줄어들어 재미도 쏠쏠하다. 에너지를 절약한다는 느낌도 좋고 살림에도 보탬이 되니 일석이조다.

그렇지만 에너지를 아낀다는 것과 제로에너지는 전혀 다른 이야기다. 원시인들도 불 지피며 살았으니 '제로' 에너지는 아니었을 듯한데. '유토피아' 비슷한 분위기 아닌가? 유토피아란 '어디에도 없는 장소'다. 꿈꾸고 지향할지언정 도달할 수 없는 곳이다. '제로'도 마찬가지 아닐까? 무엇이든 '완전'하게 만들 작정으로 덤비면 무리가 따르기 십상이다.

제로에너지 건축물 정책은 정말로 그렇게 효과가 기대되는 정책일까? 제로에너지 건축물이란 것이 정말 가능할까? 미래를 대비하는 필수적 과제일까? 의무화해야 할 정도로 중차대한 과제인가?

무엇을 절약하는가

'단열 성능 극대화'부터 살펴보자. 제로에너지 건축물은 '단열 성능 극대화'를 위해 외벽 두께 증가가 필수이다. 주택의 일반적인 외벽 두께는 300~400mm 정도다. 물론 목조, 콘크리트, 벽돌 등 외벽 재료도 다양하고 재료 조합방법도 다양해서 이보다 조금 더 얇게 하는 경우도 있고 조금 더 두꺼운 경우도 있겠지만 대략 이 범위에 들어온다고 보면 크게 틀리지 않는다. 단열재도 종류가 여러 가지지만 두께는 70~150mm 정도가 대부분이다. 이에 비해 제로에너지 주택에서는 단열재 두께가 300mm 이상이다. 최근에 건축된 제로에너지 실증 주택에서는 두께 300mm의 단열재가 사용되었다. 당연히 벽두께도 두꺼워져 외단열 방식으로 했는데도 510mm다. 창문은 에너지 손실의 주범이다. 제로에너지 건축물은 당연히 단열성능이 큰 삼중유리창호를 사용한다. 열교환기도 필수다. 열교환기란 따뜻한 내부 공기가 밖으로 나가면서 내부로 들어오는 차가운 외부 공기로 열을 옮기도록

제로에너지 주택의 단열재. 두꺼워지는 단열재만큼 건축비용은 늘고 집 크기에 비해 가용면적은 줄어든다.

하는 장치다. 환기할 때 새로 들어오는 차가운 외부 공기를 덥히는 데
들어가는 에너지를 최소로 줄이려고 사용하는 설비다. 여기에 더해서
태양광 발전설비나 지열난방 등 신재생에너지 설비 역시 필수인 것은
물론이다.

　　이 모든 것은 당연히 건축비용에 반영된다. 제로에너지 건축물
공사비는 보통 건축물에 비해 30% 이상 비싸진다[20]는 것이 통설이다.
총공사비를 3억 원이라고 하면 9,000만 원 이상 부담이 늘어난다는
이야기다. 에너지 비용이 줄어들므로 20년쯤이면 초기비용 회수가
가능하다고 하지만 워낙 큰 비용이라 제로에너지 건축 보급이 늦어지는
가장 큰 이유로 꼽히는 문제다. 이 때문에 정부의 제로에너지빌딩 활성화
정책도 공사비 증가를 보상하는 지원방안에 맞추어져 있다.

20　같은 글.

외벽 두께가 두꺼워진다는 것은 공사비 증가뿐 아니라 집 면적이
줄어든다는 단점도 있다. 연면적 60평 정도의 2층 단독주택이라면 두 개
층 합해서 외벽 길이가 대략 100m는 된다. 벽 두께가 150mm 늘어났다면
면적으로 15m^2(4.5)평이다. 집 규모에 따라 달라지겠지만 외벽 두께가
4~5평을 차지한다는 뜻이다. 60평 중 4~5평이면 결코 작은 면적이 아니다.
집 면적은 벽체 중심선으로 계산하니까 결과적으로 4~5평 중 절반은
실내면적을 잡아먹어서 그만큼 가용면적이 줄어들고, 절반은 바깥쪽으로
커져서 그만큼 집 덩치가 커지는 결과를 만든다.[21]

그런데 정작 따져보아야 할 것은 집 면적이 줄어들고 공사비가
증가하는 문제만이 아니다. 추가로 투입되는 재료와 장치들을 생산하는
데에도 재료가 들어가고 생산설비가 돌아간다. 당연히 에너지가 사용되고
이산화탄소도 배출된다. 이 과정에 소비되는 에너지 총량을 계산하면
어떨까? 더 두꺼워지는 단열재로 절약되는 에너지와 그 추가되는 단열재를
생산하느라 소비되는 총에너지 중 어느 쪽이 얼마만큼 더 많을까?
총에너지란 이들 장치와 재료 생산에 사용되는 모든 부품과 원재료의
생산과정에 소비되는 에너지, 이들을 운반하고 판매하는 데에 소비되는
에너지까지 포함한 에너지 소비 총량을 말한다. 안 팔리고 남는 물량이
만만치 않다는 것도 고려해야 한다.

연간 태양광 설비 생산을 위해 소비되는 총에너지를 태양광 설비로

21 이러한 문제가 지적되면서 2011년 6월 건축법 시행령(119조 제1항 2호)과 시행규칙
(제43조)이 개정되었다. 건축물의 외벽 바깥에 단열재를 설치하는 단열공법으로
건축된 건축물의 건축면적은 외벽 중 안쪽 내력벽의 중심선을 기준으로 산정하도록
한 것이다. 이에 따르면 외벽 바깥으로는 단열재를 아무리 두껍게 붙여도 건축면적에
변화가 없게 된다. 그러나 이는 편법적인 조치로써 법상 건축면적에 변화가 없을
뿐 외벽 두께가 늘어난 만큼 집의 실제 크기가 커지는 것은 마찬가지다. 또한 외벽
안쪽으로 단열하는 내부단열 방식의 경우에는 상대적으로 법상 면적 산정이
불리해지는 불공평 문제도 있다.

절약되는 총에너지와 비교한 데이터가 있을까? 열교환 설비, 삼중 유리창은? 혹시 절약하는 에너지보다 사용하는 에너지가 더 많은 것은 아닐까? 공사비는 더 부담해가면서 에너지는 에너지대로 더 많이 소비하는 것은 아닐까?

이런 쟁점들은 지속가능성과 친환경, 에너지 절약기술 등을 다루는 일들에 늘 따라다닌다. 에너지 총량을 계산해볼 기회는 아직 없었지만 이 의문에는 개연성이 충분하다. 역사 이래 인간이 사용하는 재료량과 장치량이 꾸준히 증가해왔고 이에 따라 에너지 소비와 탄소 배출량도 늘어왔다는 것은 엄연한 사실 아닌가. 제로에너지 전략이 '사용하는 재료량과 장치량을 줄이거나 대체한다기보다는 주로 증가시키는 쪽'이라는 것도 사실 아닌가. 독일이나 영국 등 선진국들이 앞장서서 하는 일인데 그럴 리가 있겠느냐고? 그들이 에너지 소비와 탄소 배출의 주범인 근대 산업자본주의의 첨병이었음을 잊지 말자.

건축물 단열 성능이 좋아야 하는 것은 당연하다. 그래야 겨울에 춥지 않게 여름에 덥지 않게 살 수 있다. 그러나 단열 성능을 '극대화'하는 것이 과연 적절한 일인지는 따져보아야 한다. 단열 성능 극대화를 위해서는 벽체나 창호를 '공기 샐 틈 없게' 하는 기밀성이 필수이고 이는 필연적으로 환기 부족과 실내 공기 질 문제로 이어진다. 이젠 환기시설이 필요해진다. 창문 열면 되잖아! 찬 공기가 들어오면 에너지가 소비가 커져서 안 된단다. 결론은 열교환 설비! 이 역시 돈 들고 에너지 드는 일이다.

인간은 완전한 단열환경 속에서 살 수 없다. 쾌적함을 위해서는 약간의 웃풍과 부위별 온도 차이도 필요하다. 이 쾌적함마저도 완벽한 단열 속에서 설비 장치를 통해 달성하려면 돈이 너무 많이 들고 에너지 사용량도 많아진다. 단열부터 공기정화까지 완벽히 '닫힌' 시스템으로 버티는 것은 우주선에서나 하는 일이다.

대한민국	8.4	
일본	7.0	
스위스	4.4	
이탈리아	4.3	
영국	3.8	
중국	3.6	
스페인	2.9	
인도	2.6	
독일	2.3	
미국	2.2	
프랑스	1.7	
전 세계	1.6	

시민의 수요를 충족시키기 위해 필요한 국토의 개수

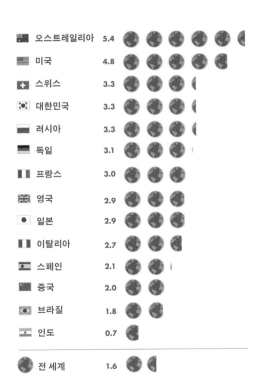

오스트레일리아	5.4	
미국	4.8	
스위스	3.3	
대한민국	3.3	
러시아	3.3	
독일	3.1	
프랑스	3.0	
영국	2.9	
일본	2.9	
이탈리아	2.7	
스페인	2.1	
중국	2.0	
브라질	1.8	
인도	0.7	
전 세계	1.6	

각 나라의 평균적 생활양식으로
전 세계 인구가 생활할 때 필요한 지구의 개수

지속가능성은 생활방식에 달렸다

지속가능성은 '환경기술보다는 생활방식의 문제'라는 말은 이래서 나온다. 비닐 쇼핑봉투의 폐해를 해결하려고 썩는 비닐을 개발하는 것도 좋지만 시장바구니(가방) 들고 다니기 운동이 훨씬 효과적이고 친환경적이다. 열교환기 설비보다는 겨울에는 내복 입기가, 여름에는 선풍기와 부채로 버티기가 훨씬 더 친환경적이고 에너지 절약적이다.

지속가능한 지구 만들기 운동을 펼치고 있는 국제환경단체 지구생태발자국네트워크(Global Footprint Network, GFN)가 2016년 8월 발표한 내용 중 '시민의 수요를 충족시키기 위해 필요한 국토의 개수'에서 한국은 8.4개로 전 세계에서 최고 수준이다. '각 나라의 평균적 생활양식으로 전 세계 인구가 생활할 때 필요한 지구의 개수'에서도 한국은 3.3개로 오스트레일리아 5.4, 미국 4.8에 이어 최상위권에 올라 있다.[22] 유럽 여러 나라들은 대체로 중간 순위다. 그들이 제로에너지 건축물이 많아서 우리보다 순위가 낮은 것이 아니다. 그들의 생활방식이 우리에 비해 친환경적이어서 그렇다. 유럽 호텔에는 에어컨 없는 경우가 흔하고, 렌터카는 아직도 자동변속기 차량이 귀하다. 지속가능성은 생활방식에 달린 문제다.

에너지 절약방식을 구분하는 '패시브'(passive), '액티브'(active)라는 구분도 다시 생각해보아야 한다. '패시브' 방식은 에너지를 적극적으로 만들어내는 것이 아니라 에너지 소비를 가급적 줄여서 에너지를 절약하는 방식이다. 단열 성능 극대화를 위한 외벽 단열 보강이나 삼중 유리창호 사용이 대표적인 패시브 방식이다. 그러나 생활방식에 의한 에너지 절약이 진정한 패시브 아닌가? 단열재 더 쓰고 삼중창 더 쓰는 것보다 내복 입고 견디는 것이 진짜 '에너지 소비를 줄이는' 방식 아닐까? 단열을 '장치형

---

22 지구 생태 용량 초과의 날(Earth Overshoot Day)
홈페이지(http://www.overshootday.org/); 글로벌 생태발자국 네트워크
(Global Footprint Network) 홈페이지(http://www.footprintnetwork.org).

패시브'라 한다면 이건 '생활형 패시브'라 할 만하다.

'생활형 패시브'에는 내복을 입거나 부채로 견디는 방법만 있는 것이 아니다. 할 수 있는 일은 너무도 많고 이를 통해 절약할 수 있는 에너지도 무궁하다. 대표적으로 자동차 운행 줄이기, 대중교통 이용률을 높이는 일이다. 이를 위해서는 '걷고 싶은 길'을 늘리는 것이 필수적이다. 버스 정류장이나 지하철역까지 걷는 길이 편해야 대중교통 이용이 늘 것 아닌가. 걷는 길이 편해야 가까운 곳은 그냥 걸어서 해결하게 될 것 아닌가. 자전거 이용률 높이고 일회용품 줄이는 일, 페트병 생수 대신 수돗물을 마실 수 있도록 하는 일 등.

이 모든 것이 에너지 소비와 탄소 배출을 줄인다. 계산해본 적은 없지만 아마도 그 효과는 열교환기나 삼중창 설치로 얻는 효과에 비할 수 없을 정도로 클 것이다. 게다가 시민들의 커뮤니티 활동이 활발해지는 효과도 크다. '제로'에너지라는 유토피아를 꿈꾸기보다 지금 당장 일상에 널린 지속가능성의 방법들을 살피는 일이 훨씬 가치 있고 중요하다.

주민참여의 조건

외국은 잘된다는데

'서울특별시 주민참여 기본조례'라는 자치법규가 있다. 서울시가 "시정에 대한 시민 참여를 활성화"하기 위해 2011년에 만든 법이다. 이 조례에 따라 4년마다 '주민참여 기본계획'도 수립해야 한다. 여기에는 각 부서가 추진하는 사업별 주민참여 방안이 담긴다. 이런 법까지 있으니 주민참여가 잘 이루어진다는 이야기를 하려는 것이 아니다. 예전보다야 이런저런 노력과 성과가 보이는 것이 사실이지만 솔직히 "아직 멀었다"는 것이 중론이다. 오죽하면 이런 법까지 만들었겠는가.

우리 사회에서 주민참여는 오래전부터 난제 중의 난제였다. 지방정부의 정책 수립과 집행 과정에서 주민참여는 '반드시 이루어져야 할 중요한 일'이라는 데에는 누구나 동의한다. 민주주의와 지방자치의 꽃으로까지 불린다. 그러나 문제는 이 일이 쉽지 않다는 것이다. 이제껏 주민참여가 제대로 이루어진 사례도 별로 없다.

한국 주민참여 관련 제도로는 1976년에 시작된 '반상회'가 꼽힌다. 박정희 정부에서 전국적인 주민조직으로 고안한 것으로서 매월 반(班)[23]

---

[23] 행정단위의 최말단 조직으로 지방자치단체가 20가구에서 40가구 정도의 주민을 단위로 구성하고 있는데, 도시지역은 통(統) 소속이고 군 지역은 이(里) 소속이다 2015년 12월 현재 전국 행정단위는 통 5만 8,144개, 이 3만 6,835개에 반 48만

단위의 주민 모임을 정례적으로 개최하도록 한 것이다. 20~40가구로 이루어진 전국 수십만 개의 주민조직이 매월 모임을 갖는 것이니 매우 강력한 풀뿌리 주민조직이라 할 수 있다. 그러나 시작할 때부터 정부의 시책이나 입장을 홍보하기 위한 수단으로 운영되었다는 점, 자체적으로 토의되는 안건도 생활 고충처리 차원에 지나지 않는다는 점 때문에 '주민자치'나 '주민참여'와는 거리가 먼 제도로 인식되고 있다.[24] 최근에 반상회를 통해 역사 교과서 국정화의 정당성을 홍보하는 일이 있었다는 사실은 반상회의 이런 성격을 단적으로 보여준다.

주민참여와 관련된 제도로는 반상회 이외에도 선거, 주민투표, 공청회, 위원회, 청원, 주민발의제도, 주민감사청구, 주민소환제도, 주민소송제도, 행정모니터 등이 있다.[25] 이 중 지역의 도시-건축 정책사업에의 주민참여와 직접적 관련이 있는 것은 공청회와 위원회 정도다. 그러나 공청회는 반상회보다도 심한 일방적 정부시책 전달용 행사로 운영되는 경우가 대부분이다. 반상회든 공청회든 참여하는 주민들 스스로 결정권, 또는 주도권을 갖지 못한다면 주민참여라고 할 수 없다. 그냥 설명과 설득의 대상일 뿐이다.[26] 이렇게 볼 때 현재의 제도 중 '위원회'가 유일하게 주민참여가 이루어지는 제도라고 할 수 있다. 물론 이들 위원회에

9,472개로 짜여 있다(행정자치부, 『2016 행정자치 통계연보』, 행정자치부, 2016).

24 현재도 반상회는 각 기초자치단체마다 갖고 있는 '통·반 설치조례'에 근거 규정을 둔 채 전국 각지에서 운영되고 있다. 예컨대 '서울시 중구 통·반 설치조례'에서는 제8조에서 반상회 운영에 대해 규정하고 있다.

25 정정화 외, 『주민참여제도 현황 및 활성화방안 연구』, 한국정책학회, 2015, 7쪽.

26 주민참여 단계론에서는, 1~2단계인 "계도-교정"을 '비참여'로, 3~5단계인 "정보 제공-의견 수렴-유화"를 '형식적 참여', 6~8단계인 "동반자-권한 위임-주민의 통제"를 '실질적 참여'로 구분한다(같은 책, 7쪽). 이에 따르면 반상회나 공청회는 1~3단계로 주민참여라고 할 수 없거나 지극히 낮은 단계의 형식적 참여 수준이라 할 수 있다.

참여하는 '주민'들은 대부분 전문가이다. 지방정부마다 각종 위원회가 있고 이 중에는 제법 활발히 운영되는 위원회도 적지 않다. 그러나 이들 위원회의 '활발한 운영' 비결은 참여자가 전문가이기 때문이 아니다. 대부분의 위원회는 자율적 논의과정이 있고 참여자들에게 주도권이 주어진다는 것이 진짜 이유다. 주도권도 있으려니와 회의비(또는 자문비)라는 명목으로 수당도 준다. 그러니 전문가들이 열심히 가는 것이고 '활발히 운영'되는 것이다. 가보아야 주도권 없이 수동적으로 설명을 듣고 형식적으로 몇 마디 발언하고 오는 위원회라면 전문가라고 해서 위원회에 참여할 턱이 없다. 회의비까지 안 준다면 더더욱 그렇다.

주민들은 바쁘다. 자신의 생업을 챙기기에도 바쁘다. 바쁜 마당에 수당을 주는 것도 아니고 주도권도 없는데 뭣하러 참여할까. 공적인 일에 관심이 없어서만이 아니다. 관심이 있어도 마찬가지다. 광화문 촛불시위의 시민참여는 그래서 이례적이고 대단한 것이다. 그러나 이는 범국가적인 '대사'이기 때문에 가능한 일이었다. 동네 일 같은 '작은' 일에는 여간해서 참여를 기대하기가 쉽지 않다.

공무원들도 마찬가지다. 매일의 업무에 바쁘다. 비록 칸막이 행정이니 무사안일주의니 비판을 받을지언정 그 일 자체만으로도 바쁜 것은 사실이다. 가뜩이나 바쁜데 일을 두 배로 키울 번거로운 주민참여가 반가울 리 없다. 가급적이면 주민참여 없는 것이 좋다. '주민참여 기본조례' 같은 법규 때문에 안 할 수 없다면 형식적으로, 효율적으로 해치우는 것이 상책이다. 주민들이 적극적이지 않은 일을 공무원이 구태여 나서서 번거롭게 만들 이유가 없다. 주민도 그렇고 공무원도 이러니 주민참여가 잘될 턱이 없다.

그런데 외국에서는 주민참여가 잘된다고들 한다. 영국 도시재생사업은 주민 주도로 이루어진다고 하고 일본의 마을만들기 사업도 주민참여가 자못 활발하다고들 한다. 사실일까? 사실이라면 어떻게? 그들은 국가 대사뿐 아니라 동네일에도 열심히 참여할 만큼 한가할까? 아니면 시민사회의 역사가 유구해서, 시민정신이 투철하고 몸에 배어서 주민도 공무원도 그 정도 참여는 당연한 것으로 여기고 생활화되어 있기 때문일까?

그럴 리가! 그들이라고 바쁘지 않을 리 없고, 시민사회의 역사가 있다 한들 대의민주주의 제도의 한계가 뻔한데 그들 사회에서만 민주주의제도가 우리 사회와 달리 작동할 리 없다. 그 나라 공무원들이라 해서 주민참여를 당연한 의무로 여기고 번거로운 일을 마다 않을 리가 없다.

그럼에도 주민참여가 잘된다면 왜일까? 활발하게 운영되는 전문가 위원회의 예에 비추어본다면 둘 중 하나다. 주민들이 주도권을 갖도록 하는 참여 시스템이 있다는 것. 또는 참여하는 주민들에게 수당을 준다면 가능한 일일지 모른다. 그게 있을 수 있는 일인가? 결론부터 말하면, 있을 수 있는 일이다. 둘 다 사실이다.

주민에게 주도권을 넘기다

몇 년 전 영국의 도시재생 정책 체계를 조사할 기회가 있었다. 조사의 주된 동기는 '주민참여'에 대한 의문이었다. 노동당 정부 시기(1997~2010)가 끝나갈 무렵이었는데 당시 영국 도시재생 정책은 세계적으로 주목을 끌고 있었다. 상당한 성과를 내고 있다는 평가가 주류였고 그 핵심 가운데 하나가 '주민 중심', '활발한 주민참여'였다.

'주민 중심의 도시재생사업'이라는 것이 도대체 어떤 모습으로 가능하다는 말인가. 주민조직이 어떻게 도시 스케일의 사업을 주도할 수 있다는 말인가. 영국 도시재생 사례를 소개한 문헌들을 살펴보아도 피상적인 설명뿐 그들의 주민참여 정체를 이해할 수 있을 만한 내용을 찾을 길이 없었다.

연구년을 기회로 건축도시공간연구소에 초빙연구원으로 출근하면서 영국 도시재생 정책 사례 조사를 포함하는 연구 과제[27]에 매달렸다.

당시 영국의 도시재생 정책은 광역재생 정책과 마을재생 정책으로 대별된다. 광역재생은 광역 정부기구인 지역개발청(RDA) 책임 아래 몇 개 지방정부들 연합으로 시행하는 재생사업이고, 마을재생은 각 지방정부별로 시행하는 재생사업이다. 두 재생사업 공히 특징적인 것은 사업별로 사업주체가 결성되고 여기에 지방정부와 지역조직과 주민조직들이 주도권을 공유하며 참여한다는 것이다.[28]

광역재생사업에서는 지방정부들과 지방공기업, 공공기관, 지역의 사회적기업, NPO, 지역민간단체들이 참여하는 민관협력조직인 SRP(Sub-Regional Partnership)가 조직된다. 사업계획 수립과 집행 등 SRP의 행정 업무는 지방정부 공무원들이 담당한다. 그러나 모든 사업계획과 예산 배정에 대한 의사결정권을 갖는 것은 집행위원회. 그리고 집행위원회는 참여 기관과 조직들의 대표자들로 구성된다.

마을재생사업도 비슷하다. 지방정부와 지방공기업, 공공기관, 사회적기업, NPO 등이 참여하는 민관협력조직인 LSP(Local Strategic Partnership)가 조직된다. LSP의 행정 업무는 지방정부 공무원들이 담당하고 사업계획과 예산 배정에 대한 의사결정권은 참여 기관과 조직들의 대표자로 구성되는 집행위원회가 갖는다는 점도 동일하다. 광역재생사업에 비해 사회·교육 프로그램 비중이 크고 대규모 개발사업보다는 소규모 사업이 많아 도시재생회사(URC) 등 전문적 사업기구의 참여가 별로 없다.

---

27 염철호·차주영·박인석, 『지역 기반 건축·도시프로그램 지원 네트워크 구축 및 코디네이터 기능 활성화 방안 연구』.

28 이하 영국 도시재생 정책에 대한 내용은 같은 책(25~41, 88~115쪽) 및 박인석·염철호·차주영, 「영국 도시재생사업에서 참여주체별 역할과 협력관계」, 『대한건축학회 논문집』 제25권 제12호(통권 제254호), 2009년 12월, 349~360쪽 참조.

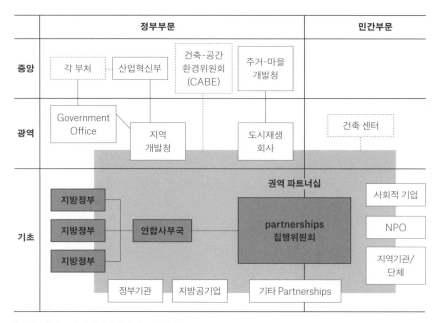

[그림 15] 영국 광역재생사업 참여주체 관계도

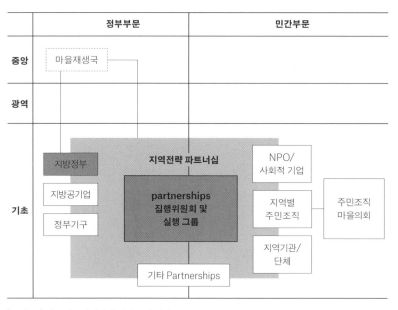

[그림 16] 영국 마을재생사업 참여주체 관계도

또한 지역주민들의 직접적 참여가 두드러진다는 점도 광역재생사업과 다른 점이다. 지역별 주민조직(Area Cluster)들의 대표가 집행위원회 위원으로 참여한다.

여기서 영국 도시재생 정책의 전모를 살펴보는 것은 곤란하지만, 요점은 명확하다. 재생사업별로 지방정부와 해당 지역 관련단체들과 주민조직이 참여하는 사업주체가 만들어진다는 것이다. 사업계획을 수립하고 운영하고 관리하는 행정 업무는 지방정부가 수행하지만 최종 의사결정은 지역의 민간단체, 사회적기업, NPO, 주민조직의 대표들로 구성된 집행위원회가 갖는다는 것이다. 물론 지방정부 공무원도 집행위원회에 참여한다. 다른 위원들보다 발언권이 강할 수도 있다. 그러나 이들 지역단체들과 주민조직의 참여 동기가 확실하다는 점은 분명하다. 사업계획, 예산배정 등 자신들의 동네와 단체의 이익에 직결되는 사안들을 결정하는 과정에 결정권을 갖는 위원으로 참여하는 것이다. 지역단체와 주민들이 자신들의 대표가 발휘할 역할에 대해 갖는 기대가 클 수밖에 없다. 자연히 누구를 대표로 선출하느냐가 관심사가 될 것이고 지역단체와 주민조직에의 참여도가 커진다. 대표 선출에 주민들의 관심이 큰 만큼 선출된 대표는 주민의견 수렴에 나름대로 열심일 수밖에 없다. 주민참여의 선순환이 이루어지는 것이다.

영국 도시재생 정책 사례는 주민참여의 핵심이 무엇인지 말해준다. 주민참여의 성패는 주민 대표가 지역사업의 결정과정에 주도권을 갖고 참여하느냐 그렇지 못하느냐에 달려 있는 문제라는 것이다.

주민조직이 직장인 사람들

그래도 의문은 풀리지 않는다. 주민조직 대표에게 결정권을 준다? 주민들의 의사를 수렴하고 대표할 만큼 활발히 운영되는 주민조직이 그렇게 많다는 뜻일까? 주민조직이라야 통·반장 정도가 전부인 한국 상황에서는 이해하기 쉽지 않다.

영국에는 크고 작은 시민단체나 주민조직이 많다고 한다. 시민들이 참여하여 스스로 의사결정하고 운영하는 조직들이 많다는 이야기다. 어떻게 주민들이 모여서 운영하는 조직들이 그렇게 많을 수 있을까?

비결은 이들 시민단체와 주민조직에 상근직원들이 있다는 것이다. 즉 인건비가 지급되는 직업적 활동가들이 조직을 든든히 받치고 있다. 물론 이들 역시 시민이고 주민이다. 조직의 운영과 관리 업무는 이들이 맡고 다른 주민들은 단순히 참여하여 발언하고 활동하는 형식으로 운영된다. 이런 일이 어떻게 가능할까.

의문의 열쇠는 튼튼한 비영리 시민조직에 있다. 영국의 비영리조직(not-for-profit organizations)은 크게 자선단체(charities), 사회적 기업(social enterprise), 주민단체(community groups)로 구분된다. 자선단체부터 살펴보자. 18세기부터 설립되기 시작한 자선단체들은 지금은 중앙정부에 등록되어 관리되고 있다. 2016년 현재 잉글랜드-웨일즈 정부에 16만 6,311개, 스코틀랜드에 2만 4,055개, 북아일랜드에 5,311개가 등록되어 있다.[29] 연간 수익금이 5,000파운드 이상인 단체만 등록 대상이고 면세 대상인 단체들도 상당수 있으므로 실제로는 이보다 훨씬 많은 자선단체가

---

[29] 잉글랜드-웨일즈는 잉글랜드-웨일즈 비영리청(Charity Commission for England and Wales) 홈페이지(www.gov.uk/government/organisations/charity-commission)의 통계(statistics)에서, 스코틀랜드는 『2015~16년 연간 통계 보고서』(Annual Report and Accounts 2015~16, The Office of the Scottish Charity Regulator, 2016년 3월)에서, 북아일랜드는 북아일랜드 자선사업감독위원회(The charity-commission for Northern Ireland) 홈페이지 (http://www.charitycommissionni.org.uk)에 등재된 자선단체 명부에서 참조한 수치이다. 참고로 영국의 인구 규모는 2011년 기준 6,300만 명으로 이 중 잉글랜드가 83.9%, 웨일즈가 4.8%, 스코틀랜드가 8.4%, 북아일랜드가 2.9%를 차지하고 있다.

활동하고 있다는 이야기다.

사회적 기업은 2001년 통상산업성에 사회적 기업 담당부를 설치하면서 육성 정책이 본격화되었다. 2004년에는 이제까지 자선단체(charity)로 등록되어 기업적 활동에 제약을 받던 사회적 기업들을 위하여 새로운 법인격인 지역이익회사(community interest company)를 제도화하였다. 영국의 사회적기업은 2006년 기준으로 5만 5,000개로 전체 고용사업장의 5%에 달하며 매출액도 전체 기업의 1.3%를 차지하고 있다.[30]

이들 자선단체나 사회적 기업은 비영리법인이기는 하지만 수익활동을 하는 기관이다. 따라서 당연히 상근인력을 고용한다. 대부분 지역을 기반으로 하는 조직이므로 지역주민들이 상근인력으로 고용되는 것은 당연하다.

그렇다면 주민단체는 어떨까. 주민단체는 대부분 수익활동이 없는 자원봉사조직이다. 현재 영국에는 커뮤니티를 활동영역으로 하는 자원봉사 조직이 12만 5,000개에 달한다.[31] 이들은 수익이 없으니 상근인력도 없을 텐데 어떤 동력으로 지역사업에 참여할 수 있을까? 이 의문을 풀어주는 또 하나의 열쇠는 영국 정부의 주민조직 지원제도다.

영국 정부는 1990년대부터 커뮤니티 조직을 중요한 사회적 자원으로 간주하고 다양한 커뮤니티 조직을 장려하는 정책을 추진해 왔다.[32] 커뮤니티 챔피언 기금(Community Champion Fund), 지역 아동 네트워크 기금(Local network of Children Fund), 안전하고 건강한 마을만들기 기금(Safer and Stronger Communities Fund) 등 부처별로 여러 명칭의

---

30 노동부, 「사회적기업 육성 기본계획 2008~2011」, 2008년 11월.

31 B. Jacobs and C. Dutton, "Social and Community Issues," In P. Roberts and H. Sykes (eds.), *Urban Regeneration: A Handbook*, *Sage Publications*, 2000, 117쪽.

32 2010년 보수당 정권은 '큰 사회'(Big Society)를 천명하면서 커뮤니티 조직 활동가 5,000명 양성을 추진하기도 하였다.

기금들을 통해 주민단체들의 사업프로그램을 지원하고 있다. 이와는
별도로 도시재생사업에 주민단체들의 참여를 장려하기 위한 지원 정책도
있다. 중앙정부에서 커뮤니티 육성기금(Community Empowerment
Fund)을 조성하여 마을재생사업의 집행기구인 LSP에 참여하는 모든
주민단체에게 활동프로그램 운영자금을 지원한다. 노동당 정부 시절에
조사한 내용들이라 지금은 달라진 내용들이 적지 않겠지만 큰 흐름은
마찬가지일 것이다.

　　결국 영국의 도시재생사업에서 주민참여가 활발한 것은 참여 주체인
자선단체, 사회적 기업, 주민단체 등이 참여에 필요한 활동력을 나름대로
갖고 있기 때문에 가능한 것이다. 자선단체, 사회적 기업 등 비영리법인들은
수익활동이 있는 조직이므로 기본적인 조직력을 갖추고 있고, 주민단체는
정부의 지원으로 사업 참여 동력을 갖추는 것이다.

　　주민단체는 물론이고 자선단체, 사회적 기업도 대부분 지역에 기반을
둔 조직이다. 따라서 이들의 활발한 활동은 도시재생사업만이 아니라
활발한 주민 자치활동으로도 연결된다. 대표적인 것이 19세기부터 시작되어
지금껏 유지되고 있는 마을의회(community council)제도[33]다. 예컨대

33　마을 의회는 농촌지역이나 소도시지역의 최소 지역 자치 행정단위로서 village
　　council, neighbourhood council이라고도 한다. 대도시지역에서는 폐지된 곳이
　　많다. 공간적 범위는 과거 교구(parish)에서 연원한 것으로서 인구가 100명 이하인
　　경우도 있고 수만 명인 경우도 있다. 선거권자 200명 이하인 경우 의회를 구성하지
　　않고 선거권자들이 1년에 한 번 모두 모여 회의하는 직접민주주의적 방식으로
　　주민들의 의사를 수렴한다. 잉글랜드 전역에 약 8,700개의 커뮤니티가 있는데,
　　이 중 1,500개는 의회 없이 전체 주민회의를 하고 있다. 의원은 4년 임기의 무보수
　　자원봉사직이며 의원 수는 인구수에 따라 결정한다. 의원직에 비해 후보자가
　　많은 경우 선거를 치르나 농촌지역에서는 대부분의 경우 후보자가 의원직 수에
　　미달하여 선거 없이 결정된다. 버스정류장, 공원, 놀이터, 벤치, 공중화장실, 가로등 등
　　마을시설의 설치 및 관리하는 업무를 담당하며, 상위 지방정부에서 진행되는 마을
　　관련 계획에 참여할 권리를 갖는다. 주민들의 의견을 전달하는 창구 역할과 지역

잉글랜드의 인구 14만 명 규모 자치구(borough)인 미들즈브러의 경우 35개 지구(districts) 및 교외지역(suburbs)으로 이루어져 있는데 그중 현재 19개 지구에 마을의회가 구성되어 있다. 각 지역 주민들의 의견은 마을의회를 창구로 수렴되는데, 2007년의 경우 한 해 동안 3,150명 이상이 118차례 마을의회 회의에 참여(평균 26.7명)한 것으로 보고되었다.[34] 이러한 풀뿌리 주민자치 활동이 다시 도시재생 등 지역사업에 주민참여의 힘을 더해주는 것은 물론이다. 주민참여와 주민자치의 선순환이다.

지방정부가 강해져야 한다

영국 도시재생사업이 주민 중심으로 추진된다는 이야기는 결국 두 가지 요건을 갖춤으로써 가능한 것으로 정리된다. 하나는 주민들이 의사결정 과정에서 주도권을 갖는 사업시스템이고 또 하나는 조직으로서의 운영과 활동 역량을 갖춘 지역 주민조직들이 존재한다는 것이다. 이는 비단 영국에만 해당하는 일은 아니다. 미국에도 사회적 기업 등 수익사업을 갖고 있는 비영리단체가 100만 개 이상 활동하고 있는 등[35] 나라마다 정도 차이는 있겠지만 소위 선진국이라 하는 나라들에서는 어느 정도 공통된 사항으로 알려져 있다.

그런데 여기에서 주목해야 할 주민참여의 요건 또 하나가 있다. 지방정부의 역량이다. 영국의 사례에서 보듯이 활발한 주민조직들의 참여 속에서도 사업계획 수립과 집행 업무는 모두 지방정부가 담당한다.

자원조직 지원금 교부 관련 업무 등도 관장한다(위키피디아, 'civil parish' 참조).

34 염철호·차주영·박인석, 『지역기반 건축·도시 프로그램 지원 네트워크 구축 및 코디네이터 기능 활성화방안 연구』, 114쪽.

35 고용노동부, 「제2차 사회적기업 육성 기본계획 2013~2017」, 2012년 12월.

주민조직은 의사결정 과정에 참여할 뿐이다. 이를 지원하고 그 결정 내용을 사업계획에 반영하고 집행하는 일은 모두 지방정부의 일이다. 그 뿐인가. 중앙정부의 주민조직 지원제도를 지역에서 수행하는 것 역시 지방정부다. 흔히 지방정부는 주민조직을 관리하는 동시에 견제를 받는 입장에 있다고들 한다. 그러나 그뿐이 아니다. 주민조직을 만들고 키우는 역할 역시 지방정부의 몫이고 주민조직의 활동을 돕는 것 역시 지방정부다. 주민조직들의 활동이 활발한 지역은 으레 역량 있는 지방정부가 있기 마련이다.

이제 우리 사회를 보자. 우리 사회는 사정이 다르다. 풀뿌리 자치활동이 지극히 허약하고 주민조직이라 할 만한 조직도 별로 없다. 몇 년 전부터 정부의 사회적 기업 육성 정책이 시작되긴 했지만 이 역시 아직 미미한 수준이다.[36] 주민조직이 없으니 지역주민을 대표하는 것은 이장, 통장 등 말단 행정단위의 임명직 대표들, 또는 상가번영회 등 일부 이익단체 대표뿐이다. 그러나 이들은 주민의 신뢰를 받지 못한다. 형식적 대표이거나 일부 이익단체에 편중되어서 여러 층위의 주민 의사를 반영하는 대표들로 인정받지 못하기 때문이다. 지방정부 또한 주민조직들과의 협치에 미숙하다. 협치는커녕 중앙정부에서 하달되는 정책을 집행하기에도 급급하다. 주민을 대표할 만한 주민조직을 찾고 협력하기보다는 주민참여를 또 하나의 통과의례 업무로 처리하는 것조차 버거워한다. 주민대표의 대표권을 인정하지도 않고 이들에게 주도적 참여를 보장해주지도 않는다. 그러니 대표자들 역시 지역사업에의 참여 동기를 가질 수 없다.

어쨌든 당장은 이장·통장 등 형식적 주민대표들과 몇몇 이익단체 대표가 참여할밖에 도리가 없다. 그러나 이들에게 주민들의 의견이 수렴되지도 않고 조정되지도 않는다. 수렴도 없고 조정도 없으니 합의가 있을 리 없다.

---

36 2017년 3월 현재 한국 사회적 기업은 1,709개이다(한국사회적기업진흥원 홈페이지, 사회적 기업 정보).

그래도 사업은 결정되고 진행된다. 불만이 쌓이고 비난이 오간다. 그리고 '주민참여'는 더욱 약해진다. 악순환이다. 이것이 현실이다. 어찌해야 할까?

첫째, 주민참여란 주민대표들이 의사결정 과정에 주도적으로 참여하는 것임을 분명히 해야 한다. 공청회에 참여하고 계획수립을 위한 모의계획 행사에 참여하면서 '의견 수렴' 대상으로 활동하는 것은 참여라 할 수 없다. 주민참여의 핵심은 주민들이 의사결정 과정에 참여하는 것이다. 이는 물론 다양하고 역량 있는 주민조직들의 활동이 전제되어야 가능한 일이다. 주민조직에 대한 지속적인 지원 정책과 주민들의 주도적 참여. 우리 사회가 착실히 진전시켜 나아가야 할 중요한 과제다.

둘째, 현재로서는 이러한 주민참여에 한계가 있는 상황임을 인정해야 한다. 그리고 이러한 상황에서는 지방정부의 주도적 역할이 필요함을 인정해야 하고, 그 역량을 육성하는 것이 우선적 과제임을 인정해야 한다. 설사 주민참여가 활발히 이루어지더라도 지방정부의 역량은 절대적인 필요조건이다. 모든 사업계획과 집행 업무는 물론 주민조직을 지원하는 업무들도 지방정부가 담당해야 한다. 지방정부의 역량 없이는 어차피 주민참여란 불가능한 것이라 해야 한다. 더욱이 활동력 있는 주민조직이 충분치 않고 이들이 주도적으로 참여한 주민참여형 지역사업 사례가 거의 없는 상황에서는 지방정부의 리드가 절대적이다. 게다가 우리 지방정부들의 협치 능력은 주민참여를 기대하기조차 힘든 매우 저열한 수준이지 않은가. 현 단계에서 주민참여형 지역사업의 목표가 '주민조직과의 협력을 리드하는 선도적 지방정부 육성'이 되어야 하는 이유다.

이른바 '선택과 집중' 전략을 내세우며 지방정부를 대상으로 한 공모방식 지원제도가 채택되는 것은 이 때문이다. 사실 '선택과 집중'은 별로 유쾌한 전략이 아니다. 경쟁력 있는 대기업을 집중 지원하여 큰 수익을 올리게 하면 그 수익이 언젠가는 가난한 서민들에게까지 돌아갈 것이라는 낙수효과론과 함께 대기업 편중 지원을 위한 신자유주의적 허위 담론이라 비판받기도 한다. 굳이 신자유주의를 거론하지 않더라도, 다들 허약한 상태인 지방정부들 대부분을 놓아둔 채 몇몇 지방정부들에게만 집중적 지원을 한다는 것은 썩 내키지 않는 일이다. 더욱이 성과를 내려면 집중 지원이 최소한 몇 년간은 계속되어야 하니 정치적 부담도 만만치 않다.

그러나 적어도 도시재생 정책은 지방정부 역량 강화를 우선적 과제로 삼아야 함은 분명하다. 이를 위해서는 몇몇 의욕 있는 지방정부를 대상으로 한 '집중 지원'으로 선도 지방정부를 육성하는 것이 당장의 전략적 목표가 되어야 한다. 집중 지원의 목표는 몇몇 지방정부를 육성하는 것 자체에 있는 것이 아니다. 진짜 목표는 다른 지방정부들이 보기에 '쉽게 따라잡을 만한' 벤치마킹 대상들을 만들어내는 것이다. 지방정부 역량 강화는 중앙정부의 지원만으로는 이루어지지 않는다. 지방정부 스스로 의욕과 실천이 있어야 가능하다. 이 의욕과 실천을 자극하기에는 지방정부들 속에서 '따라잡기 만만해 보이는' 선도 사례를 키워내는 일이 가장 효과적이다. '선택과 집중'이 '전략'인 이유다.

담장 공화국 허물기

닫힌 건축이 길을 닫는다

한때는 관공서의 권위적인 형태가 도마에 올랐다. 중심축과 대칭을 강조하고 전면에 조경공간을 배치하며 '왕궁인 양' 위세 떠는 몰지각한 비민주적 태도가 문제였다. 감옥처럼 아이들을 가두는 학교의 폐쇄성도 입길에 올랐고 개성을 가리고 이웃을 숨기는 닭장 아파트의 획일성도 빠지지 않았다. 백화점은 주말마다 도심을 주차장으로 만드는 주범으로, 창고형 할인매장은 골목상권을 죽이는 주범으로 문제 목록에 올랐다.

여전히 문제다. 우리 사회 건축이, 건축 정책이 해결하지 못한 채 여전히 씨름하고 있는 문제들이다. 그런데 여기에 더해야 할 중요한 문제가 하나 더 있다. 닫힌 건축!

관공서도 닫혀 있고 학교도 닫혀 있다. 아파트도 닫혀 있고 이마트도 닫혀 있다. 따지고 보면 길가 상점들만 빼놓고는 모두 닫힌 건축이다. 닫힌 건축은 길에서 물러서 있거나 벽으로 막혀 있다. 길에서는 안에서 무슨 일이 일어나는지 눈치조차 챌 수 없다. 길과 접속된 부분은 출입구뿐이다. 길과의 관계를 끊은 채 출입만 허락하고 있는 것이다.

닫힌 건축이 문제인 것은 자신을 닫는 것으로 그치지 않는다는 데 있다. 진짜 문제는 길이 닫힌다는 것이다. 닫힌 건축이 늘어날수록 길은 점점 더 '닫힌 길'로 변한다. 닫힌 길옆에는 닫힌 건축들의 출입문들뿐이다. 생활이 안 보이고 사람이 안 보인다. 길을 걷는 일은 그냥 '걷는 일'일 뿐이다. 길옆 건축

속 사람들과 눈을 마주치는 일도 없고 그 사람들 생활을 눈치 챌 일도 없다.

건축물 안 사람들도 사정은 마찬가지다. 바깥세상 사람들과 바깥세상 일에 신경 쓸 일이 없다. '걷고 싶은 도시', '사람의 도시'를 그렇게 외치면서도 여전히 건축은 닫혀 있다. 관공서, 학교, 아파트단지, 백화점, 창고형 할인매장. 온통 닫힌 건축들이다.

닫힌 건축, 닫힌 길은 당연하지 않다. 이 닫힌 것들이 공간규범, 설계규범 행세를 해서도 안 된다. 닫힌 건축 비판도 필요하고 '열린 건축' 담론도 필요하다. 하지만 무엇보다 필요한 것은 닫힌 건축에 매몰된 관행과 고정관념을 전복하는 실천적 대안들이다. 대안은 '공간의 재현'(representations of space)일 수도 있고 '공간의 실행'(spatial practice)일 수도 있다.[37] 중요한 것은 구체적인 공간개념들의 발굴과 실천이다. 닫힌 건축 현실에 숨어 있는 건축의 전선들을 드러내는 일이다.

[37] '공간의 재현', '공간의 실행'은 앙리 르페브르가 공간을 통한 실천(praxis)의 가능성을 논한 저서 『공간의 생산』(La production de l'espace)에서 제시한 개념이다. 그는 공간생산에 관여하는 세 가지 계기를 각각 '공간의 실행'(spatial practice), '공간의 재현'(representations of space), '재현의 공간'(representational space)으로 개념화한다. '공간의 실행'은 간단히 말해 일상생활, 즉 특정한 공간을 사용하는 행위들을 말한다. '공간의 재현'은 도시계획, 건축 설계 등으로 실재하게 되는 공간의 생산행위들을 말한다. 사회적 제도 속에서 진행되는 공간생산 행위들로서 지배적 이데올로기를 현실 공간으로 구체화시킨다는 의미에서 '재현'이라고 이해할 수 있다. '재현의 공간'은 규범화된 공간적 실행을 벗어난, 또는 공간의 재현과 충돌한 공간의 실행들이 행해지는 공간이다. 주어진 길, 주어진 방식을 거스른다는 의미에서 전형적인 탈주의 공간인 셈인데 바로 이것이 르페브르의 공간생산론이 정치적 실천론으로 연결되는 중요한 지점이다. 한편 '공간의 실행'은 흔히 '공간적 실천'으로 번역하지만, 이는 르페브르가 이 어휘에 담고 있는 '사회적 규범에 따르기 마련인 공간 사용'이라는 의미에 적절치 않을 뿐 아니라 르페브르 공간생산이론의 지향이라 할 사회변혁적 실천(praxis)과도 혼돈을 일으킨다. 따라서 여기서는 '공간의 실행'으로 번역하여 사용하였다.

가로공간을 살리는 가로형 이마트

이마트는 한결같다. 모두 폐쇄된 박스형 건물에 고객 출입구와 주차장 출입구만 뚫려 있다. 으레 '자동차를 몰고 가는 곳'으로 알고 있다. 차를 몰고 올라가(또는 내려가) 주차하고 카트 끌고 들어서는 박스형 공간 안에 드넓은 쇼핑창고가 열려 있다. 모든 일은 창고 안에서 벌어진다. 식료품 쇼핑이 주된 활동이지만 다른 일들도 적지 않다. 밥 먹을 식당도 있고 복도 한편에서 노점상처럼 군것질 거리를 팔기도 한다. 다른 한쪽에는 카페도 있다.

창고 밖은 썰렁하다. 주차할 차량들이 줄 서고 주차 안내 도우미들 손짓이 바쁠 뿐이다. 길옆은 창문조차 없는 창고의 높은 벽만 서 있다. 벌린 출입구로 블랙홀처럼 차량들을 집어삼키고 토해낼 뿐이다. 창고 주변 동네 가게들은 맥을 못 추기 마련이다. 창고 안에 모든 가게가 다 있기 때문만이 아니다. 이 창고는 '자동차를 몰고 들어갔다가 자동차를 몰고 나오는 곳'이기 때문이다. 주변 동네가게로 갈 일도 없고 갈 수도 없다. 분명 큰 상점이 들어섰는데 구매고객이 늘어나는 효과는 없고 상권을 빼앗기는 일만 생기는 것이다. 이마트만 그런 게 아니다. 홈플러스도 마찬가지고 롯데마트도 마찬가지다. 모든 창고형 할인매장이 한결같다.

사실 이런 형식은 창고형 할인매장이 시작한 것이 아니다. 원조는 백화점이다. 백화점의 공간형식은 길가에 상점이 늘어선 상점가와 다르다. 길가에는 광고판 붙은 벽면과 쇼윈도 몇 개만 있을 뿐 가게도 없고 공간도 없다. 모든 가게와 모든 공간은 백화점 안에 들어가야 있다. 층마다 가게들이 빼곡히 차 있다. 쏨쏨이 크게도 5~6개 층을 뚫은 아트리움도 있다. 창고형 할인매장은 백화점의 공간형식을 따온 것이다. 바깥세상에는 인색하게 닫아놓고 내부공간에서는 제법 관대하다. 층고도 높고 에스컬레이터도 여유 있다. 내부에 가게들 대신 대형 창고형 매장이 있는 점이 다를 뿐이다. 최근에는 식당이나 카페는 물론 별도 가게들이 들어서면서 백화점과 더욱 닮아가는 창고형 매장들도 늘어나고 있다.

그런데 왜 창고형 대형마트가 백화점식 구조여야 할까? 예를 들면 이마트 안에는 이미 여러 독립된 상점들이 즐비하다. 이마트뿐 아니라 식당이나 카페는 물론 애견숍, 옷가게, 꽃집, 안경집 등 독립적인 가게들이 들어서는 창고형 마트가 점점 더 늘어나고 있다. 그럼에도 왜 백화점식으로 내부에서 모든 일을 해결하려 할까? 길가로 독립 매장들을 배치하면 매출이 더 오르지 않을까? 길가에 카페, 빵집, 꽃집, 식당, 애견숍, 패션숍이 늘어서면 어떨까? 창고형 매장은 그 뒤 건물 안에 크게 자리 잡으면 된다. 이름 하여 가로형 이마트! 좀 더 폼 나는 이름을 짓는다면 이마트 스트리트!

　가로형 이마트를 만드는 방법은 얼마든지 있다. 가로형이 아닌 이마트는 건축허가 심의 단계에서 설계변경을 권고하면 된다. 이유는 분명하다. 주변 가로공간환경 개선! 이마트로 닫힌 길을 활력 있는 상점가로 살려내는 것이다. 사업자 입장에서도 손해 볼 것 없다. 가로변 가게는 임대료도 높을테니까. 주변 가로에 보행자들이 몰리면 자동차 몰고 오는 손님들 이외에 다른 고객층이 생겨날 것이다. 그리고 이마트 옆 우리의 도시공간은 새로운 보행공간으로 거듭나게 될 것이다.

아파트단지 담장과 녹지띠를 살려서

아파트단지 담장은 오래전부터 시빗거리였다. 아파트단지를 주변지역과 격리된 폐쇄적인 거주집단으로 만드는 주범으로 지목해 '담장 허물기 운동'의 표적이 되기도 했다. 하지만 요지부동이다. 학교와 달리 대부분 민간 소유 토지라 강제할 수도 없으려니와 주거 사생활을 보호해야 한다는 논리가 만만치 않다.

　대부분의 아파트단지는 담장 뒤로 상당한 공지나 녹지를 끼고 있다. 좁은 곳은 폭이 10m가 채 안되지만 넓은 곳은 20m가 넘는 폭으로 담장을 따라, 즉 길을 따라 녹지가 달린다. 담장 때문에 길에서 보이지 않을 뿐이다. 아파트 담장 허물기 운동이 노린 직접적 효과도 이 녹지를 가로변으로

큰 도로가 있는 아파트단지와 지하철 역이 있는 사거리 —
이 길고 넓은 담장변 녹지 띠가 보행생활공간이 된다면 어떨까.

개방하여 가로공원녹지를 확보하는 것이었다.

그런데 아파트단지 담장변 녹지에서 가로공원녹지로서의 효용성만을
찾아서는 곤란하다. 이 땅은 훨씬 중요한 잠재력을 갖고 있다. 도시재생의
거점 자원으로서의 가능성이다.

2013년 기준으로 전국 아파트단지는 2만 3,560개에 이른다.[38] 일정
규모 이상인 의무관리 대상 단지[39]만 보더라도 2016년 11월 현재 단지
수 1만 4,946개에 877만 1,700호다.[40] 단지당 평균 587호 규모다. 이 많은
아파트단지들이 모두 담장과 녹지 띠로 둘러싸여 있다. 이 중에는 주변
도로가 번화한 시가지인 곳이 적지 않다. 한국 아파트단지가 1970년대부터
본격적으로 지어졌으니 그동안 주변지역이 상전벽해로 바뀐 곳이
수두룩할 것이다. 예를 들어 서울 강남에 지하철역이 새로 생긴 도로변
아파트단지들을 보라. 황금 상권이라 할 만한 지하철역 바로 앞인데도
사거리 전체가 아파트단지 담장뿐이다. 그 뒤에는 공지나 녹지!

이 땅에 길을 따라 상점을 짓는다고 생각해보라. 상점뿐 아니라
업무용건물일 수도 있고 작은 도서관이나 어린이집 등 공공시설일 수도
있다. 위층에는 청년들을 위한 스튜디오주택을 넣는 것도 좋을 것이다.
멋지지 않은가? 상점이 생기고 문화공간이 생기고 청년주택이 생겼기
때문만이 아니다. 담장으로 닫혔던 길이 시민들의 소중한 보행생활공간으로
다시 태어나는 것이다. 토지 가치가 높은 지하철역 앞길이니 개발이익도
만만치 않을 것이다. 담장보다 훨씬 튼튼한 건물이 들어섰으니 아파트단지
주민들의 사생활 보호에도 문제될 것이 없다.

담장변 땅이 방치되고 있다는 것은 아파트단지 소유자인 주민들이

---

38   한국토지주택공사, 2013 아파트주거환경통계, 2014.

39   「공동주택관리법」 시행령 제2조에서 300세대 이상인 단지 및 150세대 이상으로서
     승강기가 설치되거나 중앙난방방식인 단지를 의무관리 대상 단지로 규정하고 있다.

40   통계청, 국가지표체계(http://www.index.go.kr/).

황금 같은 토지가치를 놀려서 손해를 보고 있다는 차원의 문제가 아니다. 도시경제, 시민경제 차원에서의 비효율을 방치하고 있는 문제로 보아야 한다. 접근성이 좋은 토지를 밀도 있게 사용하는 것은 시민 전체 경제활동 효율 차원에서 당연한 것이다. 그 용도가 상업·업무용일 수도 있고 문화시설이나 다른 공공시설일 수도 있다. 어쨌든 많은 시민이 편리하게 접근할 수 있는 토지는 그에 걸맞게 이용해야 한다. 그 과정에서 토지가격이 오르고 소유주가 이익을 얻는 것은 부차적인 일이다. 적잖은 개발이익이 기대되는 사업이니 그 과정에서 공공의 이익과 주민들의 이익이 윈-윈 할 수 있는 지혜로운 활용 방안도 얼마든지 가능하다. 저성장시대에 접어든 한국사회의 중요한 도시관리 정책 방향으로 꼽히고 있는 '기성 시가지 내 인프라를 효율적으로 활용하는 공간구조와 토지 이용'[41]은 바로 이런 일들이 필요함을 말하는 것이다.

현재 아파트단지 리모델링 사업은 주거동 면적을 늘리는 사업으로만 이루어지고 있다. 어렵사리 주거동 층수를 늘리는 수직증축 방안까지 궁리하고 있지만 신통치 않다. 사실 수직증축이건 수평증축이건 단지 안에서 증축 리모델링을 하는 사업은 주민들에게는 절실한 사업일 수는 있어도 도시 차원에서는 아무런 도움이 안 되는 사업이다. 기껏해야 건축밀도를 높여서 주거면적과 주택 몇 채를 늘리는 일일 뿐이니 말이다. 아파트단지 담장변 토지 활용은 이에 비할 바가 아니다. 토지의 장소 가치를 활용하는 일이고 시민 모두의 보행 생활공간을 늘리는 일이다.

아파트단지 리모델링사업을 '단지 경계부 리모델링'을 중심으로 재편해야 한다. 전국 2만 개가 넘는 아파트단지 담장들 중에는 지하철역에 접해 있는 담장도 있고 이미 상업화된 가로를 마주하고 서 있는 담장도 있다. 노후 주거지 골목을 막고 서 있는 담장도 있고 하천변 녹지에 선

---

41 서울연구원, 『저성장시대 서울의 도시 정책을 말하다』, 2016, 84쪽, 353쪽.

담장도 있다. 모두가 훌륭하고 귀중한 토지자원이다. 전국 도시 재생사업의 거점이 될 잠재력을 담고 있는 보물창고다.

더욱 가능성이 큰 것은 공공이 보유하고 있는 공공임대아파트단지들의 담장이다. 2015년 현재 공공임대주택 재고가 126만 호다.[42] 앞에서 계산했던 단지당 평균 587호를 적용하면 공공임대아파트단지는 얼추잡아 2,150개라는 이야기다. 공공임대아파트단지 건설은 1990년 영구임대아파트단지부터이니 개발 후 20년 이상이 지난 단지들도 적지 않다. 이미 주변부가 인구밀도 높은 시가지로 변한 곳이 수두룩할 것이다. 공공이 보유하고 관리하는 단지이니 경계부 리모델링 사업도 훨씬 용이하고 그 사업내용도 훨씬 공익적으로 할 수 있다. 필요하다면 담장 가까운 주거동 저층부까지를 포함한 리모델링도 얼마든지 가능하다. 어린이집, 도서관, 노인복지관, 수영장, 공원, 청년주택…. 무엇이든 가능하다. 도시재생사업의 거점이며 허약한 생활 인프라의 확충을 위한 소중한 자산이다. 수천 개에 이르는 공공임대아파트단지들을 대상으로 공간자원 실태 조사부터 서두를 일이다.

지역사회가 반기는 공공임대아파트가 되려면

공공임대아파트단지 중에는 저소득층이 거주하는 곳이라는 이유로 지역사회에서 환영받지 못하고 갈등을 겪는 곳이 적지 않다. 인터넷에서 '임대아파트 반대'라는 검색어를 치면 10여 년 전부터 바로 한두 달 전 것까지 관련 기사들이 줄줄이 뜬다. 그만큼 우리 사회에 공공임대아파트를 둘러싼 갈등이 크다는 이야기다. '아이들 교육환경이 나빠진다'거나 '집값이

---

42 국가통계포털, 임대주택 재고 현황.

떨어진다'는 게 반대 이유다. 심지어 지방정부도 공공임대아파트단지 건설을 반대한다. 명분은 '주민들이 반대하기 때문'이지만 속내는 "다른 지역 저소득층까지 우리 지역으로 이주해 올 것 아니냐"는 것이다.

물론 '사회적 혼합'이라는 취지로 같은 단지에 분양아파트와 임대아파트를 혼합하여 건축하는 등 갈등보다는 공존을 기대하는 정책적 노력이 없는 것은 아니다. 그러나 심지어 같은 단지에서 임대아파트 주거동과 분양아파트 주거동 사이에 철조망을 설치하는 일까지 벌어지는 것이 현실이다.[43]

대표적인 복지 정책인 공공임대아파트를 둘러싸고 벌어지는 이런 씁쓸한 풍경을 어떻게 이해해야 할까. 주민들의 이기심과 몰지각함을 탓해야 할까? 물론 팍팍해져만 가는 사회 탓에, 몰염치가 정상 행세를 하는 정치 탓에 덩달아 사라져가는 주민들의 염치도 문제는 문제다. 그러나 이 답답한 상황을 초래한 데에는 건축 역시 한몫하고 있다. 바로 '삶터 만들기 방식'이다. 지역사회와 격리된 '단지'다.

사실 아파트단지 담장 안에서 '사회적 혼합'을 꾀한다는 것 자체가 앞뒤 안 맞는 이야기다. 단지 자체가 사회와 격리되어 있다. 분양아파트건 임대아파트건 매한가지다. 단지들이 모두 사회와 격리되어 따로 놀게 만들어놓고, 그 단지 안에서 '사회적' 혼합을 하라니 이게 도대체 무슨 뚱딴지 같은 이야기인가.

차분히 따져보자. 우선 공공임대아파트단지는 시민들의 세금으로 마련된 정부 예산으로 건설된다는 점을 기억하자. 공공임대아파트단지는 공공자산이라는 이야기다. 아파트 실내공간이야 저소득층에 대한 주거복지 정책으로 공급한다 하더라도 외부공간까지 입주자들만 배타적으로 사용할 수 있도록 담장으로 둘러서 폐쇄적으로 조성하는 것이 과연

---

43 「일반-임대아파트 '분단 비극'」, JTBC 뉴스, 2016년 6월 8일; 「임대-분양 가른 담장… "어른들이 왜 그러죠?"」, 『한겨레』, 2008년 10월 22일.

온당한가? 더욱이 한국 주거지는 공원녹지 등 생활인프라가 매우 취약한 상황이다. 이런 상황에서 시민 세금으로 조성한 공공자산을 시민 모두의 '공공공간'으로 설계하고 사용해야 하는 것이 합당하지 않나.

공공임대아파트에 대한 지역사회의 부정적 반응을 고려한다면 더욱 그렇다. 공공임대아파트단지로 지역사회가 얻는 것이 있어야 한다. 저소득층 가구들이 늘어나는 '반갑지 않은 일'만이 아니라 새로운 공원녹지와 생활체육시설과 도서관이 동네 자산으로 생겨나는 '반가운 효과'가 있도록 해야 한다. 함께 좋아지는 점이 있어야 '더불어 살 만한' 마음도 쉬워질 것이다.

지역사회까지 고려해서 건설하려면 예산이 더 많이 든다고? 임대아파트 목표량 채우기도 바쁜데 자꾸 일을 어렵게 만들면 어쩌냐고? 전형적인 칸막이 행정에서 나오는 이야기다. 국가 정책에는 임대아파트 공급만 있는 것이 아니다. 지역사회 환경 수준 향상 역시 못지않게 중요한 정책 목표다. 공공예산을 집행하는 국가 정책의 효율성 면에서도 그렇다. 공공임대아파트 건설은 복지 정책 중에서도 예산 투입량이 매우 큰 정책에 속한다. 이런 값비싼 정책을 시행하면서 '저소득층 주택 공급'이라는 한 가지 목표만을 겨냥한다는 것은 얼빠진 짓이라고 해야 한다. 두 마리, 세 마리 토끼를 잡을 수 있는데 한 마리 토끼만 쫓고 있는 꼴이다.

새로 건설하는 공공임대아파트단지는 물론이고 기존 단지들도 단지공간의 공공화를 적극 추진해야 한다. 분양아파트와 혼합하는 경우라면 임대아파트 부분만을 지역사회에 열린 공간으로 만들면 된다. 물론 단지 전체를 열린 공간으로 할 수 있다면 더 좋은 일이지만 현실적으로 어렵다면 차선을 택할 수밖에 없다. 어떻게 같은 단지에서 한 부분만 열린 공간으로 하냐고? 좋은 설계자라면 얼마든지 훌륭하게 해낼 수 있는 일이다.

새로 건설하는 단지라면 입주자들은 별문제 없이 지역사회와 어울리며 살아갈 것이다. 기존 단지를 고치는 경우라면 갑작스러운 변화에 공공임대아파트단지 입주민들의 불만이 있을 수도 있다. 그러나 이는 결코 입주민들의 생활에 불편을 초래하는 일이 아니다. '임대단지'로 게토화하도록 두는 것보다 공공공간으로 열어서 시민들 생활공간에 접속하도록 하는 것이 좋다.

필요하다면 선별적으로 추진할 수도 있다. 단지 내부에 시민들의 통행이나 이용 필요성이 큰길이나 시설 일부만을 우선 공공화하면 된다. 가장 소극적으로는 담장 일부를 제거하고 가로공원으로 조성하는 것도 방법이다. 더 적극적으로 경계부 리모델링 사업과 병행하는 것도 효과적일 것이다.

공공화된 단지공간. 아마도 2만 개 단지로 채워진 담장 공화국 한국 사회가 가야 할 가장 중요한 길일 것이다. 열린사회를 지향하는 시민들의 삶터가 갖추어야 할 최우선적 덕목일 것이다. '가로형 이마트', '단지 경계부 재생'과 함께 닫힌 건축에 익숙한 관행과 고정관념을 혁신하는 최전선에 놓인 과제다.

6부

건축의 지향,
건축의 전선

10분동네와 메타시티

매일 살아가는 공간환경이 문제다

한국 도시의 공간환경 수준이 결코 높다 할 수 없지만 내세울 것들도
제법 많다. 서울만 해도 그렇다. 겹으로 두른 내사산 외사산이 그렇고
유달리 넓은 폭의 한강도 그렇다. 600년 역사를 갖는 한양도성도 예사롭지
않다. 도시 곳곳에 무분별한 개발경제가 분탕질한 흔적과 불공정한 투기
그림자가 어른거리긴 하지만 그것들도 잘 보듬어 유산으로 삼을 만하다는
자신도 조금씩 쌓여가는 듯하다.

　　하지만 동네는 여전히 빈곤하고 남루하다. 사실 한국 도시공간환경을
놓고 가장 심각한 문제를 짚으라면 단연 '동네 생활공간환경 취약'이다.
시민들 매일의 삶을 가장 직접적으로 담아내는 장소인 동네가 가장 문제다.
생활형 공원이나 생활체육시설, 도서관, 국공립 보육시설 등 기본적인 생활
인프라가 부족할 뿐 아니라 주차장이 되어버린 동네 골목 환경도 심각하다.
아이들 학교 통학로가 불법주차 전쟁터로 시달리는 일도 다반사다.
역사문화 환경도 마찬가지다. 역사 도시라지만 내 매일의 삶을 담는
동네에서는 역사의 숨결을 느낄 만한 실마리조차 없다. 역사문화란 외국인
관광객마냥 도심 명소로 찾아가야 보고 느낄 수 있는 특별한 것일 뿐이다.

　　우리네 동네가 이렇게 된 원인은 간단하다. 시민들 매일매일의
생활공간인 동네환경에 대한 공공투자가 절대 부족한 탓이다. 압축적
고도성장 기간에 부쩍 커진 국가와 사회의 힘은 산업생산력 증대와 이를

돕는 개발에 집중되었다. 경제 규모 성장에 따라 상업·업무 건축공간이 급격히 늘어났고 경제활동량 증대에 대응하여 교통시설도 엄청난 속도로 확충되었다. 서울의 차로·터널·지하철은 가히 세계 톱클래스 수준이다. 급증한 중산층 시민들의 양호한 주거환경 수요 충족을 위한 아파트단지 개발 정책은 온 도시를 아파트단지로 채워갔다. 도심의 상업·업무 빌딩군, 그리고 도심·외곽을 가리지 않고 집적하는 고층 아파트단지들을 중심으로 도시의 공간구조는 빠르게 변화해갔다. 반면에 그 밖의 소필지 주거지역이나 경제효과가 처지는 주변적 상업지역들은 방치되었다. 변변한 인프라 투자 없이 서서히 쇠퇴하면서 저소득층 주거지로 남겨진 채 과밀화하였다.

한국 경제가 포스트포드주의적 축적-성장 단계에 진입한 1990년대 후반 이후 증가하기 시작하는 문화상업주의 공공공간 투자 역시 상업·업무 중심지에 집중된다. 서울의 경우 대학로·인사동·청계천·시청앞·광화문, 그리고 코엑스몰과 DDP. 일부 소외지역들도 공공투자 대상에 포섭되지만 이 역시 도심지역에 국한된다. 북촌·서촌·세운상가·서울성곽. 이런 속에 경제 규모와 함께 커진 문화 수요를 따라 자생적으로 성장한 주변부 문화활동들이 도심 외곽 주변부 지역으로 비집고 들어서는 형국이다. 홍대앞·문래동·성수동.

한편으로 보통 동네들은 계속 방치되고 있다. 공원·놀이터 부족, 녹지 부족, 주차전쟁터가 된 골목, 도서관 없고, 운동장·체육관·수영장은 언감생심, 보육시설도 부족, 노인개호시설도 부족. 모든 것이 부족한 와중에 과밀만 더해졌다. 놀이터나 주차장쯤은 별문제 없는 아파트단지들과 제법 널찍한 운동장을 품은 학교는 행여나 주변 동네가 넘볼까 단단히 담장을 두른다. 그 속에서 그냥 살아가는 중이다.

모두가 주인공이 되는 10분동네

'10분동네'는 이런 일반적인 동네의 환경 문제를 가장 중요한 공공 정책 과제로 삼아야 함을 제기하며 고안된 정책 슬로건이었다. 2010년 6월 서울시장 선거에서 당시 민주당 후보였던 한명숙 캠프의 공약 정책으로 기획되면서 회자되기 시작했다.

10분동네는 '모든 집에서 걸어서 10분 안에 필요한 공공시설을 향유할 수 있는 동네'를 말한다. 2010년 당시 공약으로 내건 문구는 "걸어서 10분 안에 누리는 행복. 서울시 424개 동 모두를 살기 좋은 동네로 만듭니다"였다. 당시 대상으로 삼았던 공공시설은 국공립 어린이집, 노인복지시설, 공원, 도서관, 생활체육시설이다. 2010년 서울 성북구가 공식적인 구정 정책으로 채택하였고 서울시 정책 과제에도 주요한 목표체계로 반영되고 있다.

'10분동네'는 단순히 반짝이는 선거용 공약이나 지방정부의 정책 과제 이상의 것이다. 이는 도시공간과 주거공간에 대한 우리 사회의 인식 자체를 바꿀 것을 요구하는 새로운 공간 패러다임이다.

10분동네가 담고 있는 핵심 개념 중 하나는 '모든' 동네가 주인공이라는 점이다. 시민들 개개인이 매일매일의 삶을 살아가는 곳이 동네다. 여기에 어디가 더 중요한지 따지고 우선순위를 매기는 일은 있을 수 없다. 그런 식으로 명소와 거점 개발로 일관해온 정책이야말로 지금의 동네환경 문제를 만들어낸 주범이다. 시민들이 건강해야 건강한 사회와 나라가 있는 것이고 동네가 건강해야 명소도 있고 거점도 있는 것이다. 모든 동네가 건강해지고 좋아져야 한다.

당연히 걱정과 반론이 따른다. "좋은 이야기다. 그러나 실현 가능한 이야기인가?, 무슨 수로 그 많은 동네를 모두 개선한다는 말인가, 무슨 땅을 무슨 돈으로 사서 그 많은 동네마다 그 많은 공공시설을 갖추도록 한다는 말인가, 이상적인 목표일뿐 비현실적이다."

그런데 이런 의문을 던지면서도 스스로 뭔가 이상하다. 비현실적이라면 어쩌겠다는 것인가? 하지 않겠다는 소리인가? 동네환경은 그대로 방치하는 수밖에 없다는 것인가? 몇몇 동네만 살리고 나머지는 어쩔 수 없다는 것인가? 왜? 돈이 없어서?

10분동네가 비현실적이라는 우려와 반론은 중요한 사실을 외면하고 있다. 다른 나라들은 이 "비현실적인 일"을 다 해왔고 지금도 하고 있다는 것. 적어도 우리가 선진국이라고 부르는 나라들은 다 한다. 안 그랬다면 어떻게 그네들의 동네가 그렇게 좋은 환경을 갖출 수 있었던 말인가. 동네마다 있는 도서관과 공원과 수영장, 운동장, 체육관은 도대체 누가 만들었던 말인가.

"비현실적"이라는 우려는 지레 겁먹어서 나오는 반응일 뿐이다. 공공예산으로 국민의 생활공간환경을 지원해본 적 없는 사회이니 그럴 만도 하다. 이제껏 모든 일을 용적률 인센티브나 얹어주면서 자체 사업 수지타산을 맞추어 해결해온 사회이니 말이다. 생짜배기 예산사업으로 모든 동네 문제를 해결한다는 일이 전혀 현실성 없게 들릴 만도 하다. 그러나 언제까지 자체 사업성을 맞추어가면서 해결할 수 있을까? 10분동네가 왜 비현실적인가. 필요한 예산 규모는 계산해보면 될 일이지만 향후 10년간 국방예산 10% 수준의 예산만 배분하면 될 일이다. 10년으로 안 되면 20년간 하면 된다. 아니 더 길게 투자한다 한들 못할 것이 무엇인가.

구체적인 실천방안은 다채로울 것이다. 예산 절약을 위한 지혜들도 무궁무진할 것이고 이미 투자하고 있는 예산을 지혜롭게 사용하면 될 일들도 무궁무진하다. 학교나 아파트단지 경계부 재생이 그렇고, 학교 도서관과 지역도서관을 학교 운동장과 공원을 통합하는 것도 그렇다. 동네마다 들어서는 작은 공공건축들을 보석처럼 만들자는 것도 마찬가지다.

10분동네의 또 다른 핵심은 모든 '개인'이 주인공이라는 점이다. 10분동네를 정책 과제로 다루는 공무원들은 대뜸 지도 위에 시설들을 중심으로 한 원들을 그리곤 한다. 그 원 안에 들어가지 않는 지역, 즉 시설부족지역이 얼마나 되는지 헤아린다. 10분동네를 10분 도보거리(약 900m)를 반경으로 한 소생활권 중심들을 구축하는 것으로 이해하는

것이다. 그게 아니다. 10분동네는 '각각의 집에서' 10분 안에 갈 수 있어야
한다는 것이다! 소중심들을 구축하는 것이 아니라 각각의 집이 중심이라는
이야기다.

소생활권을 나누고 그 중심에 공공편익시설을 배치하는 계획원리를
소위 '근린주구론'이라고 한다. 이는 농경시대 전통마을이 갖고 있던
공간구조다. 대중을 소비생활자로 보고 효율적인 공급체계 구축이 주
관심사였던 서구 근대사회에서 도시계획 원리로 정리된 방식이다. 도심이나
상권 중심 형성에서도 똑같은 원리가 사용된다. 시민들은 소비자집단으로
구분되고 집단의 크기(소비 규모)에 대응한 규모로 시설 공급이 이루어진다.
시민 개개인을 자율적 개별 주체로서보다는 소비자 집단으로 보던 시대의
산물이다.

개인은 '하나하나 사람'이다. 너, 나, 그리고 그 사람이 개인이다.
소비생활만 하는 존재가 아니다. 모든 생산과 모든 창조력은 개인에게서
나온다. 모든 정보의 발신원도 개인이다. 수많은 개인이 모두 다른 주체다.
이들 개인과 개인들이 만들어내는 관계는 무궁무진하고 그 관계가 빚어내는
생산도 무궁무진하다. 네트워크 사회가 갖는 힘이 바로 이 무궁무진한
'관계들'이다. 기대하고 믿는 것 역시 이 무궁무진한 '관계들'이 발휘할 힘이다.
핵심은 개인이고 개인들의 관계인 것이다.

10분동네의 중심은 각각의 집, 모든 집이다. 집의 수만큼, 개인의
수만큼 중심이 있다. 각각의 집에서 10분 거리에 모든 편익을 취할 수 있는
도시다. 모든 편익 속에 자유로운 개인들이 네트워킹하는 도시다. 이런
개념에서는 사실 '동네'라는 구분 자체가 의미 없다. 10분 '동네'라기보다는
10분 '도시'라고 하는 쪽이 정확하다고도 할 수 있다. '동네'는 개인들의
신변(身邊)적 영역, 개인들의 매일의 삶터인 보통 생활공간이 중요함을
강조하려고 쓰는 용어일 뿐이라 할 수 있다.

관계를 지원하는 메타시티

메타시티(Meta city)는 2014~16년 서울시 초대 총괄건축가였던 승효상이
서울시가 지향해야 할 도시 이념으로 제시한 개념이다. 그는 이 개념이 프랑스
도시학자 프랑수아 아셰가 그의 1995년 저서인 『메타폴리스, 또는 도시의
미래』(Métapolis ou l'avenir des villes)에서 제시한 것이라고 밝히고 있다.[1]
아셰에 따르면 "메타폴리스는 메트로폴리탄 스케일을 넘어서, 영역적 조건에
구애되지 않는 채 교통수단이나 커뮤니케이션 수단으로 구성된 네트워크에
기초한다. 메타폴리스는 도시 행정구역에 속하는지 여부에 관계없이
그것의 자원, 노동력, 거주지가 매일매일 작동하도록 보장받는 대가로
메트로폴리스에 납세하는 모든 공간들로 구성된다."[2] 크고 작은 도시들,
마을 등 기능도 밀도도 이질적인 거주지들이 비연속적으로 분포하면서 서로
네트워킹하는 형태로 이루어진다는 것이다.[3]

메타폴리스 개념에 대해서는 고속교통수단에 의한 초극화(metapoli-
zation)로 메타폴리스들이 극점화하면서 이들의 중간지대가 황폐화되는 등의
문제도 거론되고 있지만 승효상의 메타시티는 메타폴리스가 작동하는 관계
구조에 주목한다. 이를 현대 도시공간 구조가 지향해야 할 속성으로 참조하려
함이다.

메타폴리스, 즉 메타시티는 기능별로 존재하는 개체들이 모여서 전체를
이루는 그런 도시가 아니다. 증진된 소통 능력을 기반으로 각 개체들의
결합관계로 작동하는 도시다. 그 결합관계는 지속적으로 변화한다.

1   승효상, 「메가시티가 아닌 메타시티, 인문의 도시」, 『보이지 않는 건축 움직이는 도시』,
    돌베개, 2016.

2   Andalusia Center of Contemporary Art, Urban Attributes
    (http://atributosurbanos.es/en/terms/metapolis/)

3   Vincent Kaufmann, 'Francois Ascher,' Mobile Live Forum, 2013
    (http://en.forumviesmobiles.org/).

다중심이 아니라 각 개체들이 주체이고 중심인 도시다. 시민 개인들, 그들의 활동이 크고 작게 결합해서 만들어진 각각의 활동체들이 주체인 도시다. 이러한 도시관(觀)은 현실 도시에서 도심 및 부도심·지역 중심을 전제로 하는 대생활권·중생활권 따위의 계획 개념을 거부한다. 도시 전체에 대한 마스터플랜적 구상 아래 시행되는 부문별 계획도 지양한다.

대신에 다원적 민주주의를 이념으로 다양한 노드들을 핵으로 하는 수많은 종류의 소생활영역들이 중첩하는 도시 구조가 구상된다. 예컨대 교육생활권, 문화생활권, 교통생활권, 행정생활권 등등 다양한 생활거점을 공유하는 각각의 소생활권이 중첩하며 병존하는 구조다. 여기에 공공영역의 강화가 더해진다. 센터식 문화거점이 아니라 일상에 근접한 생활거점들을 연계하는 공간전략이다. 시민 개인들이 매일의 삶에서 향유 가능한 녹지 네트워크와 공공 대중교통 중심의 교통체계 구상도 같은 맥락이다.[4]

10분동네와 메타시티의 지향은 결국 '개인의 삶'이 목적인 도시다. 자율성과 주체성에 기반을 둔 개인들의 수많은 관계망과 그 관계망 속에서 발휘되는 개인들의 개별성이 생산력-창조력의 원천이라는 것이 전제다.[5] 나는 이러한 점에서 메타시티 개념에 동의한다. 도시공간은 그러한 무수한 관계망과 개별성이 발휘될 수 있도록 지원하는 장이어야 한다. 당연히 각 개인의 삶의 무대인 동네가 중요한 건축 실천의 장이다. 동네가 진정한 공공생활의 기지임을 천명하고 실천하는 것, 이것이 10분동네와 메타시티가 지향하는 실천이다. 건설의 시대가 아닌 건축의 시대가 지향하는 가치다.

---

4 승효상, 「서울」, 2006(미출간)에 담긴 내용을 정리한 것이다.

5 모든 개인은 유일하다. 모든 차이와 다양성의 원천은 개인이다. 개인이 경험하고 이해하는 세계는 단편적이기 때문에 이는 인간 존재에 본질적인 일이다. 나에게 다른 개인들(타자)은 내가 인식하고 이해할 수 없는 세계의 단편들을 메꿔 주는 존재다. 그러니 타자와의 마주침, 타자와의 관계는 나에게 새로운 세계를 열어주는 창이다. 관계는 새로움을 생성하는 원천인 것이다. 개개인의 무수한 관계망을 지원하는 도시공간이 창조도시인 이유다.

공공적 감수성을 건축하다

모든 개인은 공적인 삶에 연루된다

사익을 추구하는 개인이 모여 사는 사회에서 공동의 규범은 무엇이어야
할까. 시장에서의 공정한 경쟁의 자유를 보장하는 것? "기껏 그거냐"라
하겠지만 그나마 지켜지고 있지 않으니 이것이 중하지 않다 할 수 없다.
어쨌든 공동규범은 개인들이 함께 만들고 지켜야 한다. 그것이 계약이든
합의든 공감이든 어떤 과정을 통해서든 말이다. '경쟁의 자유'야 쉽게 합의할
만하니 그렇다 치자. '자유'를 넘어선 '평등과 박애'의 규범은 어떨까. 이들
대부분은 결국에는 복지 정책으로 제도화되겠지만 이 역시 개인들이
합의해야 가능한 규범이다. 그리고 다시 그것을 넘어선 '호혜와 공유'는
또 어떻게 가능할까. "부자 되세요"와 "대박 나세요"가 일상어로 오가며
경쟁을 부추기는 사회에서 이 규범들이 합의될 수 있을까? 다른 개인들과의
'경쟁'이 아닌 '이해'와 '공감' 능력을 갖춘 사회라야 이러한 '공동 규범'에의
합의가 비로소 가능해지지 않을까.

모든 개인들은 공동의 삶, 공적인 삶에 연루되어 있다. "타자에 의해
보여지고 들려진다는 것이 의미가 있는 것은 각자 다른 입장에서 보고
듣기 때문이다. 이것이 공적 삶의 의미다 (…) 공동세계는 오직 이 세계의

관점들의 다양성 속에서만 실존한다."⁶ 아렌트가 한 이야기다. 곳곳에서
인용되는 그녀의 말 중에는 이런 것도 있다. "고양된 인간성은 결코 고독
속에서 획득할 수 없으며, 오직 자신의 삶과 인격을 공공영역의 모험에
투신할 때 얻어진다." 모든 개인은 다른 개인들(타자)과의 마주침 속에서
살아간다는 이야기다. 개인들이 모여 사는 이 사회(공동세계)는 각 개인들이
세계를 보는 서로 다른 관점과 서로 다른 입장이 마주치고 교환되는
장이라는 이야기다. 그리고 서로 다른 관점과 입장과의 마주침 속에서
비로소 '공동세계'를 존중하는, 다른 개인들의 인격과 자율성을 존중하는
'고양된 인간성'을 갖춘 개인들이 가능해진다는 이야기다. 당연한 이야기다.
다른 개인들이 자신을 보고 들어야 그들이 나를 이해할 것 아닌가. 나 또한
다른 개인들을 보고 들어야 다른 개인들을 이해하고 공감할 것 아닌가. 서로
보고 듣는 빈도가 많아지고 깊이가 더해져야 이해의 폭과 공감의 깊이가
더해질 것 아닌가. 이때에야 비로소 '평등과 박애'의 공동규범도 '호혜와
공유'의 공동규범도 가능해질 것 아닌가.

　　공공공간은 개인들의 '공적 삶', 즉 타자와의 마주침이 이루어지는
공간이다. 물론 공적 삶이 구체적 공간을 타자들과 동시에 '점유함'으로써만
성립하는 것은 아니다. 자기 방에서 신문을 보고 TV를 보고 SNS에
접속하는 것 역시 공적 삶이다. 그런데 공공공간은 구체적 공간에서
타자들을 직접 대면하고 마주치는 곳이다. 타자들의 생활을 '직접' 보고 듣는
공간이고, 타자들이 나를 '직접' 보고 듣는 공간이다. 같은 공간에 있더라도
타자를 보지 않고 듣지 않을 수도 있다. 자신은 보고 듣지 않지만 자신은
보이고 들릴 수도 있다. 거꾸로 자신은 보이고 들리지 않으면서 타자들을
보고 들을 수도 있다. 그런 의미에서 공공공간은 공적 삶과 사적 삶이
선택적으로 공존하고 중첩하는 곳이기도 하다.

6　한나 아렌트, 『인간의 조건』, 이진우 외 옮김, 한길사, 2000, 111, 112쪽; 고길섶,
　　『어느 소수자의 사유』, 문학과학사, 2004, 237쪽에서 재인용.

하버마스는 개인들 간의 소통과 교감이 이루어지는 사회적 공간을 '공공영역'(Öffentlichkeit)이라고 정의했다.[7] 이를 하버마스가 원래 사용하는 개념인 '사적 개인들로서의 공중이 논의하여 여론을 형성하는 마당'이라는 의미로 사용한다면 '공공영역'보다는 '공론장'이라고 번역하는 것이 더 적절하다. 그러나 공론장의 영역을 직접적인 의사소통 행위의 장뿐 아니라 의사소통을 지원하는 실천의 장으로 넓힌다면[8] 오히려 '공공영역'이라는 용어가 적합하다.

공공공간 역시 공론장이었다. 근대 이전 사회에서 공공공간은 통치권력 과시 수단임과 동시에 제한적 자유시민들에게 허용된 신앙-오락공간이자 공론장이었다. 근대사회에서도 공공공간은 여전히 권력 과시수단이면서 부르주아 시민의 공론장이기도 했다. 이미 신문·잡지 등 여론 형성 매체가 등장했지만 광장과 그에 면한 카페 등 공공공간 역시 중요한 공론장 역할을 직접 담당했다. 그러나 현대사회에서 공론장은 이미 정보미디어가 차지한 지 오래다. 모든 개인이 손에 쥔 정보기기와 일체화된 상태다. 이제 공공공간은

7   하버마스에 의하면 '공적인 관심사를 토론하기 위해 모인 사적 개인들의 영역'인 공공영역은 자유주의적 부르주아 시대에 확립된 사적 소유권과 처분권에 기초한 사적 개인들의 자율성에서 비롯된 것이다. 그러나 19세기말 이후 개인의 위상이 상품소유자에서 급여수혜자 대중으로 변하면서 공공영역 역시 조직화된 이해관계를 홍보·시위하는 장, 또는 소수 전문가들의 담론 영역으로 변하고 개인 대중은 이를 향유하거나 소비하는 입장으로 변하였다. 부르주아로 국한되긴 하였지만 사적 자율성에 기초하였던 공공영역(공론장)이 몰락하고 공적 조직의 이해관계가 이를 대신하는 공공영역으로 구조 변동이 일어났다는 것이다(위르겐 하버마스, 『공론장의 구조변동』, 한승완 옮김, 나남, 2001, 277~331쪽).

8   고길섶은 합리적 의사소통행위의 장으로서의 공공영역만을 강조하는 하버마스의 한계를 지적하며 실천영역으로서의 공공영역을 다양한 층위로 파악하고 접근해야 함을 강조하고 있다. 이에 따라 그는 공공영역을 여덟 개 층위 즉, 장소성 공공영역, 제도성 공공영역, 집단성 공공영역, 담론성 공공영역, 표현성 공공영역, 시장성 공공영역, 생활성 공공영역, 생태성 공공영역으로 나누고 있다(고길섶, 「공공영역과 공공성의 정치: 사회운동의 새로운 가로지르기」, 『어느 소수자의 사유』).

공론장이라기보다는 공론장 작동을 유발하고 촉진하는 촉매로서의 '공공영역'이라 하는 것이 적절하다.

공공영역으로서의 공공공간은 단순히 사적으로 소유되지 않는 공적 공간을 말하는 것이 아니다. 개인들의 생활이 마주치는, 이를 통해 서로 다른 개인들이 소통과 교감을 기대하는 그런 공간이 공공영역으로서의 공공공간이다. 익명적인 개인들이 중첩적으로 마주치는 공간이다. 월드컵 응원에 열을 올리다 서로 부둥켜안고 눈물을 흘리던 그 광장, 길거리 이벤트를 둘러서서 구경하다가 서로 쳐다보며 미소 짓는 길거리 공간, 그런 공간들 말이다.

공공에 속한 나를 일깨우는 공간 경험

공공건축물 역시 중요한 공공공간이고 공공영역이다. 그러나 공공영역으로서 공공건축물의 기능은 광장과는 다르다. 광장이나 길이 '익명의 개인들의 중첩적 마주침을 통해 공공적 감수성을 키우는 공간'이라면 공공건축물은 '공간적 경험을 통해 공공적 감수성을 키우는 공간'이다.

공공적 감수성이란 '공적 존재로서 자신을 자각하도록 하는 자극을 받아들여 느끼는 성향'이다. 인간은 다른 개인들과 함께 살아가는 존재다. 즉, 공적 존재다. 그러나 우리는 이를 쉽사리 자각하지 못한다. 자신을 홀로 세상과 마주하는 고독한 존재라고 여긴다. 이런 '고독한 존재감'을 넘어서 자신이 공적 존재임을 자각하는 능력이 바로 '공공적 감수성'이다.

공공적 감수성 개념을 이해하는 데에는 하이데거가 말하는 '세계-내-존재'(In-der-Welt-sein)로서의 인간이라는 개념이 매우 유효하다.

'세계-내-존재' 개념의 핵심은 '이미 세계의 일부로서 존재한다'는 것이다.[9] 방 안의 책상과 강아지와 창밖의 나무가 세계의 일부로 존재하듯이 인간인 '나'도 (내가 세계를 인식하기 전부터) 이미 세계와 관계를 맺으며 세계의 일부로 존재한다는 이야기다. 세계와의 관계는 인간이 존재하는 조건인 셈이다. 존재 조건으로서의 세계와의 관계에는 '타인들과의 관계'도 포함한다. 세계-내-존재란 곧 남들과 함께 살아가는 상황 속 존재라는 이야기다.[10]

'세계-내-존재'로서의 인간은 세계의 일부로 존재하면서 세계를 의식하고 규정한다. 당연히 그 속에서 자신의 존재를 의식하고 규정한다.[11] 이때 자신의 존재 조건인 '타인들과의 관계 속 나'를 의식하고 규정할 수도 있고 '독자적 존재로서의 나'로 규정할 수도 있다. '타인과의 관계 속에 존재하는

9 물론 '세계-내-존재'는 '이미 세계의 일부로서 존재한다'는 것만을 뜻하는 개념은 아니다. 강아지도 인간과 마찬가지로 세계와 관련을 맺으며 세계의 일부로서 존재하고 있다. 그러나 강아지는 세계-내-존재가 아니다. 세계에 완전히 포섭된 세계 그 자체일 뿐이다. 이에 비해 인간은 세계의 일부이면서 세계를 의식하고 규정하는 존재다. 인간은 세계 속에 존재하면서 세계를 마주하고 있는 유일한 존재다(남경태, 『누구나 한번쯤 철학을 생각한다』, 휴머니스트, 2012, 507, 508쪽).

10 백진은 이러한 맥락에서 개인이 느끼는 '감각'이 '나' 개인 차원의 문제가 아니라 '우리'의 문제임을 논하고 있다. 개인의 감각이란 개인 자신의 의지가 아니라 타인들과의 관계에서 비롯된다는 것이다. "우리가 어떤 감각에 주목하게 되는 이유는 '나'라는 존재가 주목하겠다는 의지를 보여서가 아니라, 주목하게 하는 상황 속에 '나'가 놓여 있기 때문인 것이다." 여기서 '상황'이란 곧 '나'의 바깥세계를 말한다. 바깥세계는 '나'와 '너'와 '그'가 세계-내-존재로서 관계를 맺으며 존재하는 곳이다. "상황성이란 실은 '나'만의 상황성이 아니라, 근본적으로 '우리'의 상황성인 것이다." "감각은 바깥세계를 주체가 계량하는 것이 아니라, '나'를 초월해 바깥세계와 합일하는 것을 의미한다." "감각은 '나'를 「우리」라는 관계 자체의 장으로 끌어낸다"(백진, 「순수 감각과 공동성」, 『전환기의 한국 건축과 4.3그룹』, 집, 2014, 120~134쪽).

11 이때 자신을 '세계와는 별개인' 주체적 존재로 의식하고 규정할 수도 있고, '이미 세계에 포함된' 존재로 의식할 수도 있다. 근대철학이 전자의 입장에 서 있다면 하이데거의 '세계-내-존재'는 후자를 제시한 개념이다.

나'를 의식하는 능력, '공공에 속한 나'를 의식하는 능력, 이것이 '공공적 감수성'이다.

공공공간을 '공론장 촉매로서의 공공영역'이라 하는 것은 이것이 공공적 감수성을 자극하고 키우는 공간이기(이어야 하기) 때문이다. 광장이나 길은 '익명의 개인들의 중첩적 마주침을 통해 공공적 감수성을 키우는 공간'이다. 그것이 월드컵 응원이든 촛불시위든 또는 길거리 공연 구경이든 광장과 길에서는 타인들과 마주침과 갖가지 '사건'들이 증폭된다. '타인들과의 관계 속 나'를 의식하도록 자극한다.

이에 비해 공공건축물은 '공간적 경험을 통해 공공적 감수성을 키우는 공간'이다. '타인들과의 마주침'보다는 '건축공간을 경험하는 감각'을 통해 '공공에 속한 나'를 의식하도록 자극한다는 이야기다. 전혀 다른 맥락에서 쓴 글이지만 이러한 공간경험 감각의 예를 잘 보여주는 글이 있다.

> 유럽의 거리에서 볼 수 있는 가장 훌륭한 건물은 교회와
> 극장입니다. 아무리 조그마한 마을이라도 교회와
> 극장만큼은 보통 집과 비교할 수 없을 만큼 큼직하고,
> 그리스 양식의 기둥이나 스테인드글라스로 호화롭게
> 장식해놓았지요. … 그것은 '이 건물 안에 들어오는 것은 공적인
> 세계에 참여하는 것'임을 건물 안으로 들어오는 사람에게
> 알리기 위한 액자이기 때문이라고 하는군요. … 그 공간에 발을
> 들여놓을 때에는 일상생활의 상식이나 신체 감각을 자각 없이
> 그대로 적용하는 것을 자제한다는 말이에요.[12]

---

[12] 우치다 타츠루 외, 『청년이여 마르크스를 읽자』, 김경원 옮김, 갈라파고스, 2011, 207쪽. 인용문 중에서 "'이 건물 안에 들어오는 것은 공적인 세계에 참여하는 것'임을" 부분은 내가 임의로 바꾸어 쓴 것이다. 원래의 글은 "'이 건물 안에서 하는 인간의 이야기는 현실이 아니'라는 것을"이다.

이것은 일종의 '의례' 행위다. 건축적 장치를 통해 그 공간에 들어오는 사람에게 '공적 생활에의 참여'를 알리는 의례 행위다. 그런 의미에서 '공공적 의례'라 할 만하다. 공공건축물은 공공적 의례, 즉 공적 생활에의 참여를 알리는 건축공간 경험을 통해 개인들이 '공적 존재로서의 나'를 의식하도록 자극하는 것이다. 공공건축물은 '공간적 경험을 통해 공공적 감수성을 키우는 공간'이다.

광장이나 길에서의 '타인들과의 마주침'도 공공적 의례다. 이를 통해 개인들은 자신이 '공적 생활에 참여'함을 의식한다. 물론 공공건축물에서도 광장이나 길처럼 '타인들과의 마주침'이 공공적 의례로 작용한다. 마찬가지로 광장이나 길에서도 공간환경에 대한 감각이 공공적 의례로 작용한다. 어느 쪽이 '의례'로서 더 강하게 작동하는가, 어떤 의례가 공공적 감수성을 더 자극하고 더 키우는가가 조금 다를 뿐이다.

공적 존재로서의 인식을 자극하는 건축

공공건축은 공공적 감수성을 자극하고 키우는 공간이다. 아니 공공건축은 공공적 감수성을 자극하고 키우는 공간이어야 한다. 그것이 공공건축물이든 광장이든 길이든 마찬가지다. 공적 존재로서의 자기인식을 자극하는 공간이어야 한다. 공적 존재로서 접근하고 향유할 욕망과 권리를 자극하는 장소여야 한다. 이러한 '자극'은 건축적 장치를 통해서 이루어진다. 공공건축에서 공공적 감수성을 자극하고 키우는 건축적 장치를 만드는 일이 중요한 실천 과제가 되는 이유다.

공공적 감수성을 겨냥한 건축적 실천영역은 세 국면으로 나누어볼 수 있다. 첫째는 공간환경에 대한 시각적 경험을 통해 공공적 감수성을 자극하는 것이다. 건축에서 흔히 말하는 '공간형태·경관'을 만들어내는 일에 관련된 실천영역이다. 이는 둘째 실천영역으로 이어진다. 둘째는 신체적 활동, 또는 욕망의 자극이다. '공간감·장소성'을 만드는 일에 관련된 영역이다. 자신이 공적 존재이므로 이곳을 향유할 권리가 있음을 일깨우고 이곳에 접근하고 향유할 욕망을 자극하는 공간과 장소를 만드는 일이다. 걷고 싶은, 들어가고 싶은, 머물고 싶은, 또 오고 싶은…. 이러한 자극은 첫째 실천영역의 소산인 시각적 경험과 더불어서 작용하게 마련이다.

공공적 감수성을 겨냥한 건축적 실천영역의 셋째 국면은 타자들과의 접속을 자극하고 타자에 대한 감수성을 자극하는 공간이다. 이는 '공간구조'를 만드는 일에 관련된 실천영역이다. 시설을 배치하고 동선을 조직하는 일이다. 이 영역의 목표는 '마주침을 유발하라'로 요약된다.[13] '마주침'은 서로 만나 관계가 이루어지는 사건이다. 타자는 나의 미래다. 내가 인식 못하고 있는 세계의 단편들을 메꿔주는 존재이기 때문이다. 타자와의 마주침으로 나에게 새로운 세계가 열린다. 그러니 타자와의 마주침은 소통과 교감의 전제조건이고 '연대'를 위한 필요조건이다. 그리고 타자와의 마주침을 유발하는 공간 만들기는 이를 위한 실천이다.

---

13 이에 대한 논의는 박인석, 『아파트 한국 사회』, 현암사, 2013, 284~296쪽 참조.

백사마을과 건축의 전선

재개발계획

달동네 주거지를 재개발하는 방식을 둘러싸고 이목이 집중하고 갈등이
들끓었던 백사마을 재개발사업이 중단 상태다. 소위 '사업성'을 둘러싸고
사업시행자인 한국토지주택공사와 주민대표위원회가 사업승인권자인
서울시와 갈등을 빚고 있기 때문이다. 사업이 언제 어떤 모습으로 재개될지
아직 불분명하지만 사업방식과 계획 내용을 둘러싸고 빚어졌던 논란은 우리
사회에서 건축이 처한 상황과 지향해야 할 전선에 대해 많은 쟁점을 던진다.

중계본동 산 104번지. 백사마을은 서울에 마지막 남은 달동네로
알려져 있다. 1967년 서울 청계천, 창신동, 영등포 지역에서 철거로
내몰린 1,135세대 주민들이 불암산 자락을 깎고 자리 잡은 마을이다.
당시 이들한테는 산자락 땅 8평, 시멘트블록 200장과 4세대당 소형 텐트
한 개씩이 주어졌다. 서울시에서는 시영버스를 하루 두 차례 운행하고
공동우물을 파줬을 뿐. 이들은 맨주먹으로 터를 잡아 집을 짓고 길을 냈다.
이 지역은 1971년부터 그린벨트로 묶여 집의 모양은 조금씩 바뀌었지만
입주 당시의 지번과 지형을 그대로 유지하고 있다. 2008년 그린벨트가
해제되고 재개발사업이 추진되어 2009년 5월 재개발 구역으로 지정됐다.[14]

---

14 「백사마을 '터무니 있는' 건축실험」, 『한겨레』, 2014년 1월 22일; 「백사마을의 그늘,
   한숨만 남은 서울 마지막 달동네」, 『뉴데일리경제』, 2014년 12월 30일.

서울에 마지막 남은 달동네 백사마을의 모습.

백사마을 재개발계획 조감도 — 고층아파트단지로 개발하는 안(위)이 제시되었으나 후에 저층주거지 보전구역으로 지정하고 임대주택을 건설하는 방향으로 수정되었다.

재개발사업을 위한 당초 계획은 전면 철거재개발 후 예의 그 고층아파트 단지로 개발하는 것이었다. 그러나 2012년 5월 도시계획위원회 심의를 통해 결정된 개발방안은 백사마을 일대 18만 8,900m² 중 노후주거 밀집지역 4만 2,773m²를 저층주거지 보전구역으로 변경하여 임대주택을 건설하는 안이었다.

이러한 결정과정에는 당연히 건축가의 의견이 강하게 작용했다. 백사마을 재개발 프로젝트의 커미셔너로 위촉된 승효상의 계획은 백사마을의 역사와 주민의 삶이 녹아 있는 마을의 모습을 보존하는 방식으로 재개발하는 것이었다. "그동안의 재개발은 깡그리 부수고 바꾸는 방식입니다. 이곳은 터에 새겨진 무늬, 즉 터무니를 살리자는 겁니다. 유네스코에서 만든 역사마을 보존의 원칙이 있는데, 지형, 필지, 길, 생활방식을 바꾸지 말 것 등 네 가지를 제시합니다. 백사마을에도 그것을 그대로 적용하자는 거죠."[15]

이러한 계획에 따라 2012년 6월 정비계획 및 지구단위계획 변경안이 고시되고 '백사마을 주거지 보전사업 마스터플랜 및 디자인 가이드라인 수립 용역'(2012.12~2013.12)이 발주되었다. 마스터플랜 역시 "터무니를 살린다"는 원칙에 따라 작성되었다. "80m 높이 차이가 나는 경사지에 380여 개의 터"를 만들면서 "지형에 새겨진 터와 길의 형태를 그대로 살리는" 설계가 진행되었다. 애초에 주민들이 터를 닦으면서 접근로를 만들었기 때문에 터와 길이 유기적으로 연결되어 있는 속성을 유지하면서 골목길에서 이웃과의 관계가 맺어지는 삶의 방식을 보전한다는 것이 설계목표였다.[16]

마스터플랜에 이은 건축 설계(2013.12~2014.10)는 전체 구역을

15 같은 글.

16 같은 글.

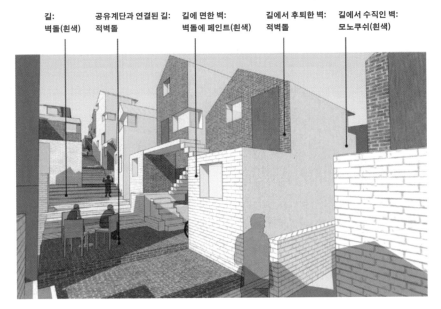

길:
벽돌(흰색)

공유계단과 연결된 길:
적벽돌

길에 면한 벽:
벽돌에 페인트(흰색)

길에서 후퇴한 벽:
적벽돌

길에서 수직인 벽:
모노쿠쉬(흰색)

백사마을 건축 설계 예시도.

백사마을 전체 계획 조감도.

24개 계획영역으로 구분하여 12팀의 설계자가 각각 두 개 계획영역의
설계를 맡는 방식으로 진행되었다.[17] 설계자마다 다른 특성의 설계로
마을공간환경의 다양성을 확보한다는 전략이었다. 당연히 정기적으로
설계자들의 워크숍이 진행되었다. 길과 터를 유지하고 '골목문화'와 '공간과
자원의 공유'를 키워드로 주민들의 생활방식을 지속시킨다는 디자인
가이드라인의 기본원칙이 지켜지면서 2~3층 높이의 작은 집들과 골목들에
대한 설계가 진행되었다.

건축 설계의 윤곽이 나오면서 백사마을 재개발사업에 제동이
걸렸다. 사업시행자인 한국토지주택공사가 '사업성분석'을 통해
지극히 부정적인 분석결과를 제시하면서 저층주거지 보전구역 축소를
요구하는 등 사업방식 자체를 둘러싼 갈등이 커진 탓이었다. 급기야
2015년 12월 한국토지주택공사가 사업 포기를 결정하고 서울시가
서울주택도시공사(SH공사)를 통해 사업을 시행하는 방향으로 추진하고
있으나 아직 주민들의 합의가 이루어지지 않고 있다.

건축은 시설일 뿐인가

'사업성'을 둘러싼 갈등 못지않게 '설계'를 둘러싼 논란 역시 뜨거웠다.

백사마을 재개발계획은 우리 사회 주택재개발 역사에서 벌어진 최대의
사건이라 할 만한 일이다. 재개발사업방식뿐 아니라 건축 설계의 방식과
내용에서도 획기적이었다. 여러 명의 설계자들이 설계영역을 나누어 맡아서
진행하는 방식은 백사마을이 처음은 아니다. 이미 1990년대에 분당신도시
특별설계구역에서 20명의 건축가들이 연립주택과 단독주택을 각각

---

17   우의정, 「백사마을 주거지보전구역 임대주택 건축 설계」, 『정주의 미래, 새로운 주거』,
      2014년도 한국주거학회 학술세미나 자료집, 2014년 6월.

하나씩 나누어 맡아 설계한 사례가 있다. 민간 전원주택단지인 발트하우스 사례도 있다. 2005년부터 몇 차례에 걸쳐서 여러 건축가들이 주택 몇 채씩 맡아서 설계하였다. 아마도 이런 '분담 설계' 전례가 있었기에 백사마을의 '12팀 설계자 협력설계' 기획이 가능했을 수도 있었을 것이다. 그러나 이건 공공임대주택을 설계하는 일이다. 그것도 고층아파트를 건설하는 것만으로 알았던 달동네 재개발사업을 설계하는 일이다. 그것을 원래의 골목길과 집터를 살리며 단독주택 마을로 설계하는 일이다. 12팀 설계자들의 구체적 설계안에 대해서는 호불호가 있을 것이고 비판도 있을 것이다. 그럼에도 이 같은 설계방식과 설계 방향은 우리 사회 건축 설계 역사에 한 획을 그을 만한 '사건'임이 분명하다.

　논란의 핵심은 따로 있었다. '골목길과 집터를 살리는' 설계이지만 건축방식은 '전면 철거 후 신축'이라는 사실에 논란이 집중되었다. 기존 주택들이 워낙 노후한 탓에 애초 리모델링과 신축을 혼합할 것이라 했던 구상이 '전면 철거 후 신축'으로 바뀐 지 오래였다.

　"철거하고 새로 지으면서 골목길과 집터를 보존한다는 것이 무슨 의미가 있느냐"는 것이 비판의 요지였다. 어차피 신축이라면 공간조직이나 집들의 집합방식도 좀 더 합리적인 새로운 방식으로 구상해야 하는 것 아니냐는 이야기다. 그러나 이러한 비판은 별로 근본적이지도 날카롭지도 못하다. 간단히 반박 가능하다. 왜 안 돼? "더 합리적인" 공간조직이나 집합방식이 뭔데? 삶의 주체들이 만들고 살아온 공간과 집합방식보다 더 "합리적인" 것이 무엇이 있을 수 있느냐는 것이다. 부분적으로 개선과 교정이 필요한 소소한 문제들이야 있을 것이다. 주민들의 낮은 기술력 때문에 손대지 못한 지하공간을 활용할 수도 있고 골목경사가 너무 급하다면 조정할 수도 있다. 그러나 마을의 공간구조, 집터와 골목의 연결방식, 마을의 풍경, 골목의 풍경이 이보다 더 합리적이고 더 좋은 게 무엇이 있을 수 있느냐는 것이다.

　더 근본적인 쟁점은 건축계 외부에서 나왔다. 특히 주민들 삶에 천착하는 사회학 분야에서 곱지 않은 시선과 함께 제기하는 문제. "그대로 두고 고치면서 살아가면 안 돼?" 대놓고 말은 안 하지만 "웬 난리들이야?"라는 힐난이 숨겨져 있다. 이런 반응은 곧 공식적 문제 제기로 이어진다. "'물리적 환경'만으로 무엇을 하겠다는 것인가. 소프트웨어, 즉 주민들의 생활과 생업과 직결된 프로그램들의 기획 없이 무엇을 하겠다는 것인가."

이러한 비판 뒤에 깔려 있는 사고는 쉽게 짐작할 수 있다. "건축은 시설일 뿐이다. 중요한 것은 생활방식이다. 주민들이 사회·경제적으로 처한 상황과 생활문화적 속성에의 적응을 배려하는 것이 필요하다. 그것을 전제로 바람직한 생활방식을 만들어나가는 생활 프로그램 기획과 운영이 중요하다." 열변은 이렇게 이어질 것이다. "재개발사업이 막무가내로 쓸어버리는 것은 동네 공간조직과 집만이 아니다. 정작 중요한 것은 주민들과 주민들의 생활세계를 쓸어버린다는 것이다. 재개발사업에서 반복되는 이러한 고질적 문제는 모두 이 사회의 체계가 갖는 다른 모순들과 연결되어 있다. 자본의 일방적 이익 추구, 이를 지원하는 정치와 그것의 표출로서의 재개발사업 관련 법제도 등. 그러니 이러한 주민 생활방식을 보전하는 일, 이를 위한 생활프로그램을 만들고 운영하는 일이야말로 이 사회, 이 체계의 모순들의 고리를 겨냥하는 중요한 의미가 있는 '실천'이다." 그러고는 다시 힐난한다. "이런 마당에 '골목과 집터의 관계와 풍경'에 매달리며 그것으로 뭔가 일이 될 것으로 기대하는 건축가들의 순진함(어리석음)이 답답하다. 체계의 일부로서 작동하는 건축, '공간의 재현'이 기능인 건축이 할 수 있는 일이란 뻔한 것인데 왜들 그러느냐."

결국 물리적 환경보다는 생활방식을 만들어가는 일이 중요하다는 이야기다. 이러한 태도에 대해 당연히 제기되는 질문. 물리적 환경은 생활방식 만들기와 관계없다고 생각하는가? 물리적 환경이, 건축이, 생활방식에 영향을 미친다고 생각하지 않는가? 물론 "그렇지는 않다"는 대답이 돌아올 것이다. 적절한 물리적 환경도 꼭 필요하다고, 그래서 실력 있는 건축가의 참여도 꼭 필요하다고 할 것이다. 하지만 그렇다고 해서 생활방식에 미치는 영향요인으로서 건축의 중요성을 인정하지는 않는다. 생활을 담는 공간·시설로서, 생활방식 만들기 프로그램을 담을 공간·시설로서의 필요성을 인정하는 것이고, 이왕이면 보기 좋고 편리하고 쾌적하게 만들어졌으면 좋으니 실력 있는 건축가가 필요하다는 것이다. 그 이상도 이하도 아니다.

건축은 그저 '필요한 시설'일 뿐인 것이다. '우리는 건물을 만들고 건물은 다시 우리를 만든다'는 해묵은 경구를 잘 알고 있지만, 이는 그저 '건축도 주민들 생활에 중요하다'는 것을 강조한 말에 지나지 않는다고 생각한다. 또는 '공간의 재현'을 통해 사회체계에 순응하는 생활방식을 재생산하는 기제라는 것을 바꿔 말한 것에 지나지 않는다고 생각한다. 어쨌든 가장 중요한 것은 생활방식이고, 사회의 작동을 걱정하는 경제적·사회적 실천들이라는 것은 너무도 당연하다고 생각하기 때문이다.

사실 이들처럼 주민들의 생활 속에서 실천을 지향하는 사회운동가(신사회운동가이라 하자)들이 이러한 태도를 보이는 것은 모순이다. 신사회운동은 사회를 구성하는 수많은 주체, 즉 '나' 아닌 타자들의 개체성과 자율성, 그리고 그들의 가치를 인정하는 것을 출발점으로 삼는다. 사회의 주요 모순을 생산관계를 둘러싼 계급 문제로 규정하고 이를 노동운동을 통해 변혁하려는 근대적 사회운동과는 다르다. 노동운동을 모든 변혁운동의 중심으로 상정하며 모든 실천을 노동운동을 중심으로 집결시키는 전략에 반기를 든 것이 신사회운동이다. 이것이 기반하고 있는 논리는, '사회의 모순은 그 사회의 모든 국면의 작동체계에서 발현되는 것'이고 '각각의 국면에서 이들 작동체계를 변혁하려는 실천들은 동등하게 중요하다'는 것이다.

이렇게 본다면 건축이 생활방식에 영향을 미친다는 엄연한 사실을 경시하는 그들의 입장에는 (그리고 적지 않은 건축전문가들 역시 동조하고 있는 이러한 입장에는) 은연중에 '가장 중요한' 가치를 전제하는 일원적 중심주의가 깔려 있다. 이는 명백히 자가당착이다.

중첩된 모순들, 그 속에서 대항하고 움직이는 전선

사회의 모순은 그 사회의 모든 국면의 작동체계에서 발현되는 것이고 각각의 국면에서 이들 작동체계를 변혁하려는 실천들은 동등하게 중요하다. 노동계에도 모순이 있고 경제계에도 모순이 있다. 문화계에도 주민생활계에도 모순이 있다. 마찬가지로 건축계에도 모순이 있다. 경제민주화를 실천하는 전선이 있고 주민 생활방식을 혁신하는 전선이 있는 것과 마찬가지로 건축의 혁신을 지향하는 실천과 전선이 있다.

그들에게 다시 물어야 한다. 주민 생활방식을 만들어가는 프로그램과 운영이 중요하다고? 프로그램을 잘 기획하고 운용을 잘하면 주민 생활방식의 혁신이 이루어지리라 보는가? 십중팔구 돌아올 대답. 어찌 그것 하나로 해결되길 바라겠는가. 꾸준한 실천과 한 걸음씩의 성과가 더 큰 실천을 향한 디딤돌들이 되어주지 않겠느냐. 주민들의 생활세계를 막무가내로 쓸어버리는 재개발사업의 메커니즘을 바꾸는, 그럼으로써 이 사회의 체계를 변혁하는 밀알이 되지 않겠느냐. 중요한 것은 개체들이고 개체들의 변화이니 이러한 풀뿌리 실천들이 지속되고 확산되어야 하지 않겠는가.

건축은 안 그래? 재개발사업의 큰 문제는 동네조직을 막무가내로 쓸어버린다는 것이다. 이들 골목공간들, 각각의 집들과 골목공간이 연결되는 물리적 공간 구조는 주민들의 생활방식이 만들어낸 것이고 이 공간 구조는 다시 주민들의 생활방식을 만들어내는 것이다. 재개발사업은 이를 모두 쓸어버리고 전혀 다른 생활공간구조, 예컨대 아파트단지로 바꿔버린다. 그 생활공간 구조에서는 골목을 통한 집(개인)과 집(개인)의 마주침도, 연대의 계기도 설 땅이 없다. 연대는커녕 개인들의 접속을 제약하고 격리된 삶을 조장한다. 재개발사업에서 반복되는 이러한 고질적 문제는 모두 이 사회의 체계가 갖는 다른 모순들과 연결되어 있다. 자본의 일방적 이익 추구, 이를 지원하는 정치와 그것의 표출로서의 재개발사업 관련 법제도 등등.

그러니 이러한 주민 생활공간 구조를 보전하는 일, 이를 관행적 아파트단지 설계규범에 대항하는 주거지 설계 어휘로 공식화하는 일, 그리하여 그러한 생활공간 구조가, 골목공간과 집들이 연결된 공간 구조가, 이 사회 이 체계에서 '공식적으로 생산'되도록 하는 일이야말로 이 사회 이 체계의 모순들의 고리를 겨냥하는 중요한 의미가 있는 '실천'이다.

모든 것이 정치다. 노동운동, 경제운동, 문화운동, 주민운동, 생활운동에 전선이 있고 실천이 있듯이 건축에는 건축의 전선이 있고 건축의 실천이 있다. 그렇다. 주민들의 생활이 바뀔 때 세상이 바뀔 것이다. 그리고 건축이 바뀔 때 세상이 바뀔 것이다.

맺음말:
건축은 그 모든 일을 관통한다

작년 늦가을 원고를 쓰기 시작해, 초여름 문턱에 서서 책으로 꾸리는 중이다. 이 기간 한국사회는 유례없는 정치적 격변, 아니 사회적 격변을 경험했다. 촛불에서 장미 대선까지. 이 격변 속에서 나는 무엇보다 모든 시민이 반년 넘는 시간 동안 '공적 생활'에 빠져 있었다는 사실에 주목한다. 얼마만의 일인가. 한국사회의 소중한 역사적 경험이자 자산이 될 것임에 틀림없다.

오랜만에 다시 찾아온 '공적 생활'을 공유한 그 경험은 우리 사회가 나아갈 방향과 해결 과제들에 대한 각별한 기대와 관심으로 자연스럽게 이어지는 중이다. 해야 할 일은 많고도 많다. 일자리, 경제민주화, 정치 개혁, 도시재생, 교육 혁신, 복지 확대….

건축은 이 모든 일을 관통한다. 세상 모든 일은 서로 얽혀 있는 법이니 어떤 일이든 '사회를 바꾸는 일'과 관계없을 리 없다. 그럼에도 유독 건축을 내세우는 까닭은 한국사회가 처한 상황 탓이다. 압축성장을 지속해온 한국 사회는 이미 질적 변화 없이는 더 이상의 양적 성장이 곤란한 단계에 진입했다. 개인과 기업의 일하는 방식은 이미 변화하고 있다. 창의, 네트워크, 분산, 차이, 소통, 협치…. 새로 등장하는 키워드들은 이러한 변화를 표상한다. 문제는 개인과 기업들의 활동에 개입하는 공적 시스템이 변하지 않고 있다는 것. 과거 관치 개발경제 시대의 미몽에서 벗어나지 못한 제도와 행정이 새로운 변화와 진전의 발목을 잡고 있는 형국이 곳곳에서 감지된다.

'건설의 시대에서 건축의 시대로'라는 슬로건은 이런 질곡을 깨려는

격문으로 읽어야 한다. 수많은 일들을 표준적 방식으로 반복 처리하던
시대에서 서로 다른 필요-욕구들을 맞춤형 방식으로 함께 풀어가는 시대로
바뀌어야 한다는 격문. 바로 '건축적 방식으로의 전환'이다. 다음 단계로
진전하려는 한국 사회에게 필수적으로 요청되는 혁신이다. 그러니 한국
사회에서 건축이 맞닥뜨리고 있는 과제는 비단 건축 분야에만 국한된 과제로
보아서는 안 된다. 한국 사회 공적 시스템 전체를 새로 바꾸는 일로 보아야
한다.

지난 반년간 우리 사회를 뜨겁게 달구었던 격변의 틈바구니에서 '건축'
글쓰기에 골몰했다. 그 격변의 에너지가 이제 향할 곳은 공적 시스템의
변화여야 하고 그 중심에 건축이 있음을 말하고 싶었다.
　　이 책이 말을 건네는 상대는 다양하다. 우선은 건설 시대의 제도와
행정 틀에 묶여 있는 공무원과 행정 관료들. 건축·주택·도시 분야뿐 아니라
산업·경제·교육·복지 분야의 그분들에게 이야기하고 대답을 듣고 싶었다.
　　건축사를 위시한 건축설계·도시설계 전문가들, 건축설계라는 직능을
목표로 공부하고 있는 건축학과 학생들 역시 이 책이 바라보는 주요한
청중이다. 그들에게 우리 사회에서 건축이 받는 척박한 대접이 전혀 정당하지
않다는 것을, 건축은 인생을 걸어볼 만한 중요한 일이라는 것을 말하고
싶었고 이 중요한 일에 함께 나서자고 권하고 싶었다.
　　그러나 이 책이 무엇보다도 중요하게 여기는 청중은 시민들이다.
우리가 매일을 살아가는 집과 동네와 도시가 어떤 방식으로 어떤 건축으로
만들어지고 있는지를, 건축이 창출해낼 수 있는 가치가 얼마나 큰지를,
건축의 결과물뿐 아니라 그 과정 또한 개개인의 삶의 질에 얼마나 중요한
일인가를 말하고 싶었다. 그리고 공감을 얻고 싶었다. 건축은 동네를 바꾸고
세상을 바꾸지만, 그 건축을 바꾸는 것은 결국 시민들의 힘이기 때문이다.

참고문헌

단행본·논문·보고서

강남구, 「주택가 등 주차난 해소를 위한 공영주차장 확충」, 『민선6기 공약실천 계획서』, 2014.

강원도 건축사회, 「설계·감리 분리 관련 설문조사 협조 요청」, 2011. 10. 20.

건축도시공간연구소, 『건축서비스산업의 가치』, 건축도시공간연구소, 2015.

고길섶, 『어느 소수자의 사유』, 문학과학사, 2004.

고용노동부, '고용형태 공시결과', 2016.

───, 「제2차 사회적 기업 육성 기본계획 2013~2017」, 2012. 12.

국토교통부, '기후변화 대응 제로에너지빌딩 조기 활성화 방안' (국가과학기술자문회의 상정안건), 2014. 7. 17.

김광현·전영훈·박인석 외, 『건축설계 대가 산정 기준 연구』, 대한건축학회, 2011.

김한수 외, 『발주자가 변하지 않고는 건설산업의 미래는 없다』, 보문당, 2006.

남경태, 『누구나 한번쯤 철학을 생각한다』, 휴머니스트, 2012.

노동부, 「사회적 기업 육성 기본계획 2008~2011」, 2008. 11.

대한건축사협회, 「2009년 하반기 협회발전 워크샵 자료」, 2009. 12. 8.

───, 『2009년도 수시감사 보고서』, 2009. 11. 3.

박인석 외, 『영국 도시재생사업에서 참여주체별 역할과 협력관계』,

대한건축학회 논문집, 2009. 12.

박인석, 『아파트 한국사회』, 현암사, 2013.

백진, 「순수 감각과 공동성」, 『전환기의 한국 건축과 4.3그룹』, 집, 2014.

서수정 외, 『녹색성장 및 지속 가능한 신도시 조성을 위한 '신도시
　　공간환경디자인 업무 매뉴얼 작성 및 운영 방안 수립' 연구』,
　　한국토지공사, 2008.

서울연구원, 『저성장시대 서울의 도시정책을 말하다』, 2016.

서울특별시 에스에이치공사, 『서울시민고객의 든든한 행복지기: 서울특별시
　　SH공사 20년사』, 서울특별시 에스에이치공사, 2009.

서울특별시, 『공공건축의 새로운 실험, 서울시 공공건축가 프로젝트
　　2012~2015』, 서울특별시, 2016.

스티븐 핑커, 『언어 본능』, 김한영 외 옮김, 동녘, 2004.

승효상, 「서울」(미출간), 2006.

　　　　, 『보이지 않는 건축 움직이는 도시』, 돌베개, 2016.

알랭 드 보통, 『행복의 건축』, 정영목 옮김, 이레, 2007.

앙리 르페브르, 『공간의 생산』, 양영란 옮김, 에코리브르, 2011.

염철호·차주영·박인석, 『지역기반 건축·도시 프로그램 지원 네트워크 구축
　　및 코디네이터 기능 활성화방안 연구』, 건축도시공간연구소, 2009.

우의정, 「백사마을 주거지보전구역 임대주택 건축설계」, 『정주의 미래,
　　새로운 주거』, 2014년도 한국주거학회 학술세미나 자료집, 2014. 6.

우치다 다츠루 외, 『청년이여 마르크스를 읽자』, 김경원 옮김, 갈라파고스,
　　2011.

위르겐 하버마스, 『공론장의 구조변동』, 한승완 옮김, 나남, 2001.

이종건, 『건축 없는 국가』, 간향, 2013.

정정화 외, 『주민참여제도 현황 및 활성화방안 연구』, 한국정책학회, 2015.

조정환, 「우리나라 사업서비스업 현황과 과제」, 『금융경제동향』,
　　우리금융경영연구소, 2013. 10. 16.

최은희, 「건설업 노동자의 건강과 복지」, 『복지동향』제53호, 2003. 3.

한나 아렌트, 『인간의 조건』, 이진우 외 옮김, 한길사, 2000.

허재준 외, 『주요국의 건설노동시장 고용·관계와 복지제도』,
한국노동연구원, 1999. 12.

황은경 외, 『건축물 안전제도 개선연구』, 한국건설기술연구원, 2015.

日端康雄, 『都市計劃の世界史』, 講談社, 2008.

Andalusia Center of Contemporary Art, Urban Attributes
(http://atributosurbanos.es/en/terms/metapolis/)

Benevolo, Leonardo, *The origins of modern town planning*, The MIT Press,
1971.

Hill, John, *Guide to Contemporary New York City Architecture*, Norton, 2011.

Jacobs, B. and C. Dutton, "Social and Community Issues," In P. Roberts
and H. Sykes(eds.) *Urban Regeneration: A Handbook*, Sage Publications,
2000.

Kaufmann, Vincent, "Francois Ascher," Mobile Live Forum
(http://en.forumviesmobiles.org/), 2013.

NYC DDC, *Design Consultant Guide*, 2015.

The City of New York, DESIGN+CONSTRUCTION EXCELLENCE,
2008.

The City review(http://www.thecityreview.com), "Fifth Avenue."

통계 자료

— 한국

국가법령정보센터(http://www.law.go.kr).

국토교통부 홈페이지(http://www.molit.go.kr).

국토교통부, 도시재생 종합정보체계(http://www. city.go.kr).

통계청, 국가지표체계(http://www.index.go.kr/).

통계청, 국가통계포털(http://kosis.kr/): 건설업조사, 제조업조사, 건축허가
   및 착공통계, 주택건설실적 통계, 임대주택 재고현황.

한국사회적기업진흥원 홈페이지(www.socialenterprise.or.kr).

행정자치부, 행정자치 통계연보.

— 일본

独立行政法人統計センター, e-Stat(http://www.e-stat.go.jp), 勞動力調査,
   2016. 9.

独立行政法人統計センター, e-stat, 建設工事受注動態統計調査, 建設工
   事統計調査.

文部科學省, 体育スポーツに関する統計調査(http://www.mext.go.jp).

一般財団法人ベターリビング(http://www.cbl.or.jp/index.html).

일본 구마모토 현 홈페이지(http://www.pref.kumamoto.jp).

일본 국토교통성 홈페이지(http://www.mlit.go.jp).

— 그 외 국가

Charity Commission for England and Wales 홈페이지(www.gov.uk/
   government/ organisations/charity-commission).

Earth Overshoot Day 홈페이지(http://www.overshootday.org/).

Global Footprint Network 홈페이지(http://www.footprintnet work.org).

The charity-commission for Northern Ireland 홈페이지(http://www.chari

tycommissionni.org.uk).

The Office of the Scottish Charity Regulator, Annual Report and
Accounts 2015~16, 2016. 3.

사진 출처

93, 95, 97, 99, 118, 129, 132(위), 173, 180(아래), 254, 266(위), 268, 272, 301: ⓒ 박인석

104(위): 개인 블로그(http://ohmy.s8d.jp/2016/05/30/kumamotostation/)

104(아래): 長崎総合科学大学 工学部工学科 建築学科(http://www.arch.nias.ac.jp/)

105(위): Steel Institute of New York(https://siny.org/)

105(아래): Rafael Viñoly architects(http://vinoly.com/)

106(위): 서울시, ⓒ Young-Chae Park

106(아래): 서울시

131: 서울시 정보소통광장(http://opengov.seoul.go.kr/)

132(아래): 국토교통부(http://www.molit.go.kr/portal.do)

180(위): 서울시 강서구청

260: 구글 검색 이미지, 저작권 미상

266(아래): 구글 지도 스트리트 뷰

277: ⓒ 제로에너지 주택 실증단지 연구단

327: 서울미래유산(http://futureheritage.seoul.go.kr/)

328, 330: 서울시

찾아보기

박인석 지음

서울대학교 건축학과를 졸업하고 동 대학원에서 석사학위와 박사학위를 받았다. 현재 명지대학교 건축학부 교수로 재직 중이다. 건축적 사고방식에 대한 이해 없이 표준 해법과 관행에서 벗어나지 못하는 정부의 도시·주택 정책을 비판하고 대안적인 정책을 제안하는 일에 관심을 두고 있다. 대표적인 저술로는 『아파트 한국사회: 단지공화국에 갇힌 도시와 일상』이 있으며, 이밖에 『아파트와 바꾼 집』, 『한국 공동주택계획의 역사』, 『주거단지계획』(이상 공저) 등을 썼다.

건축이 바꾼다

집, 도시, 일자리에 관한 모든 쟁점

박인석 지음

초판 1쇄 발행 2017년 6월 21일
초판 2쇄 발행 2018년 1월 15일

발행처　　도서출판 마티
출판등록　2005년 4월 13일
등록번호　제2005-22호
발행인　　정희경
편집장　　박정현
편집　　　서성진
마케팅　　최정이
디자인　　오새날

주소　　　서울시 마포구 동교로12안길 31, 2층 (04029)
전화　　　02. 333. 3110
팩스　　　02. 333. 3169
이메일　　matibook@naver.com
블로그　　blog.naver.com/matibook
트위터　　twitter.com/matibook
페이스북　facebook.com/matibooks

ISBN 979-11-86000-47-2(03330)
값 20,000원